Robert Louis Stevenson
Die besten Geschichten

Robert Louis Stevenson

Die besten Geschichten

Übersetzt von Heinrich Conrad, Max Pannwitz und Marguerite Thesing

Anaconda

Penguin Random House Verlagsgruppe FSC® N001967

Die Deutsche Nationalbibliothek verzeichnet diese Publikation in der Deutschen Nationalbibliografie; detaillierte bibliografische Daten sind im Internet unter http://dnb.d-nb.de abrufbar.

Umschlagmotiv: Adobe Stock/Painting Cat; Font Rumble Brave Ornaments
Umschlaggestaltung: www.katjaholst.de
Satz und Layout: InterMedia – Lemke e. K., Heiligenhaus
Druck und Bindung: GGP Media GmbH, Pößneck
Printed in Germany
ISBN 978-3-7306-1307-8
www.anacondaverlag.de

Inhalt

Eines Dichters Nachtquartier

Ein Erlebnis François Villons

Es war spät im November 1456. Der Schnee fiel mit strenger, unbarmherziger Ausdauer über Paris. Manchmal machte der Sturm einen Angriff und trieb den Schnee in kreisenden Wirbeln herum; manchmal war es windstill, und Flocke auf Flocke fiel vom schwarzen Nachthimmel herab – lautlos, lückenlos, endlos.

Arme Menschen, die unter nassen Augenbrauen emporblickten, dünkte es ein Wunder, woher all der Schnee käme. Meister François Villon hatte diesen Nachmittag an einem Schänkenfenster eine Streitfrage aufgeworfen: War es nur der Heidengott Jupiter, der auf dem Olympus Gänse rupfte? Oder mauserten die heiligen Engel sich? Er sei ja nur ein armer Magister der freien Künste, fuhr er fort; und da die Frage einigermaßen von theologischer Art sei, so dürfe er sich nicht erkühnen, sie zu entscheiden. Ein lustiger alter Priester von Montargis, der bei der Gesellschaft war, lud zum Dank für den Spaß und für die Fratzen, die ihn begleiteten, den jungen Schuft zu einer Flasche Wein ein und schwor bei seinem eigenen weißen Bart: In Villons Alter sei er gerade so ein ruchloser Bengel gewesen.

Die Luft war rau und scharf, aber es war eigentlich kein Frost, sondern die Schneeflocken waren groß, feucht und ballten sich zusammen. Die ganze Stadt lag wie unter einem Leintuch. Ein Heer hätte von einem Ende zum anderen hindurchmarschieren können, ohne dass man einen Schritt gehört hätte. Wenn noch einige verspätete Vögel hoch oben in der Luft gewesen wären, so hätten sie die ›Insel‹ wie einen großen weißen Fleck und die Brücken wie dünne weiße Sparren auf dem schwarzen Grund des Stroms gesehen. Hoch oben über den Häuptern der Menschen setzte der Schnee sich in das Fenstermaßwerk der Domtürme. Manche Nische war vollgeweht; manches Standbild trug eine hohe weiße Mütze auf seinem wunderlich verzerrten oder heiligen Haupt. Die Wasserspeier der Dachrinnen hatten sich in große falsche Nasen verwandelt, von deren Spitzen es herabtropfte. Die Kragsteine glichen aufrecht stehenden Kissen, die sich an der einen Seite herauswulsteten. In den Pausen zwischen den einzelnen Windstößen tröpfelte es mit dumpfem Klang rings um die Kirche herum.

Der Kirchhof von St. Johannes hatte seinen gebührenden Anteil vom Schnee erhalten. Alle Gräber waren säuberlich zugedeckt; hohe weiße Giebel standen feierlich in der Runde; ehrsame Bürger lagen längst in ihren Betten, ihre Köpfe weiß behaubt wie ihre Häuser. In der ganzen Nachbarschaft war kein Licht außer dem schwachen Schimmer der Lampe im Kirchenchor, die leise sich hin und her schwang und deren Schatten jede Schwingung begleitete. Kurz vor zehn ging die Nachtrunde mit Hellebarden und einer Laterne durch die Straßen; die Männer schlugen in der Kälte ihre Hände zusammen, und sie sahen nichts Verdächtiges am Johanneskirchhof.

Aber ein Häuschen, gegen die Friedhofmauer gelehnt, war noch wach in dem schnarchenden Viertel und war zu bösen Dingen wach. Von außen war ihm nicht viel anzusehen: Nur ein warmer Luftstrom, der aus dem Schornstein kam, hatte einen Fleck von dem Schnee auf dem Dach hinweggeschmolzen, und an der Haustür sah man ein paar halb verwehte Fußstapfen; aber drinnen, hinter den geschlossenen Fensterläden saßen Meister François Villon, der Poet, und einige von dem Diebsgesindel, mit dem er verkehrte, und hielten Nachtwache und ließen die Flasche kreisen.

Ein großer Haufen glühender Kohlen verbreitete einen starken, rötlichen Schein um den gewölbten Kamin. Vor ihm saß mit gespreizten Beinen Dom Nicolas, der picardische Mönch; er hatte seine Kutte hochgenommen und seine fetten Beine entblößt, um sie der behaglichen Wärme teilhaftig werden zu lassen. Der lange Schatten seiner Gestalt teilte den Raum in zwei Hälften, und der Schein des Kaminfeuers drang nur zu beiden Seiten seiner breiten Gestalt vorbei und bildete zwischen seinen gespreizten Füßen einen kleineren Fleck. Sein Gesicht war gerötet, geschwollen und verwittert – das Gesicht eines Gewohnheitstrinkers; es war von einem Netzwerk von Adern durchzogen, die für gewöhnlich purpurrot, jetzt aber blassviolett waren; denn wenn auch das Feuer seinen Rücken wärmte, so zwickte ihn auf der anderen Seite der Frost. Seine Kapuze war zurückgesunken und bildete seltsame Wülste zu beiden Seiten seines Stiernackens. So saß er, vor sich hin knurrend, in seiner ganzen Breite da und teilte mit dem Schatten seiner stattlichen Gestalt das Zimmer in zwei Hälften.

In der rechten Hälfte hockten Villon und Guy Tabary nebeneinander über einem Pergamentstreifen; Villon machte eine Ballade, die er »Die Ballade vom Bratfisch« nennen wollte, und Tabary begleitete, an seine Schulter gelehnt, die Verse mit Ausrufen der Bewunderung. Der Dichter war ein Fetzen von einem Mann – dunkel, klein und dürr, mit hohlen Wangen und dünnen schwarzen Locken. Er trug seine vierundzwanzig Jahre mit fieberiger Lebhaftigkeit. Gier hatte Falten um seine Augen gegraben; böses Lächeln hatte seine Lippen verzerrt. In seinem Gesicht stritten sich Wolf und Schwein. Es war ein beredtes, scharfes, hässliches, irdisches Gesicht. Seine Hände waren klein und griffig, mit Fingern wie geknoteten Stricken, und sie zuckten beständig in lebhaften und ausdrucksvollen Gebärden. Von Tabarys breiter Nase und schlabbrigen Lippen strömte eine breite, behagliche, den genialen Dichter bewundernde Dummheit aus; er war ein Dieb geworden und hätte geradeso gut der ehrsamste Bürger werden können. Der gebieterische Zufall hatte es so gefügt, der die Lebensläufe menschlicher Gänse und menschlicher Esel lenkt.

Zur Linken von dem Mönch würfelten Montigny und Thevenin Pensete miteinander. Um Montigny schwebte noch ein Hauch von guter Geburt und Erziehung, wie um einen gefallenen Engel; etwas Edelmännisches war an seiner hohen, schlanken Gestalt, etwas Finsteres, Adlerhaftes an seinem Gesicht. Thevenin, die gute Seele, hatte einen großen Glückstag; er hatte am Nachmittag im Faubourg Saint-Jacques gute Beute gemacht und hatte den ganzen Abend von Montigny gewonnen. Sein Gesicht strahlte von einem dummen Lächeln; seine kahle Glatze schien rosig durch einen Kranz von roten Locken; sein vorstehendes Bäuchlein schepperte, als er mit einem stillen Kichern seinen Gewinn einstrich.

»Doppelt oder quitt?«, sagte Thevenin.

Montigny nickte mit einem grimmigen Gesicht.

»'s gibt Protzen, die lieber mit stolzem Rüssel«, schrieb Villon, »Brot und Käse essen von silberner Schüssel. Oder – oder – hilf mir doch, Guido!«

Tabary kicherte.

»Oder Rettich schneiden mit goldenem Messer«, kritzelte der Dichter.

Der Wind draußen frischte auf; er trieb den Schnee vor sich her und erhob zuweilen seine Stimme zu einem Siegesgeheul, und manchmal fuhr er mit Grabestönen durch den Schornstein. Die Kälte wurde schärfer, je weiter die Nacht vorschritt. Villon streckte seine Lippen vor und ahmte das Geheul des Sturms mit einem Geräusch nach, das halb ein Pfeifen, halb ein Stöhnen war. Es war ein ekliges, ungemütliches Kunststück des Dichters, das dem picardischen Mönch sehr verhasst war.

»Hört ihr's nicht am Galgen klappern?«, sagte Villon. »Sie tanzen alle umsonst des Teufels Tanz da oben. Tanzt nur, meine Burschen, davon werdet ihr auch nicht wärmer! Puh! Was für eine Puste! Da hat's jetzt einen hinuntergeweht! Eine Mispel weniger am dreibeinigen Mispelbaum! Was, Dom Nicolas? Heute Nacht wird's kalt sein auf der Straße nach Saint-Denis?«

Dom Nicolas zwinkerte mit seinen beiden großen Augen und schien an einem Kloß in der Kehle zu würgen. Montfaucon, der grausige Pariser Galgenberg mit dem hohen Gerüst stand hart an der Straße nach Saint-Denis, und des Dichters Spaß traf den Mönch an einer wunden Stelle. Tabary lachte unmäßig über die Mispeln; etwas Eleganteres hatte er nie gehört, und er hielt sich die Seiten und krähte. Villon gab ihm einen Nasenstüber, worauf seine Lustigkeit sich in einen Hustenanfall verwandelte.

»Lass doch das Getöse«, sagte Villon, »und denke an Reime auf ›Messer‹.«

»Doppelt oder quitt!«, sagte Montigny verbissen.

»Von Herzen gern!«, sprach Thevenin.

»Ist noch was in der Flasche da?«, fragte der Mönch.

»Macht noch eine auf!«, sagte Villon. »Aber wie kannst du jemals hoffen, das große Stückfass, deinen Bauch, mit kleinen Dingelchen wie Flaschen zu füllen? Und wie kannst du erwarten, jemals in den Himmel zu kommen? Denkst du etwa, es könnten so viele Engel entbehrt werden, um einen einzelnen Mönch von der Picardie heraufzuschleppen? Oder hältst du dich vielleicht für einen zweiten Elias und denkst, sie werden dir eine Kutsche schicken?«

»Hominibus impossibile«, antwortete der Mönch und füllte sein Glas.

Tabary war vor Entzücken außer sich.

Villon gab ihm wieder einen Nasenstüber und sagte:

»Lach über meine Witze, wenn ich bitten darf.«

»Er war sehr gut«, warf Tabary ein.

Villon schnitt ihm ein Gesicht und sagte:

»Denke du an Reime auf ›Messer‹! Was hast du mit Latein zu tun? Am großen Gerichtstag wirst du wünschen, du verständest kein Wort Latein – wenn der Teufel den Guido Tabary, Klerikus, aufruft – der Teufel mit dem Buckel und den rot glühenden Fingernägeln. Übrigens, da wir vom Teufel sprechen«, setzte er flüsternd hinzu: »Seht doch den Montigny!«

Alle drei spähten heimlich nach dem Spieler hinüber. Er schien mit seinem Glück nicht zufrieden zu sein. Sein Mund war etwas nach der Seite verzogen, das eine Nasenloch beinahe geschlossen, das andere weit aufgebläht. Der schwarze Hund saß ihm im Nacken, wie die Kinderstubenredensart lautet, und er keuchte schwer unter der harten Last.

»Er sieht aus, wie wenn er ihn erdolchen könnte«, flüsterte Tabary mit runden Augen.

Der Mönch schauderte zusammen, drehte sich um und spreizte seine geöffneten Hände über den glühenden Kohlen aus. Aber es war nur die Kälte, die auf Dom Nicolas so tief einwirkte, nicht etwa eine übergroße Empfindlichkeit seines sittlichen Gefühls.

»Na, nun mal weiter mit der Ballade!«, sagte Villon. »Wie lautet sie denn bis jetzt?«

Und er gab mit der Hand das Versmaß an und las seinem Freund Tabary laut das Gedicht vor.

Beim vierten Reim wurden sie unterbrochen. Unter den Spielern gab es eine kurze, aber böse Bewegung. Das Spiel war aus, und Thevenin wollte gerade den Mund öffnen, um abermals einen Sieg zu verkünden, da fuhr, schnell wie eine Natter, Montigny empor und stieß ihm den Dolch ins Herz. Der Stoß traf Thevenin, bevor dieser Zeit gehabt hatte, auch nur aufzuschreien oder eine Bewegung zu machen. Ein Zittern fuhr krampfartig durch seinen Körper; seine Hände öffneten und schlossen sich, seine Absätze klapperten auf dem Fußboden; dann fiel sein Haupt mit weit aufgerissenen Augen nach rückwärts auf die eine Schulter. Und Thevenin Pensetes Seele war zu ihm zurückgekehrt, der sie geschaffen hatte.

Alle sprangen auf; aber die Geschichte war in zwei Bewegungen schon vorüber. Die vier Lebenden sahen mit entsetzten Gesichtern einander an; der Tote aber sah mit einem widerlich starren Blick nach der einen Ecke der Zimmerdecke hinauf.

»Mein Gott!«, sagte Tabary; und dann begann er, ein lateinisches Gebet zu sprechen.

Villon brach in ein hysterisches Gelächter aus, er trat einen Schritt vor, machte vor Thevenin eine lächerlich tiefe Verbeugung und lachte noch lauter. Und dann setzte er sich plötzlich, ganz zusammengesunken, auf einen Stuhl und lachte unaufhörlich, bitterlich, wie wenn er sich selber in Stücke schütteln wollte.

Montigny war der Erste, der seine Fassung zurückgewann.

»Lass uns mal sehen, was er bei sich hat«, bemerkte er; und er räumte mit geübter Hand dem Toten die Taschen aus und zählte das Geld in vier gleiche Teile auf den Tisch. Dann sagte er:

»Da habt ihr euren Teil.«

Der Mönch empfing seinen Anteil mit einem tiefen Seufzer und warf einen einzigen verstohlenen Blick auf den toten Thevenin, der in sich selber zusammenzusinken begann und seitlings vom Stuhl herunterzufallen drohte.

»Wir sind alle vier bei der Geschichte beteiligt!«, rief Villon, indem er gewaltsam sein Lachen unterdrückte. »Es geht uns allen, die wir hier sind, an den Hals – gar nicht zu reden von denen, die nicht hier sind.«

Bei diesen Worten machte er mit erhobener rechter Hand eine unanständige Gebärde in der Luft, streckte seine Zunge heraus und ließ den Kopf auf die eine Seite sinken, auf diese Weise einen Gehängten darstellend. Dann steckte er seine Beute ein und machte eine scharrende Bewegung mit den Füßen, wie wenn er den Blutumlauf wiederherstellen wollte.

Tabary war der Letzte, der zugriff; mit einem Sprung riss er das Geld an sich und ging dann damit in die andere Ecke des Zimmers.

Montigny setzte Thevenin aufrecht auf den Stuhl und zog den Dolch aus der Wunde; ein Blutstrahl schoss sofort hervor. Er wischte die Klinge am Rockfutter seines Opfers ab und sagte:

»Ihr Burschen macht euch besser aus dem Staub!«

»Das glaube ich auch«, antwortete Villon mit einem krampfhaften Schlucken. Plötzlich brach er los: »Hol der Teufel sein feistes Gesicht! In meiner Kehle steckt ein Kloß. Welches Recht hat ein Mensch, rotes Haar zu haben, wenn er tot ist?«

Und plötzlich sank er wieder auf dem Stuhl zusammen und bedeckte sein ganzes Gesicht mit den Händen.

Montigny und Dom Nicolas lachten laut; sogar Tabary stimmte mit einem etwas schwächlichen Gelächter ein.

»Eiapopeia, mein Kindchen!«, höhnte der Mönch.

»Ich hab's immer gesagt: Er ist ein altes Weib!«, sagte Montigny mit spöttisch verzogenem Mund. Und dann schüttelte er noch einmal den Leichnam des Ermordeten und sagte:

»Kannst du nicht hübsch gerade sitzen?«

Und dann zum Mönch:

»Tritt das Feuer aus, Nickel!«

Aber Bruder Nickel wusste eine bessere Beschäftigung; er zog in aller Ruhe dem Dichter, der zitternd und bebend auf dem Stuhl saß, auf dem er vor kaum drei Minuten eine Ballade gedichtet hatte, die Börse aus der Tasche. Montigny und Tabary verlangten in Gebärdensprache einen Anteil an der Beute, den der Mönch ihnen ebenso stumm durch ein Zeichen versprach, während er das Beutelchen in den Busen seiner Kutte schob. – Eine Künstlernatur macht den Menschen auf gar mannigfache Weise ungeschickt für das praktische Leben.

Kaum war der Diebstahl vollzogen worden, da schüttelte Villon sich, sprang auf die Füße und half den anderen, die Kohlen im Kamin auszutreten und zu löschen. Mittlerweile öffnete Montigny die Tür und spähte vorsichtig auf die Straße hinaus. Die Luft war rein; keine lästige Nachtrunde war in Sicht. Trotzdem hielten die vier Gesellen es für klüger, sich einzeln davonzumachen; und da Villon es eilig hatte, aus der Nähe des toten Thevenin zu kommen, und da die anderen es noch eiliger hatten, ihn loszuwerden, bevor er den Verlust seines Geldes bemerkte, so war er mit allgemeiner Zustimmung der Erste, der auf die Straße hinaustrat.

Der Wind hatte die Oberhand behalten und alle Wolken vom Himmel gefegt. Nur ein paar Dunstschleier, dünn wie Mondschein, flogen schnell über die Sterne hin. Es war bitterlich kalt, und alle Gegenstände hoben sich beinahe klarer ab als bei hellem Tageslicht – eine gewöhnliche optische Wirkung scharfen Frostes. Die schlafende Stadt war totenstill: eine Versammlung weißer Kappen, ein Feld voll von kleinen Alpen, unter den flimmernden Sternen.

Villon fluchte. Verdammt schlechtes Glück! Wollte, es schneite noch! Jetzt ließ er, wohin er auch ging, eine unverwischbare Spur hinter sich auf den schimmernden Straßen; wohin er auch ging, er hing überall mit dem Haus am Johannesfriedhof zusammen; wohin er auch ging, er musste mit seinen eigenen stapfenden Füßen den Strick zusammendrehen, der ihn an den Galgen brachte. Der starre Blick des Toten fiel ihm wieder ein und brachte ihn auf neue Gedanken. Er schnippte mit den Fingern, wie wenn er sich selber aufmuntern wollte, trat kühn in den Schnee hinaus und ging die erstbeste Straße entlang.

Zwei Dinge beschäftigten ihn, während er so auf gut Glück dahinging: das Bild des Galgens bei Montfaucon in dieser hellen windigen Nacht und zweitens der stiere Blick des Toten mit seiner Glatze und dem Kranz roter Locken. Bei diesen beiden Gedanken wurde ihm das Herz kalt, und er beschleunigte seine Schritte, wie wenn er flüchtigen Fußes solchen unliebsamen Gedanken entrinnen könnte. Ab und zu blickte er mit einem plötzlichen, ängstlichen Ruck über seine Schulter zurück; aber er war das einzige Ding, das sich auf den weißen Straßen bewegte, außer wenn der Wind plötzlich um eine Ecke fuhr und den Schnee, der jetzt zu gefrieren begann, wie glitzernden Staub aufblies.

Plötzlich sah er, ein gutes Stück Weges vor ihm, einen schwarzen Klumpen und ein paar Laternen. Der Klumpen bewegte sich, und die Laternen schwankten hin und her, wie wenn sie von gehenden Menschen getragen würden. Es war eine Nachtrunde der Scharwache; und obwohl sie seine eigene Bewegungslinie nur kreuzte, hielt er es doch für klüger, ihr so schnell wie möglich aus den Augen zu kommen.

Er hatte keine Lust, sich anrufen zu lassen, und er wusste nur zu gut, dass er eine sehr auffällige Spur im Schnee hinterließ. Unmittelbar zur linken Hand stand ein großer Palast, mit mehreren Türmen und einer großen Vorhalle vor der Tür. Er erinnerte sich, dass der Palast halb verfallen war und seit langer Zeit leer stand; so machte er drei Sprünge und schlüpfte in das Versteck des Torbogens hinein. Drinnen war es im Vergleich mit der Helligkeit der schneebedeckten Straßen ziemlich dunkel; daher tastete er sich mit ausgestreckten Händen vorwärts, bis er plötzlich über irgendetwas stolperte, das seinen Füßen einen sonderbaren Widerstand leistete. Es war eine Berührung, die sich schwer beschreiben lässt: Der Gegenstand war hart und zugleich weich, fest und zugleich lose.

Dem Dichter stand das Herz still; er sprang zwei Schritte zurück und starrte ängstlich auf das Hindernis. Dann fühlte er sich erleichtert und lachte leise.

Es war nur ein Weib, noch dazu ein totes. Er kniete an ihrer Seite nieder, um sich dieses letzteren Umstands genau zu versichern. Sie war eiskalt und stocksteif gefroren. Ein bisschen zerlumptes Putzwerk flatterte im Wind um ihr Haar, und ihre Wangen waren an demselben Nachmittag hochrot geschminkt worden.

Ihre Taschen waren ganz leer; aber in ihren Strümpfen, unterhalb der Strumpfbänder, fand Villon zwei von den kleinen Münzen, die man Weißlinge nannte.

Es war wenig genug; aber es war immerhin etwas, und der Dichter empfand es tief, dass sie hatte sterben müssen, bevor sie ihr Geld ausgegeben hatte. Dies erschien ihm als ein dumpfes, bemitleidenswertes Geheimnis, und er blickte von den Münzen in seiner Hand auf die tote Frau und von dieser wieder auf die Münzen und schüttelte den Kopf über das Rätsel des menschlichen Lebens. König Heinrich der Fünfte von England, der in Vincennes gerade in dem Augenblick starb, als er Frankreich erobert hatte – und diese arme Dirne, die in dem Torweg eines großen Herrn erfroren war, bevor sie Zeit gehabt hatte, ihre beiden Weißlinge auszugeben – es schien ihm traurig zu sein, auf welche Art das Schicksal mit der Welt umspringt!

Zwei Weißlinge – die wären so schnell ausgegeben gewesen; und doch hätten sie einen guten Geschmack im Mund verschafft; die Lippen hätten noch einmal schmatzen können, bevor der Teufel die Seele bekam und der Leib den Vögeln und Würmern zum Fraß wurde. Er hätte doch gerne gewollt, dass all sein Talg verbrannt wäre, bevor sein Licht ausgeblasen und die Laterne zerbrochen würde.

Während diese Gedanken ihm durch den Sinn gingen, fühlte er halb mechanisch nach seinem Geldbeutel. Plötzlich stand ihm das Herz still; eine Gänsehaut lief ihm über die Beine, und er hatte das Gefühl, wie wenn eine eiskalte Faust ihm einen Schlag auf den Kopf gäbe.

Einen Augenblick stand er wie versteinert da; dann fühlte er mit einer fieberhaften Bewegung noch einmal in seiner Tasche nach; und dann wurde ihm plötzlich sein Verlust klar und der Schweiß brach ihm aus allen Poren heraus.

Für einen Verschwender ist Geld etwas so Lebendes und Wirkliches – es ist solch ein dünner Schleier zwischen ihm und seiner Lust! Sein Glück kennt nur eine einzige Grenze – die der Zeit; und ein Verschwender, der bloß ein paar Krontaler besitzt, ist der Kaiser von Rom, bis diese ausgegeben sind. Für solch einen Menschen ist es ein furchtbares Unglück, sein Geld zu verlieren; er stürzt in einem Nu aus dem Himmel in die Hölle; er hatte alles und hat plötzlich nichts. Und erst recht wenn er um dieses Geldes willen seinen Kopf in die Schlinge gesteckt hat; wenn er vielleicht wegen dieser um so teuren Preis erworbenen, so töricht wieder verlorenen Börse morgigen Tages gehängt werden kann!

Villon stand da und fluchte; er warf die beiden Weißlinge auf die Straße; er drohte dem Himmel mit geballten Fäusten; er stampfte mit dem Fuß, und es war ihm gleichgültig, als er merkte, dass er auf der armseligen Leiche herumgetrampelt war.

Dann begann er, mit schnellen Schritten nach dem Haus am Kirchhof zurückzulaufen. Alle Furcht vor der Nachtrunde war vergessen; die war jedenfalls längst vorüber, er aber hatte keinen anderen Gedanken als an seinen Geldbeutel.

Vergeblich suchte er nach rechts und links auf dem Schnee: Nichts war zu sehen. Also hatte er den Beutel nicht in den Straßen verloren. War er ihm im Haus aus der Tasche gefallen? Überaus gern wäre er hineingegangen und hätte nachgesehen; aber der Gedanke an den grausigen Gast drinnen lähmte ihn. Außerdem sah er, als er näher kam, dass ihre Versuche, das Feuer auszutreten, keinen Erfolg gehabt hatten; im Gegenteil, es war zu einer hellen Lohe aufgeflammt, und der flackernde Schein drang durch Tür- und Fensterritzen und erfüllte ihn mit neuer Angst vor den Behörden und dem Pariser Galgen. Er ging wieder nach dem Palast mit dem Torbogen zurück und tastete auf dem Schnee nach dem Geld, das er in seinem kindischen Ärger weggeworfen hatte. Aber er konnte nur einen einzigen Weißling finden; der andere war wahrscheinlich auf die Seite geflogen und tief in den Schnee gesunken.

Einen einzigen Weißling in der Tasche – da verflüchtigten sich alle seine Pläne, ein wildes nächtliches Gelage in irgendeiner wüsten Schänke zu feiern. Und nicht genug daran, dass das Vergnügen lachend vor seiner Umarmung entfloh: Wirkliches Unbehagen, wirklicher Schmerz packten ihn an, während er traurig vor dem Torbogen stand. Der Schweiß war an seinem Leib getrocknet, und obgleich der Wind eingeschlafen war, wurde der Frost von Stunde zu Stunde schärfer; seine Glieder waren wie erstarrt und er fühlte sich unwohl.

Was sollte er tun? So spät die Stunde war, so unwahrscheinlich ein Erfolg war – er wollte es versuchen, im Haus seines Adoptivvaters, des Kaplans von Saint-Benoît Einlass zu finden.

Er ging nicht, sondern rannte den ganzen Weg dorthin; dann klopfte er schüchtern an die Tür. Keine Antwort. Er klopfte immer und immer wieder und fasste bei jedem Schlag sich ein

Herz, noch lauter zu klopfen, und schließlich hörte er Schritte, die sich drinnen im Haus näherten. Ein vergittertes Guckloch in der eisenbeschlagenen Tür öffnete sich und sandte einen Strahl gelben Lichts nach draußen.

»Haltet euer Gesicht dicht an das Guckloch!«, sagte der Kaplan drinnen.

»Ich bin's nur«, winselte Villon.

»Oh, du bist es bloß? So?«, antwortete der Kaplan; und dann schimpfte er mit unflätigen, unpriesterlichen Flüchen auf den Dichter, der zu solcher Stunde ihn störe, und sagte ihm, er sollte sich in die Hölle scheren, von wo er käme.

»Meine Hände sind blau gefroren bis an die Gelenke!«, flehte Villon. »Meine Füße sind wie abgestorben und es sticht darin wie mit Nadeln; meine Nase schmerzt mir von der scharfen Luft; die Kälte schnürt mir das Herz zu. Vielleicht sterbe ich noch vor morgen. Nur dies einzige Mal, Vater! Und bei Gott, ich will niemals wieder bitten!«

»Du hättest früher kommen sollen!«, sagte der Geistliche kühl. »Junge Leute müssen ab und zu einen Denkzettel haben.«

Er schloss das Guckloch und ging langsam in das Innere des Hauses.

Villon war außer sich; er schob mit Händen und Füßen gegen die Tür und brüllte mit heiserer Stimme den Namen des Kaplans.

»Wurmiger alter Fuchs!«, schrie er. »Könnte ich dir nur an den Kragen, du solltest kopfüber in die bodenlose Hölle fliegen!«

Eine Tür wurde im Inneren geschlossen; der Dichter hörte das leise Klappern durch die langen Gänge hindurch. Mit einem Fluch wischte er sich den Mund ab. Und dann ging ihm das Komische der Lage auf: Er lachte und sah lustig zum Himmel empor, wo die Sterne sich wegen seines Missgeschicks anzublinzeln schienen.

Was war zu tun? Es sah danach aus, als ob er eine Nacht in den kalten Straßen verbringen müsste. Der Gedanke an die tote

Frau schoss ihm wieder durch die Fantasie und jagte ihm Furcht ein: Was ihr früh am Abend zugestoßen war, das konnte sehr wohl auch ihm geschehen, bevor es Morgen wurde. Und er war so jung! Er hatte noch so unermessliche Möglichkeiten liederlicher Belustigungen vor sich! Er wurde ganz gerührt über sein eigenes Schicksal, wie wenn es das eines anderen Menschen gewesen wäre, und entwarf ein lebhaftes kleines Bildchen von der Szene, wenn man am Morgen seine Leiche finden würde.

Er musterte alle seine Aussichten und drehte dabei den Weißling zwischen Daumen und Zeigefinger. Unglücklicherweise stand er sich gerade in diesem Augenblick nicht gut mit einigen alten Freunden, die sich sonst in solcher Klemme seiner erbarmt haben würden. Er hatte sie in Versen verspottet, er hatte sie misshandelt und betrogen. Aber jetzt, da es ihm so erbärmlich schlecht ging, fiel ihm ein, dass wenigstens einer von ihnen vielleicht seinen Groll fahren lassen würde. Es war eine Möglichkeit. Jedenfalls konnte er es einmal versuchen; er wollte zu ihm gehen und das Weitere abwarten.

Unterwegs hatte er zwei kleine Erlebnisse, die seinen Gedanken sehr verschiedene Richtungen gaben. Erstens traf er auf die Fußstapfen der Scharwache und folgte ihr mehrere Hundert Schritte, obgleich sie außerhalb seiner Richtung führte. Er fasste etwas mehr Mut: Wenigstens hatte er jetzt seine Spur verwischt; denn immer noch beherrschte ihn der Gedanke, dass man seinen Spuren im Schnee durch ganz Paris nachgehen und am nächsten Morgen, bevor er erwachte, ihn am Kragen packen würde.

Das andere Erlebnis war ganz anderer Art. Er kam bei einer Straßenecke vorbei, wo vor gar nicht so langer Zeit eine Frau und ihr Kind von Wölfen gefressen worden waren. In dieser Nacht war gerade das richtige Wetter, dachte er bei sich selber, um Wölfe auf den Gedanken zu bringen, mal wieder Paris zu besuchen; und ein einsamer Mensch in diesen öden Straßen würde wohl kaum mit einer bloßen Schramme davonkommen.

Er blieb stehen und sah mit einer unbehaglichen Teilnahme sich den Ort an. Es war ein Kreuzungspunkt, wo mehrere Gassen zusammentrafen; er spähte eine nach der anderen hinunter und lauschte mit angehaltenem Atem, ob er nicht schwarze Gestalten über den Schnee galoppieren sähe oder zwischen diesem Platz und dem Fluss ein Geheul hörte. Er erinnerte sich, wie seine Mutter ihm die Geschichte erzählte und ihm die Stelle zeigte; er war damals noch ein Kind gewesen. Seine Mutter! Wenn er nur wüsste, wo sie wohnte; dann hätte er wenigstens ein Obdach gehabt. Er beschloss, gleich am Morgen sich zu erkundigen; ja, er wollte gleich zu ihr gehen und sie besuchen, die gute Alte!

Unter solchen Gedanken kam er an seinem Ziel an, das seine letzte Hoffnung für die Nacht war.

Das Haus lag still und dunkel, wie die Nachbarhäuser; aber nachdem er ein paarmal geklopft hatte, hörte er eine Bewegung über seinem Haupt; eine Tür ging auf und eine vorsichtige Stimme fragte, wer da sei.

Der Dichter nannte seinen Namen, so laut er es konnte, ohne über ein Flüstern hinauszugehen, und erwartete nicht ohne ein gewisses Zittern und Zagen den Erfolg. Er brauchte nicht lange zu warten. Ein Fenster wurde plötzlich geöffnet und ein Eimer voll Spülicht klatschte auf die Treppe herab. Villon war nicht unvorbereitet auf ein Ereignis solcher Art gewesen und hatte sich so nahe wie möglich an die Wand gedrückt; trotzdem aber wurde er unterhalb seines Gürtels erbärmlich durchnässt. Fast augenblicklich begannen seine Hosen zu gefrieren. Tod infolge von Kälte und Erschöpfung starrte ihm ins Gesicht; er erinnerte sich, dass er Anlage zur Schwindsucht hatte, und begann versuchsweise zu husten. Aber der Ernst der Gefahr stärkte seine Nerven. Ein paar Hundert Schritte von der Tür, wo er so übel empfangen worden war, blieb er stehen, legte den Finger an die Nase und dachte nach. Er konnte nur eine Möglichkeit sehen, ein Nachtquartier zu bekommen: Er musste sich eins nehmen.

Nicht weit entfernt hatte er ein Haus bemerkt, das so aussah, wie wenn man leicht einbrechen könnte. Dorthin begab er sich mit schnellen Schritten; unterwegs träumte er von einem Zimmer, das noch warm war, von einem Tisch, worauf noch die Überreste eines Abendessens standen, von einem Ort, wo er den Rest der schwarzen Nachtstunden zubringen konnte und den er am Morgen mit einem Arm voll wertvollen Silbergeschirrs verlassen würde. Er überlegte sich sogar, welche Speisen und welche Weine er vorziehen würde, und indem er in Gedanken die Liste seiner Leibgerichte durchging, fiel ihm Bratfisch ein und erfüllte seine Gedanken mit einer Mischung von Belustigung und Grauen.

Diese Ballade vom Bratfisch werde ich niemals vollenden, dachte er bei sich selber. Und dann kam ihm plötzlich wieder eine Erinnerung; er sagte:

»Oh, hol der Teufel sein fettes Gesicht!«

Er wiederholte noch einmal diese Worte und spie auf den Schnee.

Das Haus, das er sich ausersehen hatte, sah auf den ersten Blick völlig dunkel aus; aber als Villon es zunächst untersuchte, um den besten Angriffspunkt zu finden, bemerkte sein Auge einen schwachen Lichtschimmer, der zwischen den Vorhängen eines Fensters herausdrang.

Zum Teufel auch!, dachte er. Da sind Leute wach. Irgendein Gelehrter oder ein Frommer – hol der Geier die Bande! Können sie sich nicht besaufen und in ihren Betten schnarchen wie ihre Nachbarn? Welchen Zweck hat denn das Abendläuten, und warum müssen arme Teufel von Glöcknern an einem Seilende in Kirchtürmen in die Höhe hüpfen? Wozu ist denn der Tag, wenn Leute die ganze Nacht aufsitzen? Die Pest über sie!

Er grinste, als er sah, wohin sein Gedankengang ihn geführt hatte, und sprach weiter:

»Nun, jeder Mensch muss sein eigenes Geschäft besorgen; und wenn sie wach sind, Herrgott noch einmal, da kann ich vielleicht für diesmal auf ehrliche Weise zu einem Nachtessen kommen und den Teufel betrügen.«

Er schritt kühn an die Tür und klopfte mit dreister Hand. Die beiden vorigen Male hatte er schüchtern geklopft, mit einer gewissen Furcht, Aufmerksamkeit zu erregen. Jetzt aber, da er den Plan eines Einbruchs aufgegeben hatte, schien es etwas ganz Einfaches und Unschuldiges zu sein, dass er an eine Tür klopfte. Seine Schläge tönten mit gespenstischen Schwingungen durch das Haus, wie wenn es ganz leer wäre; aber kaum waren sie verklungen, so näherte sich ein abgemessener Schritt, ein paar Riegel wurden zurückgeschoben und der eine Flügel der Tür wurde weit geöffnet, wie wenn die Bewohner des Hauses keine Hinterlist kennten und keine Hinterlist fürchteten.

Ein hochgewachsener Mann, kräftig und breitschulterig, aber mit etwas gebeugtem Rücken, stand vor Villon. Der Kopf war massig, aber fein gemeißelt; die Nase am unteren Ende stumpf, aber sie verfeinerte sich nach oben zu, wo ein paar dichte, ehrwürdig aussehende Augenbrauen sich an sie anschlossen; Mund und Augen waren von feinen Fältchen umgeben, und das ganze Gesicht ruhte auf einem dichten viereckigen weißen Bart, der unten breit abgeschnitten war. Im Schein einer flackernden Handlampe sah es vielleicht edler aus, als es in Wirklichkeit war; aber es war ein schönes Gesicht, mehr ehrenhaft als klug – stark, einfach und rechtschaffen.

»Ihr klopft spät, Herr«, sagte der alte Mann höflich mit einer tiefen Stimme.

Villon machte tiefe Verbeugungen und entschuldigte sich mit vielen unterwürfigen Worten. In einer kritischen Lage von solcher Art hatte der Bettler die Oberhand in ihm und verbarg der geniale Dichter verwirrt sein Haupt.

»Ihr seid kalt und hungrig?«, begann der alte Mann wieder. »Nun, tretet ein!«

Und er forderte ihn mit einer sehr edlen Gebärde auf, das Haus zu betreten.

Irgendein großer Herr, dachte Villon, während sein Wirt die Lampe auf die Fliesen der Eintrittshalle setzte und dann die Riegel wieder zuschob.

»Ihr werdet verzeihen, wenn ich vorausgehe«, sagte er, als er damit fertig war. Und er ging dem Besucher voran die Treppe hinauf und in ein großes Gemach, das durch eine Kohlenpfanne erwärmt und durch eine große, von der Decke herabhängende Lampe erleuchtet wurde. Es war sehr spärlich mit Hausgerät ausgestattet: Auf einem Anrichtetisch an der Wand stand einiges goldenes Geschirr; mehrere Foliobände lagen herum und zwischen den Fenstern stand eine Rüstung. An den Wänden hingen schöne gewirkte Tapeten; eine große in einem Stück stellte die Kreuzigung unseres Heilands dar; eine andere eine Gruppe von Schäfern und Schäferinnen am Ufer eines Baches. Über dem Kamin befand sich ein Wappenschild.

»Wollet Platz nehmen«, sagte der Alte, »und vergeben, wenn ich Euch allein lasse. Ich bin heute Nacht allein in meinem Haus, und wenn Ihr etwas essen sollt, muss ich selber es Euch besorgen.«

Kaum war sein Wirt hinausgegangen, so sprang Villon von dem Stuhl auf, auf den er sich soeben gesetzt hatte, und begann, leise und gewandt wie eine Katze das Zimmer zu untersuchen. Er wog die goldenen Becher in seiner Hand, öffnete alle Folianten, besah des Wappen auf dem Schild und untersuchte den Stoff, mit dem die Stühle bezogen waren. Er hob die Fenstervorhänge auf und sah, dass die Scheiben bemalt waren; es waren Kriegsszenen, soviel er sehen konnte. Dann trat er in die Mitte des Zimmers, tat einen tiefen Atemzug, blies die Backen auf und sah sich rundum, wie wenn er jede Einzelheit des Gemachs seinem Gedächtnis einprägen wollte.

Sieben Geschirre, sagte er vor sich hin; wären's zehn gewesen, so hätte ich's gewagt. Ein schönes Haus und ein schöner alter Herr, so wahr mir alle Heiligen helfen mögen!

Da hörte er die Schritte des alten Mannes, der wieder den Gang hinunterkam; er schlich sich zu seinem Stuhl zurück und begann, in demütiger Haltung seine nassen Beine vor der Kohlenpfanne zu wärmen.

Sein Wirt hielt in der einen Hand einen Teller mit kaltem Fleisch, in der anderen einen Krug mit Wein. Er setzte den Teller auf den Tisch, indem er Villon einen Wink gab, seinen Stuhl nahe heranzuziehen; dann ging er an den Anrichtetisch und brachte zwei Becher, die er füllte.

»Ich trinke auf besseres Glück für Euch«, sagte er, indem er ernst Villons Becher mit seinem eigenen berührte.

»Auf bessere Bekanntschaft«, sagte der Dichter. Er wurde kühn. Ein gewöhnlicher Mann aus dem Volk würde durch die Höflichkeit des alten Herrn verlegen geworden sein; aber Villon war abgebrüht; er hatte früher schon für große Herren den Spaßmacher gespielt und hatte gefunden, dass sie ebenso dunkle Schufte waren wie er selbst. Er fiel mit heißhungriger Lust über das Essen her, während der alte Mann sich in seinem Stuhl zurücklehnte und ihn mit neugierigen Blicken fest ansah.

»Ihr habt Blut auf Eurer Achsel, mein Mann«, sagte er.

Montigny musste seine nasse rechte Hand auf seine Schulter gelegt haben, als er das Haus verließ. Er verwünschte Montigny in seinem Herzen und stotterte:

»Es ist nicht von mir vergossen worden.«

»Das hatte ich auch nicht angenommen«, erwiderte der alte Herr ruhig. »Eine Rauferei?«

»Nun ja, so was Ähnliches«, gab Villon mit einem Zittern der Lippen zu.

»Vielleicht wurde einer ermordet?«

»O nein, nicht ermordet!«, sagte der Dichter, der immer verlegener wurde. »Es ging ganz ehrlich dabei zu – er wurde zufällig erstochen. Ich hatte nichts dabei zu tun – Gott erschlage mich auf der Stelle, wenn ich meine Hand darin hatte!«, setzte er aufgeregt hinzu.

»Vielleicht darf ich sagen: ein Spitzbube weniger«, bemerkte der Hausherr.

»Das dürft Ihr ruhig sagen!«, gab Villon zu. Er fühlte sich ungeheuer erleichtert. »Ein so großer Spitzbube, wie es nur einen zwischen hier und Jerusalem gibt. Er streckte seine Zehen in die Luft wie ein Lamm. Aber es war eklig anzusehen. Vermutlich habt Ihr zu Eurer Zeit auch Tote gesehen, mein Herr Ritter?«, sagte er, mit einem Blick auf die Rüstung zwischen den Fenstern.

»Viele«, sagte der Alte. »Ich war im Krieg, wie Ihr Euch denken könnt.«

Villon legte Messer und Gabel, die er gerade wieder aufgenommen hatte, auf den Tisch zurück und fragte:

»Waren auch Kahlköpfe unter ihnen?«

»O ja, und mit Haaren so weiß wie die meinen.«

»Ich glaube, aus weißen Haaren würde ich mir nicht so viel machen«, sagte Villon; »seine waren rot.«

Und wieder schauderte er zusammen, und es kam über ihn eine Lust, laut aufzulachen; aber er ertränkte sie mit einem großen Schluck Wein und fuhr fort:

»Es regt mich noch ein bisschen auf, wenn ich daran denke. Ich kannte ihn – hol ihn der Teufel! Und dann – man bekommt von der Kälte sonderbare Gedanken. Oder die sonderbaren Gedanken machen einem kalt. Ich weiß nicht, ob das eine zutrifft oder das andere.«

»Habt Ihr Geld?«, fragte der Alte.

»Ich habe einen einzigen Weißling«, antwortete der Dichter lachend. »Ich nahm ihn einer toten Vettel aus dem Strumpf. Sie lag in einem Torbogen. Sie war so tot wie Cäsar, das arme Luder. Und so kalt wie eine Kirche, und in ihrem Haar hatte sie ein paar Finzelchen Band. Für Wölfe und Dirnen und arme Spitzbuben wie mich ist es eine harte Welt bei solcher Winterszeit.«

»Ich bin«, sagte der Alte, »Enguerrand de la Feuillée, Herr auf Brisetout, Landvogt von Patatrac. Und wer und was seid Ihr wohl?«

Villon stand auf, machte eine geziemliche Verbeugung und sagte:

»Ich werde François Villon geheißen, ein armer Magister der freien Künste von hiesiger Hochschule. Ich verstehe ein bisschen Latein und viel Laster. Ich kann Lieder machen: Balladen, Ringelgedichte, Rundreime – und ich bin ein großer Freund vom Wein. Ich wurde in einer Dachkammer geboren, und es ist nicht unwahrscheinlich, dass ich am Galgen sterbe. Vielleicht darf ich noch hinzufügen, mein Herr Ritter, dass ich von heute Nacht an Eurer Herrlichkeit allergehorsamster Diener bin.«

»Nicht mein Diener«, sagte der Ritter; »mein Gast für heute Abend und weiter nichts.«

»Ein sehr dankbarer Gast!«, sagte Villon höflich; und er hob seinen Becher und trank seinem Wirt zu.

»Ihr seid gescheit«, begann der alte Herr, indem er mit dem Finger auf seine Stirn tippte, »sehr gescheit; Ihr habt Gelehrsamkeit; Ihr seid ein Kleriker; und trotzdem nehmt Ihr einem toten Weib auf der Straße ein kleines Geldstück ab. Ist das nicht eine Art von Diebstahl?«

»Es ist eine Art von Diebstahl, die in Kriegen viel zur Anwendung kommt. Euer Herrlichkeit.«

»Der Krieg ist das Feld der Ehre«, antwortete der Alte stolz. »Da setzt einer sein Leben ein; er streitet im Namen seines Herrn, des Königs, seines Herrgotts und aller Ihrer Herrlichkeiten, der Heiligen und Engel.«

»Nehmt an, ich wäre wirklich ein Dieb; setze ich da nicht auch mein Leben ein, und wage ich nicht mehr dabei?«

»Um Gewinn, aber nicht um Ehre.«

»Gewinn?«, wiederholte Villon mit einem Achselzucken. »Gewinn! Der arme Kerl braucht ein Abendessen, und er nimmt sich's. Genauso macht es der Soldat im Feld. Was sind denn diese Requisitionen, von denen wir so viel hören? Wenn sie für die, die sie nehmen, kein Gewinn sind, so sind sie jedenfalls für die anderen Verlust genug. Die Krieger zechen bei einem guten Feuer, während der Bürgersmann sich die Nägel abbeißt, um ihnen Wein und Holz zu kaufen. Ich habe eine gute Menge Ackersleute rings im Land an Bäumen baumeln sehen; ei, ich sah dreißig an einer einzigen Erle, und recht kläglich sahen sie aus; und als ich jemanden fragte, warum alle diese Leute gehängt werden, da sagte man mir den Grund: weil sie nicht genug Krontaler hätten zusammenkratzen können, um die Kriegsleute zu befriedigen.«

»Diese Dinge sind eine Kriegsnotwendigkeit, die der Niedriggeborene standhaft ertragen muss. Es ist wahr, einige Feldherren treiben es etwas hart; in jedem Rang und Grad gibt es Herzen, die sich nicht leicht von Mitleid bewegen lassen; und die Waffen führen allerdings viele, die nicht besser als Räuber sind.«

»Seht Ihr?«, sagte der Dichter. »Ihr könnt den Soldaten nicht vom Räuber trennen; und was ist ein Dieb anders als ein vereinzelter Räuber mit vorsichtigem Benehmen? Ich stehle ein paar Hammelkeulen, ohne dabei einem Menschen den Schlaf zu stören; der Bauer schimpft ein bisschen, isst aber trotzdem, was übrig bleibt, und es bekommt ihm. Ihr kommt daher mit glorreichem Trompetenschall, nehmt das ganze Schaf mit und gebt obendrein dem Bauern jämmerliche Prügel. Ich habe keine Trompete; ich bin nur Hans, Heinz oder Kunz; ich bin ein Spitzbube und ein Hund, und der Galgen ist noch zu gut für mich. Meinetwegen – von Herzen gern; aber fragt nur den Bauern, welchen von uns er vorzieht; hört nur mal, auf wen er flucht, wenn er in kalten Nächten wach liegt!«

»Seht uns beide an!«, sagte der Edelmann. »Ich bin alt, stark und geehrt. Würde ich morgen von Haus und Hof vertrieben, so würden Hunderte stolz sein, mir Obdach gewähren zu dürfen. Arme Leute würden ihre Häuser räumen, würden mit ihren Kindern die Nacht auf der Straße verbringen, wenn ich nur einen Wink gäbe, dass ich allein sein möchte. Und Euch sehe ich als einen obdachlosen Wanderer toten Weibern am Straßenrand Pfennige wegnehmen! Ich fürchte niemanden und nichts; Euch aber sah ich bei einem bloßen Wort zittern und die Fassung verlieren. Ich warte zufrieden in meinem Haus, bis Gott mich ruft; oder wenn es dem König gefallen sollte, mich wieder hinauszurufen, so möge der Tod auf dem Schlachtfeld kommen. Ihr guckt nach dem Galgen aus – nach einem gewaltsamen, plötzlichen Tod, ohne Hoffnung noch Ehre. Ist zwischen zwei solchen kein Unterschied?«

»Ein Unterschied so weit wie von der Erde zum Mond«, gab Villon zu. »Aber wenn ich nun als Herr auf Brisetout geboren wäre, und Ihr wäret der fahrende Schüler François – wäre da der Unterschied weniger groß gewesen? Hätte ich nicht meine Knie an dieser Kohlenpfanne gewärmt? Und hättet Ihr nicht nach Pfennigen im Schnee gesucht? Wäre ich nicht der Krieger gewesen und Ihr der Dieb?«

»Ein Dieb«, rief der alte Mann. »Ich ein Dieb! Wenn Ihr Eure Worte verständet, würdet Ihr sie bereuen.«

Villon drehte mit einer unnachahmlich unverschämten Gebärde die Handflächen nach oben und sagte:

»Wenn Eure Herrlichkeit mir die Ehre erwiesen hätten, meinem Gedankengang zu folgen –«

»Ich erweise Euch zu viel Ehre, indem ich mir Eure Gegenwart gefallen lasse«, sagte der Ritter. »Lernt Eure Zunge zügeln, wenn Ihr zu alten und ehrenwerten Männern sprecht – einer, der hitziger wäre als ich, möchte Euch sonst schärfer zurechtweisen!«

Und er stand auf und schritt, mit Zorn und Ekel kämpfend, am anderen Ende des Gemachs auf und ab. Villon füllte verstohlen seinen Becher wieder, setzte sich bequemer auf seinen Stuhl, schlug die Beine übereinander, stützte den Kopf in die eine Hand und den Ellbogen gegen die Stuhllehne. Er war jetzt satt und warm, und er hatte nicht die geringste Angst vor seinem Wirt, den er so richtig beurteilte, wie es einem Mann von so verschiedenem Charakter möglich war. Die Nacht war zum größten Teil – und schließlich doch noch recht behaglich – verbracht, und er war innerlich fest überzeugt, dass er am Morgen in Ruhe und Sicherheit von dannen gehen werde.

»Sagt mir nur eines!«, sagte der alte Mann, indem er plötzlich stehen blieb. »Seid Ihr wirklich ein Dieb?«

»Ich nehme die heiligen Rechte der Gastfreundschaft in Anspruch«, antwortete der Poet. »Und so antworte ich Euch: Ich bin's, Herr Ritter.«

»Ihr seid sehr jung«, fuhr der Ritter fort.

»Ich wäre nie so alt geworden«, antwortete Villon und zeigte seine ausgespreizten Finger, »wenn ich mir nicht mit diesen zehn Talenten geholfen hätte; sie waren die Eltern, die mich nährten.«

»Ihr könnt immer noch bereuen und Euch ändern.«

»Ich bereue täglich«, sagte der Dichter. »Es gibt wenig Menschen, die mehr zum Bereuen neigen als der arme François. Ich kann mich ändern, meint Ihr – möge doch nur einer meine Verhältnisse ändern! Ein Mensch muss täglich essen, wäre es auch nur, damit er täglich bereuen kann.«

»Die Änderung muss im Herzen beginnen«, antwortete der Alte feierlich.

»Mein werter Ritter«, antwortete Villon, »bildet Ihr Euch wirklich ein, ich stehle zum Vergnügen? Ich hasse das Stehlen, wie ich jede andere Arbeit oder Gefahr hasse. Mir klappern die Zähne, wenn ich an den Galgen denke. Aber ich muss essen, ich muss trinken, ich muss irgendwelche Gesellschaft haben. Zum Teufel noch mal! Der Mensch ist nicht zur Einsamkeit geschaffen – cui Deus feminam tradit: Drum gibt ihm Gott das Weib zur Gesellin. Macht mich zu des Königs Haushofmeister – macht mich zum Abt von Saint-Denis – macht mich zum Landvogt von Patatrac: Dann freilich werde ich ein anderer sein! Aber solang Ihr mich den armen fahrenden Schüler François Villon bleiben lasst, ohne einen Heller in der Tasche – nun, solange bleibe ich natürlich derselbe.«

»Gottes Gnade ist allmächtig.«

»Ich wäre ein Ketzer, wenn ich dies bezweifeln wollte«, sagte François. »Euch hat Gottes Gnade zum Herrn von Brisetout und zum Landvogt von Patatrac gemacht; mir hat sie nichts gegeben als den flinken Witz unter meiner Kappe und diese zehn Finger an meinen Händen. Darf ich mir noch einen Becher Wein einschenken? Ich danke Euch untertänigst. Bei Gottes Gnade – Ihr habt einen ausgezeichneten Keller.«

Der Herr von Brisetout ging auf und ab, die Hände hinter seinem Rücken gefaltet. Vielleicht war er sich innerlich noch nicht ganz klar über den Vergleich zwischen Dieben und Soldaten; vielleicht hatte Villon eine im Geheimen verwandte Saite bei ihm angeschlagen; vielleicht war ihm einfach etwas wirr im Kopf von so vielen Worten und Begriffen, die ihm nicht vertraut waren. Was aber immer die Ursache sein mochte – er hatte den geheimen Wunsch, den jungen Mann zu einer besseren Denkungsart zu bekehren, und konnte sich nicht dazu entschließen, ihn wieder auf die Straße hinauszujagen.

»Es ist etwas dabei, was ich nicht verstehen kann«, sagte er schließlich. »Euer Mund ist voll von Spitzfindigkeiten, und der Teufel hat Euch sehr weit in die Irre geführt; aber der Teufel ist nur ein sehr schwacher Geist angesichts von Gottes Wahrheit, und alle seine Spitzfindigkeiten verschwinden vor einem Wort voll echter Ehre, wie Finsternis vor dem Morgenlicht. Hört noch ein Wort von mir! Ich lernte vor langer Zeit, ein Edelmann solle ritterlich und in Liebe seinem Gott, seinem König und seiner Dame dienen; und obgleich ich manches Seltsame geschehen sah, habe ich doch stets mich bestrebt, nach dieser Vorschrift meine Wege zu wandeln. Sie steht nicht nur in allen edlen Geschichten geschrieben, sondern auch in jedes Menschen Herzen, wenn er sich nur die Mühe nehmen will, sie zu lesen. Ihr sprecht von Speise und Wein, und ich weiß recht wohl, dass Hunger eine schwer zu bestehende Prüfung ist; aber Ihr sprecht nicht von anderen Bedürfnissen: Ihr sagt nichts von Ehre, von Treue zu Gott und anderen Menschen, von Ritterlichkeit, von makelloser Liebe. Es mag sein, dass ich nicht sehr weise bin – indessen glaub ich doch, ich bin's –, aber Ihr kommt mir vor wie ein Mensch, der vom Weg abgekommen ist und dessen Leben ein großer Irrtum ist. Ihr kümmert Euch um die kleinen Bedürfnisse und habt gänzlich der großen und einzig wirklichen Bedürfnisse vergessen – wie ein Mensch, der am Tag des Jüngsten Gerichts sich um einen hohlen Zahn kümmern würde. Denn Ehre und Liebe und Treue sind nicht nur edlere Dinge als Speis und Trank, sondern ich glaube auch in allem Ernst: Wir begehren ihrer mehr und leiden schmerzlicher, wenn sie uns fehlen. Ich spreche zu Euch so, weil ich glaube, so werdet Ihr mich am leichtesten verstehen. Vergesst Ihr nicht, während Ihr Euch sorgt, wie Ihr Euren Wanst füllen könnt, eines anderen Hungers in Eurem Herzen, der Euch alle Freude Eures Lebens verdirbt und Euch immerdar unglücklich sein lässt?«

Villon wurde offenbar von dieser langen Predigt unangenehm berührt. Er rief:

»Ihr denkt, ich habe kein Ehrgefühl! Ich bin, weiß Gott, arm genug. Es ist hart für einen Armen, reiche Leute mit warmen Handschuhen zu sehen, während er selber sich in die Finger bläst. Ein leerer Magen ist ein böses Ding, wenn Ihr auch so leichthin darüber redet. Hättet Ihr so oft einen leeren Magen gehabt wie ich, vielleicht würdet Ihr in einer anderen Tonart singen. Jedenfalls bin ich im schlimmsten Fall ein Dieb – aber ich bin kein Teufel aus der Hölle, Gott straf mich! Ich möcht Euch zu wissen geben: Auch ich habe meine Ehre, so gut wie Ihr Eure, wenn ich auch nicht den ganzen Tag darüber predige, wie wenn es ein Wunder Gottes wäre, überhaupt eine zu haben. Mir scheint es ganz natürlich zu sein, Ehre zu haben: Ich lasse meine im Kasten, bis ich sie brauche. Hört mal zu: Wie lange bin ich mit Euch in diesem Zimmer gewesen? Seht Euch Euer Goldgeschirr an! Ihr seid stark – meinetwegen. Aber Ihr seid alt und unbewaffnet, und ich habe mein Messer. Was wäre weiter nötig gewesen? Ein Stoß aus dem Handgelenk – und hier hättet Ihr gelegen mit dem kalten Stahl in Eurem Leib, und dort wäre ich durch die Straßen gelaufen mit einem Arm voll goldener Becher! Bildet Ihr Euch ein, ich hätte nicht Witz genug, das zu sehen? Und doch wies ich solche Tat von mir. Da sind Eure verdammten Becher, so sicher wie in der Kirche; da seid Ihr, und Euer Herz schlägt, wie wenn's nagelneu wäre; und hier bin ich, bereit, so arm wieder hinauszugehen, wie ich hereingekommen bin, mit meinem einzigen Weißling, über den Ihr mir Reden hieltet! Und Ihr meint, ich hätte kein Ehrgefühl – Gott straf mich!«

Der alte Mann streckte seinen rechten Arm aus und sagte:

»Ich will Euch sagen, was Ihr seid. Ihr seid ein Spitzbube, mein Mann, ein unverschämter und dreckig denkender Spitzbube und Landstreicher. Ich habe eine Stunde mit Euch verbracht. Oh, glaubt mir, ich fühle mich besudelt! Und Ihr habt an meinem Tisch gegessen und getrunken. Aber jetzt hab ich genug von Euch; Euer Anblick macht mir übel. Der Tag ist da, und der Nachtvogel mag zur Rüste gehen. Wollt Ihr vorangehen oder hinter mir?«

»Ganz wie es Euch beliebt«, erwiderte der Dichter und stand auf. »Ich glaube, Ihr seid durch und durch ehrenhaft.«

Nachdenklich leerte er seinen Becher und fuhr fort, indem er mit den Fingerknöcheln an seine Stirn schlug:

»Ich wollte, ich könnte hinzusetzen, dass Ihr auch klug seid. Das Alter, das Alter! Das Hirn wird steif und gichtisch.«

Der Alte ging ihm voran; ein Gefühl von Selbstachtung veranlasste ihn dazu. Villon folgte ihm pfeifend, die Daumen in seinen Gürtel gesteckt.

»Gott erbarme sich Eurer!«, sagte der Herr von Brisetout an der Tür.

»Lebt wohl, Papa!«, antwortete Villon mit einem Gähnen. »Vielen Dank für den kalten Hammelbraten.«

Die Tür schloss sich hinter ihm. Über den weißen Dächern zog die Dämmerung herauf. Ein kühler unbehaglicher Morgen führte den Tag auf die Erde. Villon stand mitten auf der Straße und streckte sich und streckte sich wieder.

Ein sehr stumpfsinniger alter Herr, dachte er bei sich selber. Ich möchte wohl wissen, wie viel seine Becher wert sind.

Der Selbstmordklub

Erstes Kapitel

Die Geschichte von dem jungen Mann mit dem Cremetörtchen

Während seines Londoner Aufenthalts gewann sich der hochgebildete Prinz Florizel von Böhmen durch seine bestechenden Umgangsformen wie durch seine wohlangebrachte Freigebigkeit die Zuneigung aller Klassen. Schon durch das, was man von ihm wusste – und das war nur ein kleiner Teil seiner wirklichen Taten –, war er eine durchaus bemerkenswerte Persönlichkeit. Für gewöhnlich ein Mann von gelassenem Temperament, der die Welt mit der Ruhe eines Philosophen betrachtete, empfand der Fürst doch auch manchmal Verlangen nach einem abenteuerlicheren und ungebundeneren Leben als das, wozu ihn seine Geburt bestimmt hatte. War seine Stimmung einmal nicht auf ihrer gewöhnlichen Höhe, versprach er sich keine Unterhaltung von dem Besuch eines Londoner Theaters, und erlaubte die Jahreszeit keinen Sport, in dem er es allen zuvortat, so ließ er seinen Vertrauten und Oberstallmeister, den Obersten Geraldine, zu sich entbieten und trug ihm auf, die Vorbereitungen für einen abendlichen Ausflug zu treffen. Der Stallmeister war ein junger Offizier, mutig bis zur Verwegenheit. Der Auftrag erfüllte ihn mit Vergnügen, und eiligst machte er alles bereit. Infolge langer Übung und mannigfaltiger Lebenserfahrung hatte sich sein angeborenes schauspielerisches Talent noch mehr entwickelt, sodass er nicht nur in Gebärden und Haltung, sondern auch in der Stimme und fast auch in seinen Gedanken jede Gesellschaftsklasse, jeden Charakter und jede Nation darstellen konnte; dadurch lenkte er die Aufmerksamkeit von seinem fürstlichen Begleiter auf sich, und es gelang dem Paar, manchmal zu ganz absonderlichen Gesellschaften Zutritt zu erhalten. Von diesen geheimnisvollen Abenteuern drang nichts an die Öffentlichkeit. Die Unerschrockenheit des einen und die unermüdliche Erfindungsgabe und ritterliche Ergebenheit des andern hatten sie so manche Gefahr glücklich bestehen lassen, und so wurde auch ihr Selbstvertrauen immer größer.

Eines Märzabends trieb sie ein eisiger Regen in eine Austernschenke am Leicester Square. Oberst Geraldine hatte sich als heruntergekommenen Journalisten verkleidet, während sich der Prinz wie gewöhnlich durch einen falschen Backenbart und lang herabhängende Augenbrauen unkenntlich gemacht hatte. In dieser Vermummung vor jeder Entdeckung sicher, schlürften sie unbesorgt ihren Brandy mit Sodawasser.

Die Kneipe war voll von Gästen beiderlei Geschlechts; aber wenn sich auch mehr als einmal Gelegenheit zur Anknüpfung eines Gesprächs bot, schien doch in keinem Fall die nähere Bekanntschaft der Mühe wert zu sein. Nur der gewöhnliche Typus gemeiner Gesellschaft war vertreten. Der Prinz fing schon an zu gähnen, und es hatte den Anschein, als sollte diesmal der Streifzug ohne jede interessante Ausbeute verlaufen, als die Eingangstür heftig aufgestoßen wurde und ein junger Mann mit zwei Dienstmännern hinter sich hereinstürzte. Jeder Dienstmann trug eine große Schüssel, die sich mit Rahmtörtchen gefüllt zeigte. Der junge Mann wandte sich mit ausgesuchter Höflichkeit an jeden einzelnen Gast und lud ihn dringend ein zuzugreifen. Manche taten es lachend, andere wiesen ihn ohne Weiteres oder mit groben Worten zurück. In diesem Fall verspeiste der Ankömmling jedes Mal mit einer mehr oder minder witzigen Bemerkung das Törtchen selbst.

Zuletzt wandte er sich an den Prinzen Florizel.

»Mein Herr«, sagte er mit einer tiefen Verbeugung und präsentierte dabei das Törtchen zwischen Daumen und Zeigefinger, »wollen Sie mir als einem ganz Unbekannten die Ehre geben? Ich stehe für die Güte des Gebäcks, da ich seit fünf Uhr selbst zwei Dutzend und drei Stück gegessen habe.«

»Ich pflege«, erwiderte der Prinz, »weniger auf die Gabe als auf den Geist, in dem sie gereicht wird, zu sehen.«

»Was diesen Geist anbetrifft«, entgegnete der junge Mann mit einer zweiten Verneigung, »so handelt es sich um einen Spaß.«

»Spaß?«, wiederholte Florizel. »Wem soll der Spaß gelten?«

»Ich kann mich darüber hier nicht weiter auslassen, sondern habe nur diese Rahmtörtchen zu verteilen. Wenn ich erwähne, dass ich das Lächerliche in der Sache zum guten Teil auf meine Person nehme, so hoffe ich, Sie werden es nicht unter Ihrer Würde finden und sich herablassen. Sonst nötigen Sie mich, Nummer achtundzwanzig zu verzehren, und ich muss gestehen, ich habe schon gerade genug.«

»Sie rühren mein Herz«, sagte der Prinz, »und ich will Sie mit größtem Vergnügen aus diesem Dilemma retten, aber unter einer Bedingung. Wenn mein Freund und ich Ihre Kuchen, nach denen wir an und für sich gar kein Verlangen tragen, essen, so erwarten wir, dass Sie dafür an unserm Abendessen teilnehmen.«

Der junge Mann schien nachzudenken.

»Ich habe noch verschiedene Dutzend hier«, sagte er endlich; »und ich werde daher zur Vollendung meines großen Werks noch verschiedene Wirtschaften besuchen müssen. Das wird ziemlich viel Zeit kosten, und wenn Sie hungrig sind ...«

Der Prinz unterbrach ihn mit einer höflichen Handbewegung.

»Mein Freund und ich wollen Sie begleiten«, sagte er, »denn Ihre geniale Art, einen Abend zu verbringen, hat bereits in hohem Grad unser Interesse erweckt. Und nun lassen Sie mich, da wir über die Friedenspräliminarien einig sind, den Vertrag für beide unterzeichnen.«

Und dabei verschluckte der Prinz eins von den Törtchen.

»Sie sind ausgezeichnet«, bemerkte er.

»Ich sehe, Sie sind Kenner«, versetzte der junge Mann.

Oberst Geraldine erwies dem Gebäck die gleiche Ehre, und der junge Mann machte sich auf den Weg zu einer andern ähnlichen Wirtschaft. Hinter ihm gingen die beiden Dienstmänner, und der Fürst und Geraldine machten Arm in Arm und einander verstohlen zulächelnd den Beschluss. So besuchten sie noch zwei ähnliche Kneipen, in denen sich beim Rundgang des jungen Mannes die oben beschriebenen Szenen mit geringen Abweichungen wiederholten.

Als sie die dritte Wirtschaft verließen, zählte der junge Mann seinen Vorrat, es waren nur noch neun übrig.

»Meine Herren«, sagte er zu seinen neuen Begleitern gewendet, »ich will Sie nicht länger von Ihrem Abendessen trennen, sicher sind Sie hungrig. Ich bin Ihnen ein besonderes Opfer schuldig. Heute, an diesem für mich so bedeutungsvollen Tag, da ich eine tolle Laufbahn mit der größten Tollheit beschließen will, möchte ich mir niemand gegenüber etwas zuschulden kommen lassen. Meine Herren, Sie sollen nicht länger warten. Mit Gefahr des Lebens ziehe ich die Bilanz.«

Und mit diesen Worten stopfte er die neun Törtchen in den Mund und schluckte heroisch eins nach dem andern hinunter. Dann reichte er jedem Dienstmann ein paar Goldstücke, sagte: »Ich danke Ihnen für Ihre außerordentliche Geduld«, und entließ sie mit einer Verbeugung.

Hierauf warf er noch einen Blick auf die Börse, aus der er die Goldstücke genommen hatte, schleuderte sie lachend mitten auf die Straße und erklärte sich zum Abendessen bereit.

Die drei Genossen traten in ein unweit gelegenes kleines französisches Speisehaus besserer Klasse und nahmen in einem Sonderzimmer des zweiten Stocks ein vorzügliches Mahl ein, das sie mit drei oder vier Flaschen Champagner und einem lebhaften Gespräch über alle möglichen Gegenstände würzten. Der junge Mann zeigte sich gewandt und heiter, aber sein Lachen war für einen wohlerzogenen Menschen überlaut, seine Hände zitterten heftig, und seine Stimme nahm oft unwillkürlich einen ganz sonderbaren Klang an. Der Nachtisch war abgetragen, und alle drei hatten ihre Zigarren angezündet, als sich der Prinz mit folgenden Worten an den jungen Mann wandte:

»Sie werden sicher meine Neugier entschuldigen. Was ich von Ihnen gesehen habe, hat meinen Beifall gefunden, aber noch mehr mein Erstaunen erregt. Und obwohl mir jede Indiskretion verhasst ist, muss ich Ihnen doch bemerken, dass bei meinem Freund und mir jedes Geheimnis wohl bewahrt ist. Und wenn die Geschichte, die Sie zu erzählen haben, wie ich voraussetze, manche Dummheit enthält, so brauchen Sie sich deshalb vor uns, die wir schon das tollste Zeug in England ausgeführt haben, keinen Zwang anzutun. Mein Name ist Godall, Theophilus Godall; mein Freund ist der Major Hammersmith, oder dies ist wenigstens der Name, den er sich beilegt. Wir sind auf der Suche nach Abenteuern, und das Ungewöhnlichste erregt unser Interesse am meisten.«

»Sie gefallen mir, Mr Godall«, erwiderte der junge Mann; »ich fühle von vornherein Vertrauen zu Ihnen; und ich habe nicht das Geringste gegen ihren Freund, den Major, den ich für einen verkleideten Edelmann halte. Wenigstens ist er sicher kein Soldat.«

Der Oberst lächelte zu diesem Kompliment, und der junge Mann fuhr lebhafter fort:

»Ich habe allen Grund, meine Geschichte nicht zu erzählen. Aber vielleicht tue ich es gerade deshalb. Wenigstens scheint es mir, dass Sie so gut vorbereitet sind, alle meine Dummheiten anzuhören, dass ich es nicht übers Herz bringe, Sie zu enttäuschen. Meinen Namen will ich trotz Ihres Beispiels für mich behalten. Mein Alter tut nichts zur Sache. Ich stamme wie alle Menschen von meinen Eltern her und ererbte von ihnen das körperliche Gehäuse, das ich noch bewohne, und ein jährliches Einkommen von dreihundert Pfund. Vermutlich verdanke ich ihnen auch meine tollen Neigungen, denen nachzugeben mein größtes Vergnügen war. Ich erhielt eine gute Erziehung. Beinahe kann ich so perfekt Violine spielen, dass ich als Mitglied einer wandernden Musikantentruppe Geld verdienen könnte. Dasselbe gilt von meiner Kunst auf der Flöte und dem Waldhorn. Whist verstehe ich so gut, dass ich etwa hundert Pfund jährlich verspiele.

Französisch habe ich so weit gelernt, dass ich mein Geld in Paris fast ebenso bequem loswurde als in London. Kurz, ich bin eine sehr vielseitig ausgebildete Persönlichkeit. Kein Abenteuer ist mir fremd geblieben, darunter auch ein Duell um nichts. Erst vor zwei Monaten traf ich eine junge Dame, die an Geist und Körper meinem Geschmack völlig entsprach; ich fühlte mein Herz schmelzen; ich sah, dass sich endlich mein Geschick erfüllen sollte, und war drauf und dran, mich zu verlieben. Als ich aber berechnete, was mir noch von meinem Kapital geblieben war, fand ich, dass sich mein ganzer Besitz auf etwas weniger als vierhundert Pfund belief! Ich frage Sie – kann sich ein Mann, der Selbstachtung besitzt, mit vierhundert Pfund verlieben? Nach meiner Meinung ist das unmöglich. Ich ließ alle Liebeshoffnung fallen, beschleunigte mein Tempo im Geldausgeben und war heute Morgen bei den letzten achtzig Pfund angelangt. Diese teilte ich in zwei Teile, vierzig sollen einem besonderen Zweck dienen, die andern vierzig vergeudete ich im Laufe des Tages. Ich habe die Stunden vergnüglich zugebracht und manchen Spaß losgelassen vor dem mit den Rahmtörtchen, der mir Ihre werte Bekanntschaft verschaffte; denn ich wollte, wie gesagt, einen tollen Lebenslauf zu einem tollen Ende bringen, und als Sie mich meine Börse auf die Straße werfen sahen, waren die vierzig Pfund durchgebracht. Nun kennen Sie mich so gut, wie ich mich selbst kenne: ein Narr, aber ausdauernd in seiner Narrheit, und glauben Sie mir, weder ein Renommist noch ein Feigling.«

Aus dem ganzen Ton seiner Worte klang offenbar das Gefühl der Bitterkeit und Selbstverachtung heraus. Seinen Zuhörern kam es vor, als wäre ihm das Liebesverhältnis näher gegangen, als er zugeben wollte, und als hätte er es auf sein eigenes Leben abgesehen. Der Spaß mit den Rahmtörtchen bekam einen sehr tragischen Beigeschmack.

»Ist das nicht seltsam«, brach Geraldine nach einem Seitenblick auf den Prinzen Florizel das Stillschweigen, »dass wir drei uns in der ungeheuren Londoner Wüste aus bloßem Zufall getroffen haben sollten und dabei fast in der gleichen Lage sind?«

»Was?«, schrie der junge Mann. »Sind Sie auch ruiniert? Ist es mit diesem Souper ähnlich wie mit meinen Rahmtörtchen? Hat der Teufel drei ihm Verfallene zum letzten Schmaus zusammengeführt?«

»Der Teufel«, erwiderte Prinz Florizel, »leistet sich manchmal dergleichen, und das Zusammentreffen ist für mich so ergreifend, dass ich hiermit den kleinen Unterschied in unserer Lage ausgleiche. Lassen Sie mich dem heroischen Beispiel, das Sie mit den letzten Rahmtörtchen gegeben, folgen!«

Mit diesen Worten zog der Fürst sein Taschenbuch hervor und entnahm ihm ein kleines Bündel Banknoten.

»Sie sehen«, fuhr er fort, »ich war gegen Sie etwa um eine Woche zurück, aber ich will Sie einholen und Hals über Kopf mit Ihnen am Ziel anlangen. Das« – dabei legte er eine Banknote auf den Tisch – »wird für die Rechnung genügen. Und da ist der Rest.«

Damit warf er die Papiere ins Feuer, und sie gingen mit einem einzigen Aufflackern der Flamme den Schornstein hinauf.

Der junge Mann wollte ihm in den Arm fallen, kam aber, da der Tisch zwischen ihnen war, zu spät.

»Unglücklicher«, rief er, »Sie hätten nicht alle verbrennen sollen. Sie sollten vierzig Pfund behalten!«

»Vierzig Pfund?«, wiederholte der Fürst. »Wozu denn in des Himmels Namen vierzig Pfund?«

»Warum nicht achtzig?«, schrie der Oberst. »Denn ich weiß gewiss, dass das Päckchen hundert Pfund enthielt!«

»Nur vierzig Pfund waren nötig«, sagte der junge Mann düster. »Aber ohne sie ist kein Einlass. Die Vorschrift ist unerlässlich. Jeder vierzig Pfund. Verfluchtes Leben, wenn man nicht einmal ohne Geld sterben kann!«

Der Prinz und der Oberst tauschten Blicke des Einverständnisses.

»Erklären Sie sich deutlicher«, sagte der Letztere. »Mein Portemonnaie ist noch ziemlich gut versehen, und ich brauche nicht zu bemerken, wie gern ich mit Godall teile. Aber ich muss wissen, wozu, und Sie müssen Ihre Worte besser erklären.«

Der junge Mann schien aufzuwachen; seine Blicke wanderten unsicher von einem zum anderen, und eine tiefe Röte übergoss sein Gesicht.

»Haben Sie mich nicht zum Besten?«, fragte er. »Sie sind wirklich verlorene Leute wie ich?«

»Ich bin es in der Tat«, versetzte der Oberst.

»Und ich«, sagte der Prinz, »habe Ihnen den Beweis geliefert. Nur ein verlorener Mann wird sein Geld ins Feuer werfen. Ist diese Tat nicht sprechend genug?«

»Ein verlorener Mann – ja«, entgegnete argwöhnisch der andere, »oder auch ein Millionär!«

»Genug, mein Herr«, sagte der Prinz, »ich habe es gesagt, und ich bin nicht gewohnt, dass man meine Worte in Zweifel zieht.«

»Ruiniert?«, rief der junge Mann. »Sie sind ruiniert wie ich? Bleibt Ihnen nach einem zügellosen Leben« – hier senkte sich seine Stimme – »nur noch eine Zügellosigkeit übrig? Wollen Sie den Folgen Ihrer Torheit auf dem einzigen sichern und bequemen Weg entgehen?«

Plötzlich brach er ab und versuchte zu lachen.

»Auf Euer Wohl!«, rief er und leerte sein Glas, »und nun gute Nacht, Ihr lustigen ruinierten Männer!«

Als er sich erheben wollte, fasste ihn Oberst Geraldine am Arm.

»Sie haben kein Vertrauen zu uns, und das ist nicht recht. Auf alle Ihre Fragen antworte ich: Ja. Aber ich bin nicht so furchtsam und rede eine ungeschminkte Sprache. Auch wir haben vom Leben genug und sind entschlossen zu sterben. Früher oder später wollten wir vereint oder allein ohne Furcht den Tod suchen. Da wir Sie getroffen haben und bei Ihnen der Fall dringender liegt, so lassen Sie uns diese Nacht oder sofort und, wenn es Ihnen recht ist, alle drei zusammen den Schritt tun. Solch ein Bettlertrio«, rief er, »sollte Arm in Arm in Plutos Hallen treten und auch unter den Schatten zusammenhalten!«

Geraldines Bewegungen und Ausdruck waren seiner Rolle so angemessen, dass sich der Prinz selbst im ersten Augenblick beunruhigt fühlte und seinem Vertrauten einen Blick des Zweifels zuwarf. Das Gesicht des jungen Mannes aber überflog wieder eine tiefe Röte, und ein Lichtstrahl drang aus seinen Augen.

»Ihr seid meine Leute!«, rief er mit einer fast schrecklichen Fröhlichkeit. »Geben Sie mir Ihre Hand darauf!« (Seine Hand war kalt und feucht.) »Sie haben keine Ahnung, in was für eine Gesellschaft Sie eintreten sollen! Sie haben keine Ahnung, welcher günstige Zufall Sie an meinen Rahmtörtchen teilnehmen ließ! Ich bin nur ein Einzelner, aber ich gehöre zu einem ganzen Heer. Ich kenne den Privatzutritt zum Tod. Ich gehöre zu seinen Vertrauten und kann Ihnen einen Weg weisen, der ohne Zeremonie und doch ohne Skandal in die Ewigkeit führt.«

Sie drangen lebhaft in ihn, sich deutlicher auszulassen.

»Verfügen Sie über achtzig Pfund zusammen?«, fragte er.

Geraldine öffnete sein Taschenbuch und erwiderte: »Ja.«

»Sie Glückliche!«, rief der junge Mann. »Vierzig Pfund kostet der Eintritt in den Selbstmordklub.«

»Der Selbstmordklub?«, fragte der Prinz. »Was zum Teufel ist das?«

»Hören Sie«, sagte der junge Mann; »wir leben in einem Zeitalter, in dem den Menschen alles bequem gemacht wird, und ich habe Ihnen von dem Modernsten in dieser Richtung Mitteilung zu machen. Wir haben bald hier, bald da zu tun, so wurden die Eisenbahnen erfunden. Aber noch blieben wir von unsern Freunden getrennt, so ersann man zu blitzschnellem Gedankenaustausch die Telegrafen. Aufzüge ersparen uns das Treppensteigen. Nun wissen wir, das Leben ist nur eine Bühne, auf der wir den Narren spielen, solange uns die Rolle gefällt. Es fehlte dem modernen Komfort nur noch an einer Bequemlichkeit, nämlich die Möglichkeit, die Bühne dezent und ohne Schwierigkeit zu verlassen, eine Hintertreppe zur Freiheit oder, wie ich eben sagte, ein Privatzutritt zum Tod. In diese Lücke, meine Todesbrüder, tritt der Selbstmordklub. Glauben Sie ja nicht, dass Sie und ich mit unserem sehr natürlichen Verlangen allein stehen oder eine seltene Ausnahme bilden. Sehr viele Kameraden, die des täglich sich wiederholenden Einerleis herzlich überdrüssig sind, lassen sich nur durch diese oder jene Erwägung zurückhalten. Manche haben Familien, denen sie die Aufregung und, wenn die Sache an die Öffentlichkeit käme, die Schande ersparen möchten; andere sind zu weichmütig und können über die unumgänglichen Handgriffe nicht hinauskommen. Das ist in gewissem Maß auch mein Fall. Ich kann mir die Pistole nicht an den Kopf setzen und den Drücker bewegen; etwas, das stärker ist als mein Wille, hält mich zurück; und obwohl mich das Leben anekelt, habe ich doch nicht die Kraft in mir, mir den Tod zu geben. Für solche Leute und alle, denen der Gedanke an einen postumen Skandal ein Gräuel ist, hat sich der Selbstmordklub gebildet. Über seine genaue Entstehung und Entwicklung wie über etwaige Zweigvereine in andern Ländern weiß ich selbst nichts, und über seine Organisation Mitteilung zu machen, ist mir nicht gestattet. Doch so weit stehe ich Ihnen zu Diensten, dass ich Sie, wenn Sie wirklich lebensmüde sind, heute zu einer Sitzung einführe; und wenn nicht heute, so werden Sie doch im Lauf der Woche von der Bürde Ihrer Existenz erlöst werden. Es ist jetzt elf Uhr, spätestens um halb zwölf Uhr müssen wir aufbrechen, sodass Sie noch eine halbe Stunde haben, um meinen Vorschlag zu überlegen. Es handelt sich um etwas Ernstlicheres«, fügte er lächelnd hinzu, »als meine Rahmtörtchen und, denke ich, auch etwas Schmackhafteres.«

»Ernstlicher ist es zweifellos«, versetzte Oberst Geraldine, »wollen Sie mir daher fünf Minuten gönnen, um die Sache privatim mit meinem Freund besprechen zu können?«

»Das ist nicht mehr als billig«, antwortete der junge Mann. »Wenn Sie erlauben, ziehe ich mich zurück.«

»Sehr verbunden«, sagte der Oberst.

Kaum waren sie beide allein, so sagte Prinz Florizel: »Wozu diese Besprechung, Geraldine? Ich sehe, Sie sind aufgeregt; ich bin völlig ruhig und entschlossen. Ich will der Sache auf den Grund sehen.«

»Eure Hoheit«, sagte der Oberst erbleichend, »lasse mich die Bitte aussprechen zu erwägen, welche Bedeutung Ihr Leben nicht nur für Ihre Freunde, sondern auch für die Allgemeinheit hat. Wenn nicht heute Nacht – sagte dieser Tollhäusler; aber gesetzt, es träfe die Person Eurer Hoheit heute ein nicht wiedergutzumachendes Unheil, wie sollte ich meiner Verzweiflung steuern, wie groß wäre der Schaden und die Trauer eines großen Volkes?«

»Ich will der Sache auf den Grund sehen«, wiederholte der Prinz in ruhigstem Ton, »und vergessen Sie, Oberst Geraldine, nicht Ihr Ehrenwort als Edelmann. Unter keinen Umständen dürfen Sie, es sei denn mit meiner ausdrücklichen Genehmigung, mein Inkognito enthüllen. Und nun schellen Sie bitte dem Kellner!«

Oberst Geraldine verneigte sich, aber sein Gesicht war sehr bleich, als er nach der Zeche fragte und den jungen Mann wieder hereinholte. Der Prinz zeigte sich unverändert und erzählte dem jungen Selbstmörder mit humoristischen Worten von einer neuen Theaterposse. Er wich den beredten Blicken des Obersten ungezwungen aus und verwandte auf die Auswahl einer neuen Zigarre noch mehr Sorgfalt als gewöhnlich. Er war in der Tat unter den drei Männern der Einzige, der seine Nerven völlig in der Gewalt hatte.

Nachdem der Prinz die Rechnung bezahlt und dem erstaunten Kellner den Rest der Banknote gelassen hatte, bestiegen sie eine Droschke, die nach kurzer Fahrt am Eingang eines ziemlich dunklen Hofes hielt. Kaum waren sie hier ausgestiegen, so wandte sich der junge Mann an den Prinzen mit den Worten:

»Noch ist es Zeit, Mr Godall, und auch für Sie, Major Hammersmith; sagen Ihre Herzen Nein, so hüten Sie sich, einen Schritt weiterzugehen; hier scheiden sich die Wege.«

»Vorwärts«, sagte der Prinz. »Ich bin nicht der Mann, der von dem einmal gefassten Entschluss absteht.«

»Ihre Ruhe gefällt mir«, erwiderte der junge Führer. »Noch keinen habe ich in dieser Lage so unerschüttert gesehen, und Sie sind nicht die Ersten, die ich hierher begleite. Mehr als einer von meinen Freunden ist mir vorausgegangen, während ich wusste, dass ich bald an die Reihe käme. Doch das ist für Sie ohne Interesse. Warten Sie einige Augenblicke; ich bin wieder hier, sobald ich das Nötige betreffs Ihrer Zulassung verabredet habe.«

Damit schritt er in den Hof und verschwand durch eine Tür.

»Von allen Ihren Streichen«, sagte der Oberst Geraldine mit leiser Stimme, »ist das der wildeste und gefährlichste.«

»Das ist durchaus meine Meinung«, versetzte der Prinz.

»Es ist uns«, fuhr der Oberst fort, »noch ein Moment gelassen. Lassen mich Eure Hoheit flehentlich bitten, die Gelegenheit wahrzunehmen und sich zurückzuziehen. Die Folgen dieses Schrittes liegen so sehr im Dunklen und können so ernst sein, dass ich entschuldigt zu sein glaube, wenn ich die Freiheit, die mir Eure Hoheit im Privatumgang gestattet, so weit treibe.«

»Soll das heißen, dass Oberst Geraldine Furcht hat?«, fragte der Prinz, indem er den andern durchdringend anblickte.

»Meine Furcht gilt sicher nicht meiner eigenen Person«, erwiderte Geraldine mit Stolz; »davon kann Eure Hoheit überzeugt sein.«

»Das hatte ich erwartet«, entgegnete der Prinz, »aber ich wollte Sie nicht gern an den Unterschied unserer Stellung erinnern. Nichts weiter«, fügte er hinzu, als er sah, dass Geraldine sich entschuldigen wollte. »Sie sind entschuldigt.«

Und er rauchte, an ein Gitter gelehnt, gleichmütig seine Zigarre, bis der junge Mann zurückkehrte.

»Nun«, fragte er, »will man uns aufnehmen?«

»Folgen Sie«, war die Antwort. »Der Präsident will Sie sprechen. Und achten Sie meine Warnung und antworten ihm offen. Ich habe für Sie gutgesagt, aber vor der Zulassung werden Sie einem Verhör unterworfen; denn die Indiskretion eines einzelnen Mitglieds würde die gänzliche Auflösung des Klubs zur Folge haben.«

Der Prinz und Geraldine steckten einen Augenblick die Köpfe zusammen. »Ich stelle … vor«, sagte der eine, und »Ich …« sagte der andere, und indem sie die Rollen von Bekannten übernahmen, hatten sie sich im Moment verständigt und waren bereit, ihrem Führer in das Präsidentenzimmer zu folgen.

Besondere Schrecknisse waren beim Weitergehen nicht zu bestehen. Die äußere Tür stand offen, die Tür zum Präsidentenzimmer war nur angelehnt, und hier, in einem kleinen, aber sehr hohen Zimmer, ließ sie der junge Mann allein, indem er äußerte: »Er wird sofort hier sein.«

Durch die Rolltür, die das Zimmer auf einer Seite abschloss, hörte man Stimmen, von Zeit zu Zeit ward das Geräusch der Unterhaltung vom Knallen der Champagnerpfropfen und lautem Gelächter unterbrochen. Ein einziges hohes Fenster schaute nach der Themse hin, und aus der Verteilung der Lichter zogen sie den Schluss, dass sie nicht fern von Charing Cross wären. Die Ausstattung des Zimmers war dürftig, die Möbel alt, die Überzüge abgeschabt; sonst befand sich nichts im Zimmer außer einer Handglocke auf dem runden Tisch in der Mitte und einer ziemlichen Anzahl von Hüten und Überröcken, die überall an den Wänden hingen.

»In was für einer Höhle befinden wir uns?«, sagte Geraldine.

»Das werden wir bald sehen«, versetzte der Prinz. »Ich denke, die Sache kann unterhaltend werden.«

In diesem Augenblick öffnete sich die Rolltür so weit, dass eben ein menschlicher Körper durchschlüpfen konnte; ein lauteres Stimmengewirr drang in den Raum, und es trat herein der Präsident des Selbstmordklubs. Er war ein Mann von mindestens fünfzig Jahren, hochgewachsen, mit unsicherem Tritt, langem Backenbart, einem Kahlkopf und matten grauen Augen, aus denen von Zeit zu Zeit ein Blitz hervorbrach. Seinen Mund, in dem eine große Zigarre steckte, verzog er beständig in eigentümlicher Weise, während er die Fremden mit scharfen und kühlen Blicken maß. Seine Kleidung war aus leichtem Wollzeug, sein Hals steckte in einem weiten, gestreiften Hemdkragen, unter einem Arm trug er ein kleines Buch.

»Guten Abend«, sagte er, nachdem er die Tür hinter sich geschlossen hatte, »man sagt mir, Sie wünschen mich zu sprechen.«

»Wir wünschen in den Selbstmordklub einzutreten«, versetzte der Oberst.

Der Präsident rollte, statt zu antworten, seine Zigarre im Mund herum.

»Was ist das?«, sagte er plötzlich.

»Entschuldigen Sie«, entgegnete der Oberst, »aber ich glaube, Sie können darüber am besten Auskunft geben.«

»Ich?«, rief der Präsident. »Ein Selbstmordklub? Das ist ein Aprilscherz. Beim Wein lasse ich mir solchen Spaß gefallen – aber was soll das hier?«

»Nennen Sie Ihren Klub, wie Sie wollen«, sagte der Oberst, »Sie haben da Gesellschaft hinter der Tür, und wir wollen uns ihr anschließen.«

»Sie sind im Irrtum«, erwiderte der Präsident kurz. »Dies ist ein Privathaus, das Sie sofort zu verlassen haben.«

Der Prinz war während dieser kurzen Unterhaltung ganz ruhig auf seinem Stuhl sitzen geblieben; als ihn nun aber der Oberst anblickte, als wenn er sagen wollte: »Lass dir das gesagt sein, und lass uns um Gottes willen gehen«, nahm er seine Havanna aus dem Mund und sagte:

»Ich bin auf die Einladung eines Ihrer Freunde hergekommen. Er hat Ihnen zweifellos von meiner Absicht, mich Ihrer Gesellschaft anzuschließen, Mitteilung gemacht. Vergessen Sie nicht, dass eine Person in meiner Lage wenig Rücksichten kennt und nicht gewillt ist, sich so behandeln zu lassen. Ich bin für gewöhnlich ein sehr ruhiger Mann, aber, mein werter Herr, Sie werden entweder meinen kleinen Wunsch erfüllen oder es bitter bereuen, mich jemals in Ihr Vorzimmer gelassen zu haben.«

Der Präsident lachte laut.

»So muss man reden«, sagte er. »Sie sind ein ganzer Mann. Sie kennen den Weg zu meinem Herzen und können mit mir nach Belieben schalten. Wollen Sie«, wandte er sich an Geraldine, »wollen Sie auf ein paar Minuten beiseitetreten? Ich will zunächst mit Ihrem Genossen ins Reine kommen, und die Klubgesetze schreiben eine Einzelprüfung vor.«

Damit öffnete er die Tür zu einem kleinen Seitengemach, das er hinter Geraldine abschloss.

»Ich vertraue Ihnen«, sagte er zu Florizel, sobald sie allein waren, »aber sind Sie Ihres Freundes ganz sicher?«

»Nicht in dem Maß wie meiner selbst, wenn seine Gründe auch zwingender sind«, antwortete Florizel, »aber sicher genug, um ihn unbesorgt hierherbringen zu können. In seinem Fall würde wohl auch der Zäheste lebenssatt werden. Er ist erst gestern wegen Falschspielens kassiert worden.«

»Der Grund ist nicht schlecht, meiner Treu«, erwiderte der Präsident; »wenigstens haben wir einen Zweiten im gleichen Fall, und ich bin seinethalben beruhigt. Waren Sie auch im Dienst?«

»Ja«, war die Antwort, »aber ich war zu träge und quittierte ihn bald.«

»Warum wollen Sie das Leben los sein?«, forschte der Präsident weiter.

»Aus demselben Grund, wie mir scheint«, antwortete der Prinz, »wegen unverbesserlicher Trägheit.«

Der Präsident fuhr auf. »Verdammt«, sagte er, »Sie müssen einen bessern Grund haben.«

»Ich habe keine Mittel mehr«, fügte Florizel hinzu. »Das ist natürlich eine Plage mehr und bringt meine Trägheit zu einem kritischen Punkt.«

Der Präsident rollte einige Sekunden seine Zigarre im Mund herum und richtete dabei seinen Blick starr auf den ungewöhnlichen Todeskandidaten, aber der Prinz bestand die Prüfung, ohne zu zucken.

»Hätte ich nicht eine ziemliche Erfahrung«, sagte schließlich der Präsident, »so würde ich Sie abweisen. Aber ich kenne die Welt und weiß, dass die frivolsten Selbstmordgründe oft am hartnäckigsten festgehalten werden. Und wenn ein Mann so nach meinem Geschmack ist wie Sie, mein Herr, so würde ich lieber von den Bedingungen etwas nachlassen als ihn abweisen.«

Der Prinz und der Oberst wurden nacheinander einem langen und eindringenden Verhör unterworfen, der Prinz allein, aber Geraldine in Gegenwart des Freundes, sodass der Präsident den Ausdruck des einen beobachten konnte, während der andere unter scharfem Kreuzverhör stand. Das Ergebnis war zufriedenstellend, und nachdem der Präsident über jeden Fall ein paar Notizen in seinem Buch gemacht hatte, ließ er jeden einen Eid ablegen, durch den sich der Schwörende zum völligsten passiven Gehorsam verpflichtete und sich in der denkbar striktesten Weise band. Ein Mann, der diesen schrecklichen Eid brach, konnte keine Spur von Ehre oder von religiösem Trost mehr für sich haben. Florizel unterzeichnete die Erklärung nicht ohne Schauder, der Oberst folgte seinem Beispiel mit einem Ausdruck großer Niedergeschlagenheit. Darauf nahm der Präsident das Eintrittsgeld in Empfang und führte die beiden Freunde ohne Weiteres in das Rauchzimmer des Selbstmordklubs.

Dieses Zimmer war ebenso hoch, aber viel größer als das erste und mit einer Getäfel von Eichenholz imitierenden Tapete bedeckt. Ein mächtiges, lustig flackerndes Kaminfeuer und zahlreiche Gasflammen erhellten den Raum und seine Insassen auf das Beste. Mit dem Prinzen und seinem Begleiter zählte man achtzehn Personen, von denen die meisten rauchten und Schaumwein tranken; es herrschte eine fieberige Ausgelassenheit, unterbrochen von plötzlichen, durch den Gegensatz unheimlich wirkenden Pausen.

»Ist die Gesellschaft heute gut besucht?«, fragte der Prinz.

»Nicht besonders«, sagte der Präsident. »Nebenbei bemerkt, wenn Sie über Geld verfügen, es ist Sitte, einige Flaschen Champagner zum Besten zu geben. Das macht Leben und gehört auch zu meinen kleinen Nebeneinnahmen.«

»Hammersmith«, sagte Florizel, »ich denke, Sie sorgen für den Wein.«

Damit wandte er sich ab und mengte sich unter die Gäste. Gewöhnt, in den höchsten Kreisen den Wirt zu spielen, machte er überall einen gewinnenden und dominierenden Eindruck. Seine Anrede hatte zugleich etwas Bestechendes und Imponierendes, und dazu verlieh ihm seine außergewöhnliche Kaltblütigkeit noch ein besonderes Übergewicht in dieser halb wahnwitzigen Versammlung. Während er von einem zum andern schritt, hielt er Augen und Ohren offen, und bald hatte er eine allgemeine Vorstellung davon, welcher Klasse von Leuten seine Umgebung angehörte. Wie in allen öffentlichen Lokalen überwog auch hier ein Typus: Leute in der Blüte der Jugend mit allen Anzeichen der Intelligenz und Empfänglichkeit, aber mit anscheinend geringer Willensstärke oder den Eigenschaften, die Erfolg versprechen. Wenige waren hoch in den dreißig und viele unter zwanzig. Sie standen, sich an die Tische lehnend und die Füße hin und her schiebend; bald rauchten sie sehr schnell, und bald ließen sie wieder ihre Zigarren ausgehen; manche sprachen gut, aber das Gespräch anderer zeugte nur von nervöser Spannung und war ohne Witz und Ziel. Mit jeder neuen Champagnerflasche steigerte sich die Ausgelassenheit in merklicher Weise. Nur zwei Personen hatten sich gesetzt, die eine saß auf einem Stuhl in der Fensternische mit herabhängendem Kopf und in die Hosentaschen vergrabenen Händen, sie war bleich, mit Schweiß bedeckt und sprach kein Wort, ein wahres Wrack an Leib und Seele; die andere hatte sich auf dem Diwan neben dem Kamin niedergelassen und zog durch ihre auffallende Erscheinung die Aufmerksamkeit auf sich. Dieser Mann war wahrscheinlich über vierzig Jahre alt, sah aber reichlich zehn Jahre älter aus, und Florizel kam es vor, als hätte er niemals einen von Natur hässlicheren Menschen gesehen oder einen Körper, der deutlichere Spuren der Verheerung durch Krankheit und ein leidenschaftliches Leben gezeigt hätte. Er war nichts als Haut und Knochen, teilweise gelähmt, und trug eine so scharfe Brille, dass seine Augen dahinter stark vergrößert und ganz verzerrt aussahen. Außer dem Prinzen und dem Präsidenten war er die einzige Person im Zimmer, die keine Aufregung verriet.

Von guter Lebensart und Wohlanständigkeit war wenig zu spüren. Manche brüsteten sich mit ihren entehrenden Handlungen, deren Folgen sie hierher gebracht hatten, und die andern hörten ohne Missbilligung zu. Die Stimme der Moral ward hier nicht mehr laut, und wer einmal Mitglied des Klubs geworden war, genoss schon in gewissem Maß die Vorrechte eines Verstorbenen. Trinksprüche auf das gegenseitige Angedenken und auf bekannte Selbstmörder wurden ausgebracht. Man tauschte die Ansichten über den Tod und den Zustand nach dem Tod aus, wobei manche die Erwartung aussprachen, in bloße Finsternis und völlige Vernichtung überzugehen, andere noch in derselben Nacht die Sterne zu erklimmen und ein neues Leben zu beginnen hofften.

»Dem unvergänglichen Andenken an den Baron Trenck, das Muster aller Selbstmörder!«, rief einer. »Aus einer engen Zelle ging er hinüber in eine noch engere, um so die Freiheit zu erringen.«

»Ich für mein Teil«, sagte ein Zweiter, »wünsche mir nichts weiter als eine Binde vor die Augen und Baumwolle in die Ohren. Nur gibt es auf Erden keine Baumwolle, die dick genug wäre.«

Ein Dritter hoffte in seinem künftigen Zustand die Rätsel des Lebens lösen zu können; und ein Vierter erklärte, er wäre dem Klub niemals beigetreten, wenn ihn nicht Darwins Theorie dazu gebracht hätte.

»Es war mir«, sagte dieser bemerkenswerte Selbstmörder, »der Gedanke unerträglich, dass ich von einem Affen abstammen sollte.«

Im Ganzen fühlte sich der Prinz durch das Gebaren und die Unterhaltung der Mitglieder enttäuscht und abgestoßen.

Wozu, dachte er, diese Umstände? Ist einer entschlossen, sich das Leben zu nehmen, mag er's in Gottes Namen mit Anstand tun. Dieses Geschwätz und große Geschrei darum sind mir zuwider.

Inzwischen fiel der Oberst Geraldine den schwärzesten Befürchtungen zur Beute. Noch waren der Klub und seine Gesetze ein Geheimnis für ihn, und er schaute nach einem aus, der ihn darüber aufklären könnte. Dabei fiel sein Auge auf den Gelähmten mit der starken Brille, und da ihm dieser völlig gefasst und ruhig zu sein schien, so ersuchte er den geschäftig hin und her eilenden Präsidenten, ihn mit dem Herrn auf dem Diwan bekannt zu machen.

Der Vorsitzende erklärte diese Formalität zwischen Klubbrüdern für überflüssig, stellte den Obersten aber nichtsdestoweniger Mr Malthus vor.

Der Letztere schaute den Fremden neugierig an und ersuchte ihn sodann, sich zu seiner Rechten niederzulassen.

»Sie sind ein Neuling«, sagte er, »und wünschen Auskunft? Sie haben sich an die rechte Quelle gewandt. Es ist zwei Jahre her, als ich zum ersten Mal diesen Verein besuchte.«

Der Oberst atmete auf. Wenn Mr Malthus seit zwei Jahren Mitglied war, so konnte eine einzige Nacht schwerlich so gefährlich für den Prinzen sein. Immerhin konnte er nicht alle Bedenken loswerden, auch fürchtete er, das Opfer einer Mystifikation zu sein.

»Wie«, rief er, »zwei Jahre! Ich dachte – aber ich merke schon, Sie scherzen nur.«

»Keineswegs«, versetzte Mr Malthus. »Ich befinde mich in einem besonderen Fall, ich bin überhaupt kein richtiges Mitglied, sondern eine Art von Ehrenmitglied. Selten komme ich des Monats zweimal in den Klub. Meine Gebrechlichkeit und die Freundlichkeit des Präsidenten haben mir dieses kleine Vorrecht verschafft, wofür ich außerdem das Doppelte zu zahlen habe. Dazu war ich aber ausnahmsweise vom Glück begünstigt.«

»Ich muss Sie leider«, sagte der Oberst, »um genauere Auskunft bitten. Bedenken Sie, dass ich die Klubbestimmungen so gut wie gar nicht kenne.«

»Ein gewöhnliches Mitglied, das wie Sie als Todeskandidat hierherkommt«, versetzte Mr Malthus, »kehrt jeden Abend wieder, bis es vom Los getroffen wird. Es erhält sogar, wenn es mittellos ist, vom Präsidenten Kost und Wohnung, gut und reinlich, nehme ich an, wenn auch natürlich nicht üppig, was ja in Anbetracht des geringfügigen Abonnements (wenn ich so sagen darf) kaum zu verlangen ist. Und dann ist die Gesellschaft des Präsidenten schon an sich ein Genuss.«

»Wirklich?«, rief Geraldine. »Auf mich hat er keinen sonderlich anziehenden Eindruck gemacht.«

»Ja«, sagte Mr Malthus, »Sie kennen den Mann nicht: der drolligste Kauz! Was für Schnurren! Welcher Zynismus! Er kennt das Leben wie kaum ein Zweiter und ist, unter uns gesagt, einer der abgefeimtesten Schurken in der ganzen Christenheit.«

»Und er ist also ebenfalls«, fragte der Oberst, »wenn Sie mir den Ausdruck gestatten, ein dauernder Stammgast hier, wie Sie selbst?«

»Ja, er ist dauernd in ganz anderem Sinn als ich«, erwiderte Mr Malthus. »Mich hat man gnädig aufgespart, zuletzt komme ich doch dran. Er dagegen spielt niemals mit. Er mischt die Karten und teilt sie aus und arrangiert alles Weitere. Dieser Mann, mein lieber Mr Hammersmith, ist in seiner Art ein verkörpertes Genie. Drei Jahre lang hat er in London seinen segensreichen und, ich kann wohl sagen, künstlerischen Beruf ausgeübt; und es hat sich niemals auch nur der Schatten eines Argwohns gegen ihn geregt. Ich halte ihn für inspiriert. Zweifellos erinnern

Sie sich noch an den aufsehenerregenden Fall, als vor sechs Monaten ein Herr in einer Drogenhandlung zufällig vergiftet ward. Das war eine seiner mindest geistreichen Taten, und doch, wie einfach, wie sicher!«

»Sie setzen mich in Erstaunen«, sagte der Oberst. »Gehörte jener Unglückliche zu den« – er wollte sagen »Opfern«, besann sich aber noch und sagte: »Mitgliedern des Klubs?«

Zugleich kam ihm der Gedanke, dass aus der Art und dem Ton, in dem Mr Malthus sprach, nichts weniger als Sehnsucht nach dem Tod herausklang, und er setzte schnell hinzu:

»Aber ich merke, ich bin noch ganz im Dunkeln, Sie sprechen von Kartenmischen und -verteilen; was bedeutet das? Und da Sie den Tod nicht herbeizuwünschen scheinen, so verstehe ich nicht, muss ich bekennen, was Sie herführt.«

»Sie haben recht, Sie sind im Dunkeln«, versetzte Mr Malthus mit gesteigerter Lebhaftigkeit. »Dieser Klub, mein Herr, ist eine Stätte geistigen Taumels. Erlaubte mir mein geschwächter Körperzustand, die Aufregung öfter zu ertragen, verlassen Sie sich darauf, ich würde häufiger hier sein. Nur ein starkes Pflichtgefühl, wie es sich während langer Krankheit und geregelter Lebensweise entwickelt hat, hält mich von Exzessen in dieser, ich kann sagen, meiner letzten Ausschweifung zurück. Ich habe alle kennengelernt«, fuhr er fort und legte seine Hand auf Geraldines Arm, »alle ohne Ausnahme, und ich erkläre Ihnen auf meine Ehre, man hat sie sämtlich viel zu hoch angeschlagen. Die Menschen spielen mit der Liebe. Die Liebe ist aber gar keine starke Leidenschaft. Furcht ist das eine mächtigste Gefühl; mit der Furcht müssen Sie spielen, wollen Sie den größten geistigen Kitzel empfinden. Beneiden Sie mich – beneiden Sie mich«, setzte er kichernd hinzu, »ich bin eine Memme!«

Geraldine konnte nur mit Mühe eine Gebärde des Abscheus unterdrücken; doch bezwang er sich und fuhr fort:

»Auf welche Weise wird die Aufregung künstlich verlängert, und wo liegt das Element der Ungewissheit?«

»Ich muss Ihnen mitteilen«, entgegnete Mr Malthus, »wie man jeden Abend das Opfer auswählt, und nicht nur das Opfer, sondern noch ein zweites Mitglied, das als Instrument des Klubs dient und als Hohepriester des Todes zu wirken hat.«

»Mein Gott«, sagte der Oberst, »sie töten einander?«

»Man ist auf diese Weise der Mühe des Selbstmords überhoben«, bestätigte Mr Malthus.

»Gnädiger Himmel!«, stieß der Oberst hervor. »Und können Sie – kann ich – kann der – mein Freund, meine ich, kann irgendeiner von uns heute Abend zum Mörder eines andern ausgewählt werden? Ist das unter denkenden Wesen, die eine Mutter gehabt haben, möglich? O schändlichste aller Schändlichkeiten!«

Er wollte entsetzt aufspringen, als er dem Auge des Prinzen begegnete, der ihm über das Zimmer einen unzufriedenen und warnenden Blick zuwarf. Sofort war Geraldine wieder Herr seiner Sinne.

»Warum auch nicht?«, sagte er. »Und da Sie sagen, das Spiel sei interessant, so mag meinetwegen das Schiff vom Stapel gehen, ich folge der Flagge.«

Mr Malthus hatte mit Vergnügen des andern Entsetzen und Abscheu bemerkt. Er war stolz auf seine Verderbtheit und freute sich, an einem andern eine edle Regung zu bemerken, über die er sich in seiner Verstocktheit weit erhaben fühlte.

»Sie sind, scheint es, jetzt nach Ihrer ersten Überraschung imstande, die Reize, die unser Verein bietet, zu würdigen. Er vereint, wie Sie sehen, die Aufregung des Spieltischs, des Duells und des römischen Amphitheaters. Die alten Heiden verdienen Bewunderung für ihren raffinierten Geschmack, aber erst einem christlichen Land war es vorbehalten, zu dieser höchsten Höhe geistigen Rausches emporzusteigen. Sie werden begreifen, wie eitel einem Mann, der hieran Geschmack gefunden, alle andern Unterhaltungen vorkommen müssen. Unser Spiel ist äußerst einfach«, fuhr er fort. »Ein volles Spiel Karten – aber ich sehe, die

Sache soll in Wirklichkeit soeben vor sich gehen. Wollen Sie mir Ihren Arm leihen? Ich bin leider gelähmt.«

Und in der Tat öffnete sich, als Mr Malthus mit seiner Beschreibung anfing, eine zweite Rolltür, und der ganze Klub begab sich in das nächste Zimmer. Dieses war, von der Möblierung abgesehen, dem Rauchzimmer fast völlig gleich. In der Mitte stand ein langer, grüner Tisch, an dem der Präsident saß und mit peinlicher Sorgfalt ein Spiel Karten mischte. Trotz seines Stocks und des unterstützenden Arms kam Mr Malthus so langsam vorwärts, dass dieses Paar und der Prinz, der auf sie gewartet hatte, zuletzt ins Zimmer traten und daher auch unten am Tisch beieinander zu sitzen kamen.

»Es ist ein Spiel von zweiundfünfzig Karten«, flüsterte Mr Malthus. »Achten Sie auf das Pikass, das Zeichen des Todes, und das Kreuzass, das den Ausführenden bestimmt. Glückliche, glückliche junge Männer!«, fügte er hinzu. »Sie haben gute Augen, Sie können das Spiel verfolgen. Ich kann aber von hier aus ein Ass von einer Zwei nicht unterscheiden.«

Und dabei setzte er sich noch eine zweite Brille auf.

»Ich muss wenigstens den Ausdruck der Gesichter beobachten«, erklärte er.

Der Oberst teilte seinem Freund in wenigen leisen Worten mit, was er erfahren hatte und welche grässliche Alternative vor ihnen lag. Der Prinz fühlte, wie ihn ein tödlicher Schauder überlief und sein Herz sich zusammenzog; er glaubte, ersticken zu müssen, und der Ausdruck entsetzlicher Verlegenheit malte sich auf seinem Gesicht.

»Ein kühner Entschluss«, flüsterte der Oberst, »und wir können uns noch frei machen.«

Aber diese Worte ließen den Prinzen seine Fassung wiedergewinnen.

»Ruhig!«, sagte er. »Zeigen Sie, dass Sie wie ein Mann spielen können, gleichviel um welchen Einsatz.« Und er schaute herum, allem Anschein nach ganz gefasst, wenn auch sein Herz heftig pochte und es ihm unangenehm heiß ward. Die Mitglieder waren sämtlich still und äußerst gespannt, ihre Mienen sahen bleich aus, bei keinem mehr als bei Mr Malthus. Seine Augen quollen hervor, sein Kopf wackelte unwillkürlich hin und her; die Hände fuhren fortwährend zum Mund und krallten sich an den zitternden und aschfarbenen Lippen fest. Das Ehrenmitglied bezahlte offenbar einen hohen Preis für seine Mitgliedschaft.

»Achtung, meine Herren!«, sagte der Präsident. Und er verteilte die Karten langsam von rechts nach links und wartete jedes Mal, bis der Empfänger seine Karte aufgedeckt hatte. Fast jeder zögerte; und manchem versagten die Finger mehr als einmal den Dienst, ehe er das Blatt umwenden konnte. Je näher der Moment heranrückte, wo der Prinz an die Reihe kommen sollte, umso mehr wuchs seine Aufregung, die schließlich fast unbezwingbar ward; aber er hatte doch etwas von einer Spielernatur in sich und war erstaunt, zugleich ein gewisses Vergnügen zu empfinden. Kreuzneun ward ihm zuteil und Geraldine Pikdrei. Malthus, der einen Seufzer der Erleichterung nicht zurückhalten konnte, hatte Herzdame. Kurz darauf deckte der junge Mann mit den Rahmtörtchen das Kreuzass auf und hielt starr vor Entsetzen die Karte in der Hand; nicht um zu töten, sondern um den Tod zu finden war er gekommen; und der Prinz vergaß aus Mitgefühl mit seiner Lage die Gefahr, die ihn und seinen Freund noch bedrohte.

Die Runde erfüllte sich zum zweiten Mal, und noch war die Todeskarte nicht gefallen. Die Spieler atmeten kaum. Der Prinz erhielt wieder ein Kreuz, Geraldine ein Karo. Als aber Malthus sein Blatt umwandte, kam aus seinem Mund ein schrecklicher Ton, wie wenn etwas zerbräche; er erhob sich von seinem Sitz und ließ sich wieder nieder, alle Lähmung schien verschwunden. Vor ihm lag Pikass. Das Ehrenmitglied hatte einmal zu oft mit seinem Leben gespielt.

Sofort begann nun die Unterhaltung von Neuem. Die starre Haltung der Spieler löste sich, sie erhoben sich und gingen zu zweien oder dreien ins Rauchzimmer zurück. Der Präsident streckte seine Arme aus und gähnte wie ein Mann, der sein Tagewerk vollendet hat. Nur Mr Malthus saß auf seinem Platz, den Kopf in den auf dem Tisch ruhenden Händen wie berauscht und regungslos, ein Bild völliger Gebrochenheit.

Der Prinz und Geraldine entfernten sich sofort. In der kalten Nachtluft verdoppelte sich noch ihr Entsetzen über das, was sie erlebt hatten.

»Wehe!«, rief der Prinz. »Dass ich mich durch einen solchen Eid gebunden habe! Dass ich diesem geschäftsmäßigen Morden keinen Einhalt tun kann! Ob ich es wage, mein Wort zu brechen?«

»Das ist«, versetzte der Oberst, »für Eure Hoheit, deren Ehre Böhmens Ehre ist, unmöglich. Aber ich kann und darf es ohne Schande tun.«

»Geraldine«, sagte der Prinz, »sollte Ihre Ehre bei einem der Abenteuer, die Sie mit mir bestehen, leiden, so werde ich Ihnen dies niemals verzeihen, und – ich glaube, das wird Ihnen noch mehr gelten – auch mir selbst würde ich das nie vergeben können.«

»Eure Hoheit hat zu gebieten«, erwiderte der Oberst. »Wollen wir diesen verfluchten Ort verlassen?«

»Ja«, sagte der Prinz. »Rufen Sie eine Droschke, ich will versuchen, in nächtlichem Schlummer den Gräuel dieser Nacht zu vergessen.«

Doch las er auf der nächsten Straßentafel sorgfältig die Aufschrift Box Court, ehe er das Fuhrwerk bestieg.

Sobald sich der Prinz am nächsten Tag erhob, brachte ihm Geraldine ein Zeitungsblatt, in dem folgende Notiz stand:

»Trauriger Unglücksfall. Heute Morgen gegen 2 Uhr fiel Mr Bartholomew Malthus, wohnhaft Chestow Place 16, Westbourne Grove, auf dem Heimweg von einer Gesellschaft über das obere Geländer des Trafalgar Square, zerschmetterte sich den Kopf und brach ein Bein und einen Arm. Der Tod trat augenblicklich ein. Mr Malthus, den ein Freund begleitete, sah sich gerade nach einer Droschke um. Da er gelähmt war, nimmt man an, sein Sturz war die Folge eines neuen paralytischen Anfalls. Der Verunglückte bewegte sich in den angesehensten Kreisen, und sein Tod wird allgemein und aufrichtig bedauert.«

»Wenn jemals eine Seele geradewegs zur Hölle ging«, sagte Geraldine, »so war es seine.«

Der Prinz barg sein Antlitz in seinen Händen und verharrte in Schweigen.

»Es freut mich fast«, fuhr der Oberst fort, »ihn tot zu wissen. Aber um den jungen Mann mit den Rahmtörtchen, muss ich bekennen, blutet mir das Herz.«

»Geraldine«, sagte der Prinz und erhob sein Gesicht, »der arme Bursche war gestern Abend so schuldlos wie Sie und ich; und heute Morgen drückt eine Blutschuld seine Seele. Wenn ich an den Präsidenten denke, fühle ich einen Stich im Herzen. Noch weiß ich nicht, wie, aber jener Schurke soll mir, so wahr ein Gott im Himmel ist, büßen. Was für eine Erfahrung, was für eine Lehre, was für ein Kartenspiel!«

»Eins«, sagte der Oberst, »nach dem man nicht zum zweiten Mal verlangt!«

Der Prinz erwiderte lange nichts, und Geraldine ward unruhig.

»Sie können doch nicht noch einmal hingehen wollen?«, sagte er. »Sie haben schon genug ausgestanden und zu viel Entsetzliches gesehen. Die Pflichten Ihrer hohen Stellung erlauben Ihnen nicht, noch einmal mit dem Geschick zu spielen.«

»Was Sie sagen, ist nicht unberechtigt«, versetzte Prinz Florizel, »und ich bin selbst mit meinem Entschluss unzufrieden. Was steckt in den Kleidern des mächtigsten Herrschers anderes als ein Mensch? Niemals habe ich meine Schwachheit lebhafter empfunden als jetzt, aber ich kann sie nicht überwinden. Kann ich aufhören, an dem Geschick des jungen Mannes, der vor ein paar Stunden mit uns speiste, Anteil zu nehmen? Kann ich den Präsidenten seine nichtswürdige Laufbahn fortsetzen lassen? Kann ich ein so verführerisches Abenteuer plötzlich abbrechen? Nein, Geraldine, Sie verlangen vom Fürsten mehr, als der Mensch leisten kann. Wir wollen heute Nacht noch einmal nach Box Court gehen und am Spieltisch des Selbstmordklubs Platz nehmen.«

Der Oberst fiel auf die Knie.

»Will Eure Hoheit mein Leben?«, rief er. »Da ist es; aber nur dies nicht, unternehmen Sie dieses grässliche Wagnis nicht noch einmal!«

»Oberst Geraldine«, versetzte der Prinz mit stolzer Hoheit, »Ihr Leben ist Ihr unbeschränktes Eigentum. Ich erwartete nur Gehorsam, und wird mir der nur widerwillig geleistet, so muss ich auf ihn verzichten. Noch ein Wort: Sie haben sich in dieser Angelegenheit schon genugsam als unberufenen Ratgeber erwiesen.«

Der Oberstallmeister war aufgesprungen.

»Eure Hoheit«, sagte er, »darf ich für heute Nachmittag um Urlaub bitten? Ich wage mich als Mann von Ehre nicht noch einmal in jenes Haus des Todes, ohne vorher meine Angelegenheiten in Ordnung gebracht zu haben. Eure Hoheit wird, verspreche ich, nichts mehr auszusetzen finden an dem ergebensten und dankbarsten ihrer Diener.«

»Mein lieber Geraldine«, entgegnete der Prinz, »nur mit Widerstreben sehe ich mich gezwungen, meinen Rang hervorzukehren. Verfügen Sie nach Belieben über den Tag, aber seien Sie vor elf Uhr wieder in derselben Verkleidung zur Stelle.«

Die Klubsitzung war am zweiten Abend nicht so gut besucht, und als die beiden Freunde das Rauchzimmer betraten, waren nicht mehr als sechs Personen anwesend. Seine Hoheit nahm den Präsidenten beiseite und beglückwünschte ihn zu der glatten Abwicklung des Malthus'schen Falles.

»Ich schätze die Befähigung in allen Fällen«, sagte er. »Ihre Aufgabe ist delikater Natur, aber Sie verstehen sie trefflich zu lösen.«

Der Präsident fühlte sich nicht wenig geschmeichelt.

»Armer Freund Malthus«, sagte er, »ich kann mir den Klub kaum ohne ihn denken. Meine Kunden sind zumeist Knaben, poetisch angehauchte Knaben und keine Gesellschaft für mich. Nicht als ob nicht auch Malthus seine Poesie gehabt hätte, aber die war mir verständlicher.«

»Ich kann mir wohl denken, dass Sie Sympathie mit Mr Malthus empfinden«, versetzte der Prinz. »Er schien mir ein seltenes Original zu sein.«

Der junge Mann mit den Rahmtörtchen war im Zimmer, aber äußerst niedergedrückt und schweigsam. Vergebens suchte der Prinz ein längeres Gespräch mit ihm anzuknüpfen.

»Ach«, rief er, »hätte ich Sie doch niemals an diesen Ort der Schande gebracht! Hinweg von mir mit Ihren reinen Händen! Oh, hätten Sie den Schrei des alten Mannes und das Krachen seines gegen das Pflaster schlagenden Körpers gehört! Wenn Sie mir noch eine Wohltat gönnen, so wünschen Sie mir heute Nacht das Pikass!«

Einige Mitglieder stellten sich noch ein, aber es war eben erst das Teufelsdutzend voll, als man sich am Spieltisch niederließ. Der Prinz empfand wieder trotz seiner Aufregung eine Art Genuss; wunderbar war es ihm, dass sich Geraldine so viel gefasster zeigte als am Abend vorher.

Es ist doch merkwürdig, dachte er, dass ein entschiedener Wille einen solchen Einfluss über den Geist des jungen Mannes ausübt.

»Achtung, meine Herren!«, rief der Präsident und fing an, die Karten auszuteilen.

Bei dreimaliger Runde war noch keine von den beiden Stichkarten herausgekommen, und die Aufregung war übermächtig, als die letzte entscheidende Runde begann. Der Prinz, der an zweiter Stelle links vom Austeiler saß, musste die vorletzte Karte erhalten. Der dritte Spieler hob ein schwarzes Ass, es war das Kreuzass. Der nächste erhielt ein Karo, der folgende eine Herzkarte und so fort; aber das Pikass stand noch aus. Zuletzt deckte Geraldine, der links vom Prinzen saß, seine Karte auf; es war ein Ass, aber Herzass.

Als Prinz Florizel sein Schicksalsblatt vor sich auf dem Tisch liegen sah, stand ihm das Herz still. Er war ein mutiger Mann, aber der Schweiß brach aus den Poren seines Gesichts. Es war genau zehn gegen zehn zu wetten, dass ihn das Los traf. Er drehte die Karte um, es war Pikass. Ein lautes Sausen füllte ihm das Gehirn, und der Tisch verschwamm ihm vor den Augen. Er hörte, wie der Spieler zu seiner Rechten in ein Lachen ausbrach, von dem man nicht recht wusste, ob es Freude oder Enttäuschung bedeutete. Er sah, wie sich die Gesellschaft schnell auflöste, aber dabei beschäftigten ihn andere Gedanken. Er erkannte, wie töricht, wie verbrecherisch er gehandelt hatte. In völliger Gesundheit, in der Blüte der Jahre, Erbe eines Throns, hatte er seine Zukunft und die eines edlen ergebenen Volkes verspielt. »Gott, Gott, vergib mir!« Und damit riss er sich aus seiner Benommenheit los und gewann seine Fassung wieder.

Zu seinem Erstaunen war Geraldine verschwunden. Im Spielzimmer befand sich nur noch sein vorbestimmter Mörder, der sich mit dem Präsidenten beriet, und der junge Mann mit den Rahmtörtchen, der ihm zuflüsterte: »Ich würde gern für Ihr Glück eine Million geben«, und das Zimmer gleichfalls verließ.

Diese leise geführte Besprechung war inzwischen zu Ende geführt. Der vom Los bestimmte Henker entfernte sich mit einem Blick des Einverständnisses, und der Präsident näherte sich dem unglücklichen Prinzen und streckte ihm die Hand entgegen. »Es freut mich, Ihre Bekanntschaft gemacht zu haben«, sagte er, »und dass ich Ihnen diesen kleinen Dienst erweisen konnte. Wenigstens können Sie sich nicht über langen Aufschub beklagen. Am zweiten Abend – welcher Glücksfall!«

Der Prinz mühte sich vergebens, ein Wort hervorzubringen, aber sein Mund war völlig ausgetrocknet und die Zunge gelähmt.

»Sie fühlen sich etwas unwohl?«, fragte der Präsident mit anscheinender Teilnahme. »Den meisten geht es so. Wünschen Sie ein wenig Brandy?« Der Prinz nickte und der Präsident goss sofort etwas Brandy in ein Wasserglas.

»Armer alter Malthus!«, bemerkte er, als der Prinz am Glas nippte. »Er trank einen halben Liter, und es schien ihm doch nicht viel zu helfen.«

»Bei mir bedarf's nicht so viel«, sagte der Prinz neu belebt. »Ich bin, wie Sie sehen, wieder Herr meiner selbst. Und nun lassen Sie mich fragen: Was habe ich zu tun?«

»Sie werden die Strand entlang auf dem linken Straßendamm nach der Stadt zu fortgehen, bis Sie den Herrn treffen, der soeben das Zimmer verließ. Er wird Ihnen das Weitere kundtun, und seinen Weisungen haben Sie sich zu fügen, denn ihm ist für die Nacht die ganze Klubgewalt übertragen. Und nun«, setzte der Präsident hinzu, »wünsche ich Ihnen einen angenehmen Weg.«

Florizel erwiderte den Gruß ziemlich unhöflich und entfernte sich. Er ging durch das Nebenzimmer, wo die meisten Klubmitglieder noch Schaumwein tranken, den er zum Teil selbst bestellt und bezahlt hatte, und er wunderte sich, dass er sie in seinem Herzen verfluchte. Er zog im Präsidentenzimmer seinen Rock an, setzte den Hut auf und suchte seinen Schirm aus. Der Gedanke, dass er dies alles zum letzten Mal tun sollte, ließ ihn in ein Lachen ausbrechen, das ihm selbst unheimlich in den Ohren gellte. Er konnte sich nicht entschließen, das Zimmer zu verlassen, und wandte sich zum Fenster. Der Anblick der Lampen und der Dunkelheit brachte ihn wieder zu sich.

»Komm«, sprach er zu sich, »sei ein Mann und reiß dich los!«

Aber an der nächsten Straßenecke fielen drei Männer über ihn her und schoben ihn ohne Umstände in eine Kutsche, die eiligst davonfuhr. Im Wagen saß noch eine Person, und eine wohlbekannte Stimme sagte: »Wird mir Eure Hoheit meinen Eifer verzeihen?«

In der ersten Aufregung der Freude über seine Rettung warf sich der Prinz dem Obersten an den Hals.

»Wie kann ich Ihnen jemals danken?«, rief er. »Und wie haben Sie das angefangen?«

Wenn er auch bereit gewesen war, sein Los zu tragen, so erfüllte es sein Herz doch mit überströmender Freude, dass ihn der Freund mit Gewalt zurückhielt und ihm wieder den Weg zu Leben und Hoffnung bahnte.

»Danken Sie mir dadurch, dass Sie künftig solche Gefahren vermeiden. Und was die zweite Frage betrifft, so bediente ich mich der einfachsten Mittel. Heute Nachmittag versicherte ich mich der Dienste eines namhaften Geheimpolizisten, der sich zu vollster Geheimhaltung verpflichtete. Sonst verwendete ich zumeist Ihre eigene Dienerschaft. Das Klubhaus war seit Anbruch der Nacht umstellt, und diese Ihre Kutsche stand schon seit etwa einer Stunde bereit.«

»Und der Elende, der mich töten sollte?«, fragte der Prinz.

»Er fiel in unsere Hände, sobald er die Straße betrat, und erwartet nun Euer Urteil im Palast, wo sich auch seine Genossen bald einfinden werden.«

»Geraldine«, sagte der Prinz, »Sie haben mich gegen meinen ausdrücklichen Befehl gerettet, und Sie haben recht getan. Ich verdanke Ihnen nicht nur mein Leben, sondern auch eine gute Lehre, und ich würde meiner Stellung unwert sein, wollte ich mich nicht dankbar gegen meinen Lehrer erweisen. Es ist an Ihnen, über die Art meiner Erkenntlichkeit zu bestimmen.«

Es trat eine Pause ein, während der Wagen eilends weiterfuhr. Beide Männer waren in tiefes Nachdenken versunken, bis der Oberst das Stillschweigen brach. »Eure Hoheit«, sagte er, »hat nun eine beträchtliche Anzahl von Gefangenen. Darunter ist mindestens ein Verbrecher, der Gerechtigkeit verdient. Unser Eid verbietet uns, das Gesetz anzurufen, wenn es nicht schon Gründe der Diskretion täten. Darf ich nach Eurer Hoheit Absichten fragen?«

»Der Präsident«, antwortete Florizel, »muss im Duell fallen. Es ist nur noch sein Gegner auszuwählen.«

»Eure Hoheit hat mir gestattet, mir selbst eine Belohnung auszusuchen«, sagte der Oberst. »Darf ich meinen Bruder vorschlagen? Es ist eine ehrenhafte Aufgabe, aber Eure Hoheit kann versichert sein, er wird sich ihrer auch mit Ehren entledigen.«

»Nur ungern gewähre ich die Bitte«, sagte der Prinz, »aber ich darf Ihnen nichts abschlagen.«

Der Oberst dankte mit einem Handkuss; und im selben Augenblick rollte der Wagen durch das Hoftor des prächtigen Schlosses.

Eine Stunde später empfing Florizel, angetan mit allem Glanz seines fürstlichen Standes, die Mitglieder des Selbstmordklubs.

»Törichte und gottvergessene Männer«, sagte er, »die unter euch, welche Mittellosigkeit in diese Lage gebracht hat, werden durch meine Beamten eine genügende Anstellung erhalten. Die, welche sich schuldbeladen fühlen, müssen sich an einen Höheren und Großmütigeren wenden, als ich bin. Mehr, als ihr euch denken könnt, empfinde ich Mitleid mit euch; morgen sollt ihr mir eure Schicksale erzählen, und je freimütiger euer Bericht sein wird, umso besser werde ich euch helfen können. Was Sie betrifft«, wandte er sich an den Präsidenten, »so müsste ich fürchten, einen Mann Ihrer Stellung durch das Anerbieten meines Beistands nur zu beleidigen, ich habe Ihnen stattdessen einen Zeitvertreib vorzuschlagen. Hier« – er legte dabei seine Hand Oberst Geraldines jungem Bruder auf die Schulter – »ist einer meiner Offiziere, der gern eine kleine Reise nach dem Kontinent machen will; und ich ersuche Sie, mir den Gefallen zu tun und ihn auf seinem Ausflug zu begleiten.« Und mit verändertem Ton fügte er hinzu: »Sind Sie ein guter Pistolenschütze? Sie möchten von dieser Fertigkeit Gebrauch machen können. Wenn zwei Männer zusammen auf die Reise gehen, muss man auf alles vorbereitet sein. Lassen Sie mich noch bemerken, dass Ihnen, falls dem jungen Geraldine etwas zustoßen sollte, stets ein Ersatzmann zur Verfügung stehen wird, und, Herr Präsident, es ist bekannt, dass mein Auge und mein Arm weit reichen.«

Mit diesen ernst gesprochenen Worten schloss der Prinz seine Anrede. Am nächsten Morgen erfuhren die Mitglieder des Klubs die prinzliche Freigebigkeit in reichstem Maß, und der Präsident trat unter der Aufsicht des jungen Geraldine und zweier bewährten Diener des prinzlichen Gefolges seine Reise an. Überdies ließ der Prinz das Klubhaus sorgfältigst überwachen, und alle Korrespondenzen, die an den Selbstmordklub gerichtet waren, und alle, die den Klub besuchen wollten, wurden dem Prinzen zugewiesen und von ihm persönlich in Empfang genommen.

Zweites Kapitel

Die Geschichte von dem Arzt und dem Saratogakoffer

Mr Silas Q. Scuddamore war ein junger Amerikaner von einfachem und harmlosem Charakter, was ihm umso höher anzurechnen war, als er aus Neuengland kam, einer Gegend der Neuen Welt, deren Bewohner nicht gerade wegen dieser Eigenschaften berühmt sind. Obwohl außerordentlich reich, notierte er sich doch alle seine Ausgaben auf einem kleinen Stück Papier, das er immer bei sich trug, und schaute sich die Reize der Weltstadt Paris vom siebenten Stockwerk eines sogenannten Hotel garni im Quartier latin an. Seine übermäßige Knauserei war zum großen Teil Sache der Gewohnheit und seine ausnehmende Enthaltsamkeit hauptsächlich eine Folge seines Misstrauens und seiner Jugend.

Das anstoßende Zimmer bewohnte eine Dame mit anziehenden Gesichtszügen und sehr eleganter Toilette, die er zuerst für eine Gräfin hielt. Später erfuhr er, dass sie Madame Zéphyrine hieß und, was auch ihre Lebensstellung sein mochte, jedenfalls keine Standesperson war. Madame Zéphyrine pflegte, wahrscheinlich in der Hoffnung, den jungen Amerikaner zu bezaubern, auf der Treppe mit freundlichem Nicken, einem hingeworfenen Wort und mit einem durchbohrenden Blick aus ihren schwarzen Augen vorüberzueilen und unter dem Rauschen des Seidenkleids und mit Preisgebung eines bewundernswerten Fußes und Knöchels zu verschwinden. Aber dieses Entgegenkommen ermutigte Mr Scuddamore so wenig, dass er sich gedrückt und verschämt noch mehr in sich zurückzog. Sie war mehrmals in sein Zimmer gekommen und hatte um Licht oder wegen vorgeblicher Unarten ihres Pudels um Verzeihung gebeten; aber sein Mund blieb in Gegenwart eines so überlegenen Wesens geschlossen, all sein Französisch war ihm entfallen, und er konnte nur starren und stottern, bis sie wieder fort war. Trotz dieses mageren Verhältnisses konnte er es nicht unterlassen, wenn er sich inmitten einiger Vertrauter sicher fühlte, mit triumphierenden Andeutungen um sich zu werfen.

Das Zimmer auf der anderen Seite – in jedem Stockwerk lagen drei Zimmer – hatte ein alter englischer Arzt von zweifelhaftem Ruf inne. Dr. Noel hatte London, wo er sich einer ausgebreiteten und steigenden Praxis erfreute, verlassen müssen, und man munkelte, dass die Ortsveränderung auf Veranlassung der Polizei erfolgt sei. Jedenfalls begnügte er sich, nachdem er vorher eine ziemliche Rolle gespielt hatte, jetzt mit einer sehr bescheidenen Existenz im Quartier latin und verwendete einen großen Teil seiner Zeit auf das Studium. Mr Scuddamore hatte seine Bekanntschaft gemacht, und sie speisten manchmal zusammen in einem gegenüberliegenden Gasthaus.

Silas Q. Scuddamore frönte neben andern kleinen Schwächen – selbstverständlich nur solchen mehr respektabler Natur – auch einer großen Neugierde. Er hatte einen natürlichen Hang zum Klatsch, und alles, besonders aber die Lebensverhältnisse, in denen er keine eigene Erfahrung hatte, erregte sein leidenschaftliches Interesse. So ist es nicht erstaunlich, dass er bei der Entdeckung eines Spalts in der bretternen Zwischenwand zwischen seinem Zimmer und dem seiner Nachbarin diesen Spalt nicht etwa ausfüllte, sondern die Öffnung vergrößerte und zum Spionieren benutzte.

Eines Tages – es war im Ausgang des März – vergrößerte er das Spähloch noch mehr, um einen weiteren Teil des Zimmers übersehen zu können. Als er sich am Abend wie gewöhnlich auf seinen Beobachtungsposten begab, wunderte er sich, die Öffnung von der andern Seite verdunkelt zu finden, und wie beschämt fühlte er sich, als die Verdunkelung plötzlich aufhörte und ein leises Gelächter an seine Ohren schlug. Offenbar war sein Geheimnis verraten, und die Nachbarin hatte Gleiches mit Gleichem vergolten. Als er aber am nächsten Tag fand, dass sie nichts getan hatte, ihm seinen liebsten Zeitvertreib zu verderben, machte er sich ihre Sorglosigkeit zunutze und frönte seiner müßigen Neugier nach- wie vorher.

An diesem Tag empfing Madame Zéphyrine einen hochgewachsenen, mindestens fünfzigjährigen Mann, den Silas noch nicht gesehen hatte. Sein Anzug aus leichtem Wollstoff und sein farbiges Hemd wie sein langer Backenbart kennzeichneten ihn als Briten, und sein mattes, graues Auge ließ Silas erschauern. Er verzog während des langen flüsternd geführten Zwiegesprächs beständig in seltsamer Weise den Mund. Mehr als einmal kam es dem Neuengländer vor, als wiesen die beiden auf sein eigenes Zimmer hin, aber das Einzige, was er trotz gespanntester Aufmerksamkeit auffangen konnte, war eine Äußerung, die der Engländer scheinbar als Antwort auf eine Ablehnung in etwas lauterem Ton machte:

»Ich habe seinen Geschmack auf das Gründlichste studiert, und ich wiederhole Ihnen, Sie sind das einzige weibliche Wesen, dessen ich mich bedienen kann.«

Darauf stieß Madame Zéphyrine einen Seufzer aus und schien sich durch eine Handbewegung der höheren Autorität zu unterwerfen.

Am Nachmittag war sein Observatorium durch einen vorgestellten Kleiderschrank gänzlich verbaut, und während Silas noch über sein Missgeschick klagte, das er dem grauäugigen Engländer zur Last legte, überbrachte ihm der Portier einen

Brief, dessen Adresse weibliche Schriftzüge verriet. Das in unorthografischem Französisch abgefasste anonyme Schreiben lud den jungen Amerikaner mit vielverheißenden Worten ein, sich um 11 Uhr an einem bestimmten Platz im Bal Bullier zum Stelldichein einzufinden. Neugier und Furcht kämpften lange in seinem Herzen, bald war er ganz Tugend, bald wieder Feuer und Mut, und das Ergebnis war, dass sich Silas lange vor 19 Uhr in tadellosem Anzug am Eingang des Bullier-Ballhauses einfand.

Es war Karnevalzeit, und das Gedränge, der Lärm, das strahlende Licht beängstigten zunächst unseren jungen Helden, stiegen ihm dann aber zu Kopf, versetzten ihn in eine Art von Taumel und verliehen ihm eine ganz ungewöhnliche Herzhaftigkeit. Er fühlte sich Manns, den Teufel zu bestehen, und stolzierte mit siegesgewisser Miene im Ballsaal einher. Da gewahrte er auf einmal Madame Zéphyrine und den Engländer hinter einem Pfeiler. Sofort erwachte die Katzennatur in ihm, er schlich sich von hinten dem Paar immer näher, bis er in Hörweite gekommen war.

»Das ist der Mann«, sagte der Brite, »der dort mit dem langen, blonden Haar, der zu dem Mädchen in Grün spricht.«

Silas bemerkte einen sehr schönen jungen Mann von kleinem Körperbau, der offenbar das Ziel jener Worte war.

»Gut«, sagte Madame Zéphyrine. »Ich werde mein Äußerstes tun. Aber keine von uns ist in solchem Fall ihres Erfolges ganz sicher.«

»Pah!«, machte ihr Begleiter. »Dafür stehe ich. Habe ich Sie nicht von dreißig ausgewählt? Aber hüten Sie sich vor dem Prinzen. Ich weiß nicht, welcher verdammte Zufall ihn heute in dieses obskure Ballhaus geführt hat. Sehen Sie ihn dort sitzen? Gleicht er nicht mehr einem Kaiser auf seinem Thron als einem vergnügungssüchtigen Prinzen?«

Silas hatte wieder Glück. Er bemerkte eine auffallend schöne, ziemlich stark gebaute Persönlichkeit von imponierender Haltung, neben der ein anderer, etwas jüngerer, ebenfalls schöner junger Mann saß, der dem ersteren sichtlich mit großer Ehrerbietung begegnete. Das Wort Prinz berührte Silas' republikanische Ohren sehr angenehm und übte die gewöhnliche Anziehungskraft auf ihn aus. Er suchte sich sofort dieser bezaubernden Persönlichkeit zu nähern und bahnte sich bis zu ihr einen Weg durch die Menge.

»Ich sage Ihnen, Geraldine«, hörte er den Prinzen sagen, »das ist die reine Tollheit. Sie haben selbst Ihren Bruder für diese gefährliche Aufgabe ausgewählt, und Sie haben daher die Pflicht, ihn nicht aus den Augen zu verlieren. Er hat sich so viele Tage in Paris hinhalten lassen; das war schon in Anbetracht des Charakters seines Gegners eine Unvorsichtigkeit; aber wie kann er, frage ich Sie, jetzt, zwei Tage vor seiner Abreise und nur zwei oder drei Tage vor der entscheidenden Stunde, seine Zeit an diesem Platz zubringen? Er sollte sich in einer Schießgalerie üben, lange schlafen, kleine Märsche ausführen, eine mäßige Diät ohne Weißwein und Brandy einhalten. Denkt denn der Hund, wir spielen Komödie mit ihm? Die Sache ist tödlich ernst, Geraldine.«

»Ich kenne den Burschen zu gut«, sagte der Begleiter des Prinzen, »um mich Befürchtungen hinzugeben. Er ist vorsichtiger, als Sie glauben, und unerschütterlich. Wäre ein Weib im Spiel, so wäre es etwas anderes, aber den Präsidenten vertraue ich ihm und den beiden Dienern unbedenklich an.«

»Es ist mir lieb, das zu hören«, versetzte der Prinz; »doch bin ich nicht völlig beruhigt. Die beiden Diener verstehen ihren Spähdienst vorzüglich, und hat sie dieser Elende nicht doch schon dreimal genarrt und viele Stunden auf besondere unbekannte, höchstwahrscheinlich gefährliche Pläne verwandt? Bei einem andern würde ich an Zufall denken, wenn aber Rudolph und Jérome die Fährte verlieren, so war dies offenbar klug berechnet von einem Mann, der dringende Gründe dazu hat und dem besondere Hilfsmittel zu Gebote stehen.«

»Ich glaube, die Angelegenheit obliegt nur noch meinem Bruder und mir«, versetzte des Prinzen Begleiter, der sich etwas verletzt zu fühlen schien.

»Ich habe nichts dagegen«, erwiderte der Prinz. »Aber Sie sollten vielleicht umso eher auf meine Warnungen hören. Doch genug. Jenes Mädchen in Gelb tanzt nicht übel.«

Damit wandte sich das Gespräch dem gewöhnlichen Thema eines Pariser Ballhauses zu.

Silas erinnerte sich wieder daran, wo er sich befand und dass die zum Stelldichein bestimmte Stunde nahe war. Je mehr er darüber nachdachte, desto weniger gefiel ihm die Sache; und als ihn der Wirbel der sich drängenden Menge ergriff, ließ er sich ohne Widerstreben nach der Ausgangstür zutreiben. Die Flut setzte ihn in einem Winkel unter der Galerie ab, wo sofort Madame Zéphyrines Stimme an sein Ohr schlug. Sie sprach französisch mit dem jungen Mann in blonden Locken, auf den der Engländer eine halbe Stunde vorher hingewiesen hatte.

»Es handelt sich um meinen Ruf«, sagte sie, »sonst würde ich keine Bedingung stellen und nur meinem Herzen folgen. Aber Sie brauchen nur diese Worte zum Portier zu sprechen, und er lässt Sie ohne Weiteres ein.«

»Aber wozu dieses Gerede von einer Schuldforderung?«, sagte der Blonde.

»Himmel!«, sagte sie. »Denken Sie, ich kenne mein Hotel nicht?«

Und sie ging, zärtlich am Arm ihres Begleiters hängend, an Silas vorüber.

Da fiel Silas wieder sein Briefchen ein.

In zehn Minuten, dachte er, habe ich vielleicht ein Weib am Arm, das ebenso schön und noch besser gekleidet, das vielleicht eine wirkliche Lady oder gar eine Dame von Stand ist.

Dann dachte er an die Orthografie, und seine Hoffnung sank.

Aber es kann von ihrem Kammermädchen geschrieben sein, tröstete er sich.

Es fehlten nur noch wenige Minuten an der angegebenen Zeit, und diese unmittelbare Nähe seines ersten Abenteuers beschleunigte seinen Herzschlag in sonderbarer und ziemlich unangenehmer Weise. Erlösend war ihm der Gedanke, dass er ja nicht erscheinen müsse. Tugend und Feigheit zogen an einem Strang, und zum zweiten Mal ging es der Tür zu, aber diesmal nach seinem eigenen Willen und wider die entgegenströmende Flut. Vielleicht ermüdete ihn der lange Widerstand, vielleicht war er in einer Gemütsverfassung, wo auf jeden einige Minuten festgehaltenen Entschluss regelmäßig eine Reaktion und ein Streben in entgegengesetzter Richtung eintritt. Wenigstens kreiselte er zum dritten Mal herum und stand erst still, bis er dicht bei dem in dem Briefchen angegebenen Platz einen verborgenen Standort gefunden hatte.

Hier stand er in tausend Ängsten und betete mehrere Male zu Gott um Beistand, denn Silas hatte eine fromme Erziehung genossen. Er trug ganz und gar kein Verlangen mehr nach dem Zusammentreffen, und nur eine törichte Furcht, er möchte als unmännlich gelten, hielt ihn davon ab, sein Heil in der Flucht zu suchen, aber diese Scheu bannte ihn an den Platz fest, wenn er es auch andrerseits nicht über sich brachte, aus seinem Versteck hervorzutreten. Als aber die Uhr auf zehn Minuten nach elf Uhr zeigte, fingen sich seine Lebensgeister wieder an zu heben; er lugte um die Ecke und sah niemanden am Platz des Stelldicheins; sicher hatte es der unbekannten Schreiberin zu lange gedauert, und sie war wieder weggegangen. Seine Kühnheit wurde ebenso groß wie vorher seine Furchtsamkeit. Er glaubte, wenn er nur überhaupt zu der bestimmten Stelle käme, und sei es auch noch so spät, so könne ihm niemand den Vorwurf der Feigheit machen. Ja, er vermutete bereits, es sei nur ein schlechter Spaß, und tat sich viel auf seine Schlauheit zugute, vermöge deren er seine Widersacher noch überlistet habe. So viel eitler Selbstbetrug wohnt manchmal in der Jünglingsseele!

Diese Erwägungen veranlassten ihn, unerschrocken aus seinem Winkel hervorzutreten; aber er hatte noch nicht zwölf Schritte gemacht, als sich ihm eine Hand auf den Arm legte. Er wandte sich und bemerkte eine Dame von hoher Statur und ziemlich stattlicher Erscheinung, aber nichts weniger als strengen Blicken neben sich.

»Ich sehe«, sprach sie, »Sie sind ein verwöhnter Mädchenjäger, denn Sie lassen sich erwarten. Aber ich war entschlossen, Sie zu treffen. Hat sich eine Frau einmal so weit vergessen, dass sie den ersten Schritt des Entgegenkommens tut, so hat sie schon lange alle Bedenken kleinlichen Stolzes hinter sich gelassen.«

Silas war von der Gestalt und den Reizen seiner Korrespondentin wie von der Plötzlichkeit und Heftigkeit ihrer Liebesgefühle ganz überwältigt. Aber sie brachte ihn bald ins Gleichgewicht. Ihr Benehmen war äußerst geschickt; sie gab ihm Gelegenheit, ein paar Scherzworte zu äußern, von denen sie sich ganz entzückt zeigte, und bald hatte sie ihn mittels schmeichelnder Worte und reichlichen Genusses von warmem Brandy so weit, dass er nicht nur in sie verliebt zu sein glaubte, sondern ihr auch die leidenschaftlichsten Liebeserklärungen machte.

»Ach«, sagte sie, »ich weiß nicht, ob ich nicht trotz der Wonne, mit der mich Ihre Worte erfüllen, jetzt noch beklagenswerter bin. Bisher litt ich nur allein, von nun an müssen wir beide leiden. Ach, ich bin nicht meine eigene Herrin. Ich kann Sie bei mir nicht empfangen, denn eifersüchtige Augen bewachen mich. Lassen Sie sehen«, fügte sie hinzu; »und bei dem vollsten Vertrauen in Ihren Mut und Ihre Entschlossenheit muss ich in unser beider Interesse meine Menschen- und Weltkenntnis verwerten. Wo ist Ihre Wohnung?«

Als er ihr mitteilte, in welchem Hotel garni er wohne, schien sie ein paar Minuten angestrengt nachzudenken. Dann sagte sie:

»So geht es. Sie wollen mir treu und gehorsam sein?«

Er versicherte glühend seine Treue.

»Dann müssen Sie«, fuhr sie mit einem ermutigenden Lächeln fort, »morgen den ganzen Abend zu Hause bleiben und unter allen Umständen jeden Besuch von Freunden fernhalten oder sofort abweisen. Ihre Tür ist wahrscheinlich von zehn Uhr an geschlossen?«

»Von elf«, antwortete Silas.

»Um Viertel nach elf«, sagte sie weiter, »verlassen Sie das Haus. Sie rufen nur dem Portier zu, er solle die Türe öffnen, lassen sich aber keinesfalls in ein Gespräch mit ihm ein, da das verhängnisvoll werden könnte. Sie gehen bis zur Ecke, wo der Luxembourg-Garten an den Boulevard stößt; dort erwarte ich Sie. Ich verlasse mich darauf, dass Sie meine Weisung Punkt für Punkt gewissenhaft befolgen; das kleinste Versehen könnte eine Frau ins Verderben stürzen, deren einziges Vergehen ihre grenzenlose Liebe zu Ihnen war.«

»Aber wozu diese vielen Umstände?«, sagte Silas.

»Ich glaube, Sie wollen mich schon den Herrn fühlen lassen«, rief sie und tippte ihm mit dem Fächer auf den Arm. »Geduld, dazu ist später Zeit. Tun Sie, ich beschwöre Sie, nach meinen Worten, oder ich stehe für nichts. Doch ...«, sagte sie mit einem Ausdruck in ihrer Stimme, als wenn ihr ein weiteres Hindernis aufgestoßen wäre, »mir kommt ein besserer Plan, wie Sie ungelegene Besucher fernhalten können. Sagen Sie dem Portier, er solle niemand zu Ihnen lassen außer einem, der etwa wegen einer Schuldforderung käme, und zeigen Sie sich etwas ängstlich, als ob Ihnen diese Begegnung unangenehm wäre, sodass der Portier Ihre Worte für wahr hält.«

»Ich werde mir schon selbst Eindringlinge vom Leib halten«, sagte er etwas verletzt.

»Gerade darum will ich es lieber so haben«, antwortete sie kühl. »Ich kenne euch Männer, ihr fragt wenig nach unserem Ruf.«

Silas errötete und ließ den Kopf hängen; denn nach seinem eigenen Plan hatte er sich in seiner Glorie vor den Kameraden zeigen wollen.

»Vor allem«, sagte sie, »sprechen Sie beim Fortgehen nicht mit dem Portier.«

»Und warum nur? Das kann ich am allerwenigsten einsehen.«

»Glauben Sie mir«, erwiderte sie, »auch das wird Ihnen später klar werden, und was soll ich von Ihrer Liebe halten, wenn

Sie mir beim ersten Zusammentreffen eine so kleine Bitte abschlagen?«

Während sich Silas noch in Erklärungen und Entschuldigungen erging, warf sie einen Blick auf die Uhr und stieß einen leisen Schrei aus.

»Himmel!«, rief sie. »Schon so spät? Ich darf keinen Augenblick säumen. Ach, was für Sklaven sind wir armen Frauen! Was habe ich nicht schon für Sie aufs Spiel gesetzt?«

Und nachdem sie ihre Anweisungen noch einmal unter Liebkosungen und zärtlichen Blicken wiederholt hatte, verschwand sie in der Menge.

Am ganzen nächsten Tag fühlte sich Silas von dem Gefühl größter Wichtigkeit durchdrungen; er glaubte nun fest, dass sie eine Gräfin sei. Als der Abend kam, handelte er genau nach ihren Befehlen und war zur angegebenen Zeit am Luxembourg-Garten. Niemand war dort zu sehen. Er wartete eine halbe Stunde, schaute jedem Vorübergehenden prüfend ins Gesicht, suchte an den nächsten Ecken, umging den ganzen Garten, aber keine schöne Gräfin warf sich ihm in die Arme. Schließlich ging er zögernden Schritts zu seiner Wohnung zurück. Dabei fielen ihm die Worte ein, die er Madame Zéphyrine zu dem jungen blonden Mann hatte sprechen hören, und es befiel ihn eine gewisse Unruhe.

Wie's scheint, dachte er, sollte jeder dem Portier etwas vorlügen.

Er schellte, die Tür öffnete sich, und der schlaftrunkene Portier kam und bot ihm ein Licht an.

»Ist er fort?«, fragte der Portier.

»Wen meinen Sie?«, fragte der enttäuschte Silas etwas scharf.

»Ich sah ihn nicht wieder fortgehen«, fuhr der Portier fort, »aber ich denke doch, Sie haben ihn bezahlt. Wir haben hier nicht gern mit zahlungsunfähigen Mietern zu tun.«

»Wen zum Teufel meinen Sie?«, fragte er rau. »Ich verstehe kein Wort von Ihrem Geschwätz.«

»Ich meine den kleinen Blonden, der mit der Schuldforderung kam. Wen sollte ich weiter meinen, da ich sonst niemand zu Ihnen lassen sollte?«

»Aber der ist doch gar nicht gekommen.«

»Ich glaube, was ich glaube«, sagte der Portier grinsend.

»Sie sind ein unverschämter Schuft«, schrie Silas, und da er fühlte, dass er eine lächerliche Empfindlichkeit gezeigt hatte, und zugleich von einer unklaren Furcht ergriffen wurde, wandte er sich ab und lief die Treppe hinauf.

»Sie wollen also kein Licht«, rief der Portier.

Aber Silas beschleunigte nur seine Schritte und stand erst vor der Tür seines Zimmers still. Hier holte er tief Atem, und eine beklemmende Vorahnung bannte ihn ein paar Minuten an die Stelle.

Als er endlich in das Zimmer trat, war es zu seinem Trost dunkel und allem Anschein nach menschenleer. Ein erlösender Seufzer entfuhr ihm. Hier war er wieder im sichern Heim, und dies sollte, schwor er sich, seine erste und letzte Extravaganz gewesen sein. Die Zündhölzer standen auf dem Betttischchen, und er steuerte darauf zu. Beim Vorwärtsgehen wuchs wieder seine Angst, und er war froh, als sein Fuß gegen etwas stieß, dass er fühlte, es war nur ein Stuhl. Schließlich berührte er den Bettvorhang. Nach seiner Stellung zu dem schwach sichtbaren Fenster musste er am Fußende des Bettes stehen und brauchte sich nur an diesem entlangzutasten, um zu dem Betttisch zu gelangen.

Er streckte seine Hand aus, aber was er berührte, war nicht bloß eine Bettdecke – es war eine Bettdecke und darunter etwas wie die Umrisse eines menschlichen Beins. Silas zog seinen Arm zurück und stand einen Moment versteinert.

Was, dachte er, hat das zu bedeuten?

Er lauschte gespannt, aber er vernahm keinen Atemzug. Noch einmal streckte er die Fingerspitze nach demselben Punkt aus, aber diesmal fuhr er weit zurück und stand schaudernd und schreckerstarrt. Es war etwas in seinem Bett. Was es war, wusste er nicht, aber an der Tatsache konnte er nicht zweifeln.

Es dauerte einige Sekunden, ehe er sich zu bewegen vermochte. Dann fuhr er, vom Instinkt geleitet, direkt auf die Zündhölzer los und zündete, den Rücken gegen das Bett gekehrt, eine Kerze an. Darauf drehte er sich langsam um, schaute nach dem Ort des Grauens und sah seine schlimmste Befürchtung verwirklicht. Die Decke war sorgfältig über die Kissen gezogen, aber deutlich gab sie die Umrisse eines menschlichen Körpers wieder, und als er vorwärtsstürzte und die Decke zurückschlug, lag der junge blonde Mann, den er tags zuvor im Ballraum gesehen hatte, vor ihm mit offenen Augen und gebrochenem Blick, mit geschwollenem, schwärzlichem Antlitz, während ein dünner Blutstrahl aus der Nase sickerte.

Silas stieß einen lauten zitternden Wehruf aus, ließ die Kerze fallen und sank am Bett nieder.

Aus seiner Erstarrung weckte ihn ein andauerndes leises Klopfen an der Tür. Erst nach einigen Minuten kam ihm seine Lage zum Bewusstsein, und als er eiligst die Tür verriegeln wollte, war es zu spät. Angetan mit einer langen Nachtmütze, eine Lampe in der Hand, die sein langes bleiches Gesicht erleuchtete, mit schwankendem Gang und vogelartig nickendem Kopf öffnete Dr. Noel langsam die Tür und trat bis in die Mitte des Zimmers.

»Es war mir, als hörte ich einen Schrei«, sagte er, »und da ich eine plötzliche Erkrankung befürchtete, so eilte ich zum Beistand herbei.«

Silas, der von Glut übergossen und mit schrecklich schlagendem Herzen zwischen dem Doktor und dem Bett stand, konnte keinen Ton hervorbringen.

»Ihr Aussehen sagt mir«, fuhr Dr. Noel fort, »dass Sie in der Tat des Arztes bedürfen. Was ist Ihnen? Lassen Sie mich Ihren Puls fühlen.«

Er trat auf Silas zu, der zurückwich, und griff nach seinem Handgelenk; aber für den jungen Amerikaner war die nervöse

Reizung zu gewaltig, er zog seine Hand mit fieberhafter Hast zurück, warf sich auf den Boden und brach in einen Strom von Tränen aus.

Sobald Dr. Noel den toten Körper bemerkte, gewann sein bleiches Antlitz Farbe; er sprang sofort zur Tür, die er weit offen gelassen, und verriegelte sie.

»Zum Weinen«, sagte er, »ist jetzt keine Zeit. Was haben Sie getan? Wie kam der Leichnam in Ihr Zimmer? Sprechen Sie ohne Rückhalt zu einem Freund. Glauben Sie, ich werde Sie ins Verderben stürzen? Glauben Sie, das tote Stück Fleisch auf Ihrem Kissen beeinflusst irgendwie meine Sympathie für Sie? Ich sage Ihnen, wenn ein Busenfreund von mir aus einem Meer von Blut zu mir zurückkehrte, so würde ich ihn mit unverminderter Herzlichkeit aufnehmen. Stehen Sie auf! Gut und Böse sind nur schimärische Begriffe, alles im Leben ist Bestimmung, und was sich auch ereignen mag, auf eines Hilfe können Sie zählen!«

Diese sonderbare, aber in Silas' Ohren wohlklingende Lebensphilosophie gab dem Neuengländer wieder etwas Mut, sodass er schließlich, wenn auch mit gebrochener Stimme, den Verlauf der Begebenheiten erzählen konnte. Das belauschte Gespräch zwischen dem Prinzen und Geraldine, dessen Zusammenhang mit seinem eigenen Missgeschick ihm unbekannt war, überging er.

»Wenn ich nicht sehr irre«, rief Dr. Noel, »so hat sich einer der gefährlichsten Männer Europas Ihre Einfalt zunutze gemacht. Können Sie mir den Engländer, den Sie zweimal sahen und der, wie mir scheint, eigentlich diese Pille gedreht hat, näher beschreiben?«

Aber Silas, der trotz aller Neugierde nichts genau wahrnahm, konnte ihm keinen greifbaren Anhalt bieten.

»Ja«, rief der Doktor zornig, »der rechte Gebrauch der Sinne sollte in jeder Schule gelehrt werden. Wozu hat man denn die Augen und die Sprache, wenn man nicht die Gesichtszüge seines Feindes beobachten und beschreiben kann? Ich kenne ziemlich alle internationalen Verbrecherbanden, ich hätte ihn vielleicht identifizieren und damit neue Schusswaffen für Sie gewinnen können. Befleißigen Sie sich in Zukunft dieser Kunst!«

»In Zukunft!«, wiederholte Silas. »Welche Zukunft blüht mir außer dem Galgen?«

»Die Jugend ist feige«, entgegnete der Doktor, »und das eigene Unglück sieht trüber aus, als es ist. Ich bin alt, und doch verzweifle ich niemals.«

»Kann ich denn der Polizei mit solcher Erzählung kommen?«, fragte Silas.

»Gewiss nicht. Soviel ich sehe, liegt Ihr Fall in dieser Richtung verzweifelt; für die blöden Augen der Obrigkeit sind Sie zweifellos der Schuldige. Und dazu kennen wir nicht einmal das ganze Truggewebe, und Sie würden bei einer polizeilichen Untersuchung wahrscheinlich noch mehr belastet erscheinen.«

»So bin ich denn rettungslos verloren?«

»Das habe ich nicht gesagt«, erwiderte Dr. Noel.

»Aber sehen Sie doch nur«, rief Silas, auf den Leichnam weisend, »da liegt der schreckliche Gegenstand, den ich nicht beseitigen, nicht ohne Schauder anblicken kann.«

»Schauder?«, versetzte der Doktor. »Nein. Wenn die Uhr abgelaufen ist, so sehe ich nur noch ein mechanisches Kunstwerk, ein lohnendes Objekt für das Seziermesser vor mir. Ist das Blut einmal kalt und starr, so ist es kein Menschenblut mehr; ist das Fleisch einmal tot, so ist es nicht mehr das Fleisch, das uns bei teuren oder befreundeten Personen mit Liebe oder Achtung erfüllt. Das Anmutige, das Anziehende, das Schreckliche ist alles mit dem belebenden Geist zugleich entwichen. Versuchen Sie, sich an den Anblick zu gewöhnen, denn erweist sich mein Plan als ausführbar, so müssen Sie den Leichnam noch einige Tage in Ihrer nächsten Nähe dulden.«

»Ihr Plan?«, rief Silas. »Wie ist der? Reden Sie schnell, Doktor, denn ich verzweifle schon am Leben.«

Ohne ein Wort der Erwiderung wandte sich Dr. Noel zum Bett und begann, den Leichnam zu untersuchen.

»Ganz tot«, murmelte er. »Ja, und wie ich mir dachte, die Taschen leer. Ja, und der Namenszug aus dem Hemd geschnitten. Sie haben ihre Sache gründlich getan. Glücklicherweise ist er klein.«

Silas folgte seinen Worten und Bewegungen mit ängstlichster Spannung. Schließlich war der Doktor mit seiner Untersuchung fertig, setzte sich auf einen Stuhl und wandte sich lächelnd an den jungen Amerikaner:

»Seit ich ins Zimmer trat, sind zwar meine Ohren und meine Zunge geschäftig genug gewesen, dabei waren aber die Augen doch nicht müßig. Ich bemerkte in der Ecke eines von jenen Ungetümen, wie Sie Ihre Landsleute in aller Welt mit sich herumzuschleppen pflegen – einen Saratogakoffer. Bisher war mir der Nutzen dieser Ungeheuer verschlossen, jetzt aber geht mir ein Licht auf. Entweder verdanken sie ihr Dasein einem Bedürfnis des Sklavenhandels, oder sie sollten die rasche Tat eines Bowiemessers verdecken. Jedenfalls waren sie bestimmt, einen menschlichen Körper aufzunehmen.«

»Aber«, rief Silas, »jetzt ist doch keine Zeit zum Scherzen.«

»Meine Worte«, entgegnete der Doktor, »haben eine sehr ernstliche Bedeutung. Und das Erste, was wir jetzt zu tun haben, junger Freund, ist die Ausleerung Ihres Koffers.«

Silas folgte willenlos den Anordnungen seines Freundes, und nachdem der Koffer seines ganzen Inhalts beraubt war, packten sie den Leichnam, Silas an den Füßen und der Doktor unter den Armen, trugen ihn vom Bett, legten ihn nicht ohne Mühe zusammen und versenkten ihn so in den leeren Koffer. Mit vereinter Anstrengung drückten sie den Deckel nieder, worauf der Doktor den Koffer schloss und zuschnürte, während Silas die ausgeräumten Sachen woanders unterbrachte.

»So wäre der erste Schritt zu Ihrer Rettung getan«, sagte der Doktor. »Morgen oder vielmehr heute müssen Sie alles aufbieten, dem Portier durch Geld und gute Worte jeden Verdacht zu nehmen. Das Übrige überlassen Sie ruhig mir. Fürs Erste kommen Sie in mein Zimmer, wo ich Ihnen ein kräftiges Opiat geben werde; denn vor allem bedürfen Sie stärkender Ruhe.«

Der nächste Tag schien Silas der längste in seinem ganzen Leben. Er verleugnete sich vor seinen Freunden und saß in schrecklicher Gemütsverfassung in einem Winkel, die Augen starr auf den Koffer gerichtet. Die Waffen seiner eigenen Neugier kehrten sich nun gegen ihn selbst, denn er merkte, dass das Observatorium wieder frei war und sich beständig Späheraugen aus Madame Zéphyrines Zimmer auf ihn richteten, sodass er schließlich das Loch seinerseits verbarrikadieren musste, worauf er die Zeit zum großen Teil mit Weinen und Beten hinbrachte.

Spätabends trat Dr. Noel ins Zimmer und hielt in seiner Hand zwei versiegelte, unbeschriebene Briefumschläge, einer etwas unförmig und der andere so dünn, dass er leer zu sein schien.

»Silas«, sagte er, sich niedersetzend, »die Zeit ist nun gekommen, um Ihnen meinen Rettungsplan vorzulegen. Morgen wird zu früher Stunde der Prinz Florizel von Böhmen, der sich ein paar Tage an den Pariser Karnevalsfreuden ergötzt hat, nach London zurückkehren. Vor längerer Zeit hatte ich das Glück, seinem Oberstallmeister, dem Obersten Geraldine, einen gewissen Gefallen zu erweisen, der mir seine dauernde Erkenntlichkeit sichert. Nun ist es für Sie nötig, London ohne Gepäckrevision zu erreichen, und da fiel mir ein, dass die zollamtliche Revision bei einer Person vom Rang eines Prinzen eine bloße Formalität ist. Ich wandte mich daher Ihrethalben an den Obersten, der auch meiner Bitte willfahrte. Wenn Sie sich morgen vor sechs Uhr in das Hotel des Prinzen begeben, wird Ihr Gepäck als zu dem seinigen gehörig befördert werden, und Sie selbst werden in seinem Gefolge hinüberreisen.«

»Wie ich Sie die Namen des Prinzen und des Obersten aussprechen hörte«, sagte Silas, »fiel mir ein, dass ich beide schon einmal gesehen und vor Kurzem im Ballsaal einem Gespräch der beiden zugehört habe.«

»Das ist leicht möglich; den Prinzen kann man überall finden. Sind Sie einmal in London«, fuhr der Doktor fort, »so bleibt Ihnen nicht mehr viel zu tun. In dem dicken Umschlag habe ich Ihnen einen Brief mitgegeben, den ich nicht zu adressieren wage; aber in dem andern findet sich angegeben, wohin Sie ihn nebst dem Koffer zu bringen haben, dort wird man Sie auf immer von dem Letzteren befreien.«

»Ach«, rief Silas, »wie gern möchte ich Ihnen glauben, aber kann ich denn? Erbarmen Sie sich meines Kleinmuts und lüften mir ein wenig den Schleier dieser geheimnisvollen Rettung.«

Der Doktor schien peinlich berührt.

»Junger Mensch«, sagte er, »Sie wissen nicht, wie Schweres Sie von mir fordern. Und dennoch will ich Ihnen auch noch diesen Beweis meiner Freundschaft geben. So wissen sie denn, dass ich, der jetzt ein so einfaches, einsames Studienleben führt, in meinen jungen Jahren den Mittelpunkt der verschlagensten und gefährlichsten Kreise Londons bildete und, während ich nach außen als höchst ehrbar erschien, meinen ganzen Einfluss den ruchlosesten verbrecherischen Beziehungen verdankte. An einen derartigen früheren Genossen weise ich Sie mit diesem Brief. Wir bildeten eine internationale Bande, deren Mitglieder durch einen fürchterlichen Eid zu gemeinsamem Handeln verbunden waren; unser Geschäft war der Mord, und ich, der anscheinend so unschuldig vor Ihnen steht, war der Anführer.«

»Was«, rief Silas, »ein Mörder und Mord Ihr Handwerk? Kann ich Ihre Hand ergreifen, Ihre Dienste annehmen? Wollen Sie mich Unglücklichen zu Ihrem Genossen machen?«

Der Doktor sagte mit bitterem Lachen:

»Sie sind schwer zu befriedigen, aber Sie haben die Wahl zwischen dem Gemordeten und dem Mörder. Erlaubt Ihnen Ihr zartes Gewissen nicht, meine Hilfe anzunehmen, gut, so sehen Sie zu, wie Ihr aufrichtiges Gewissen ohne mich mit dem Koffer und seinem Inhalt fertig wird.«

»Es war unrecht von mir«, entgegnete Silas, »Ihre großmütige Hilfsbereitschaft zu vergessen, und dankbar lausche ich Ihren weiteren Vorschlägen.«

»Das ist vernünftig«, sagte der Doktor, »ich sehe, Sie fangen doch endlich an, durch Schaden klug zu werden.«

»Zugleich«, nahm Silas wieder das Wort, »da Sie doch an so tragische Geschäfte gewöhnt sind und mich an frühere Genossen und Freunde weisen, wäre es nicht am besten, wenn Sie selbst den Transport besorgten?«

»Wahrhaftig«, erwiderte der Doktor, »ich bewundere Sie aufrichtig. Ich glaube aber, ich habe mich schon mehr als genugsam um Ihre Angelegenheit bekümmert. Nehmen Sie meine Dienste, so wie ich Sie Ihnen anbiete, oder gar nicht, und lassen Sie mich mit Ihrer Dankbarkeit in Frieden, denn Ihre Erkenntlichkeit schlage ich noch geringer an als Ihre Einsicht.«

Damit erhob sich der Doktor, wiederholte noch einmal kurz seine Anweisungen und verließ rasch das Zimmer.

Am nächsten Morgen war Silas im Hotel des Prinzen vom Obersten Geraldine mit Höflichkeit empfangen und zum Ersten jeder Sorge um seinen Koffer und dessen grauenhaften Inhalt überhoben.

Die Abreise ging ohne Unfall vonstatten, wenn auch der junge Amerikaner zitternd die Packträger über das ausnehmend schwere Gepäck des Prinzen klagen hörte. Silas fuhr in einem Wagen mit der Dienerschaft, da der Prinz mit seinem Stallmeister allein sein wollte. Aber an Bord des Dampfers zog er durch die niedergeschlagene Haltung und den düsteren Blick, mit dem seine Augen auf das Gepäck gerichtet waren, die Aufmerksamkeit Seiner Hoheit auf sich.

»Der junge Mensch«, bemerkte er, »scheint recht bekümmert.«

»Das ist«, versetzte Geraldine, »der Amerikaner, dem Sie auf meine Bitte in Ihrem Gefolge zu reisen erlaubten.«

»Sie erinnern mich«, sagte Prinz Florizel, »dass ich eine Höflichkeit versäumte.«

Dabei schritt er auf Silas zu und sprach mit größter Herablassung:

»Es war mir sehr angenehm, Ihren mir vom Obersten Geraldine vorgetragenen Wunsch erfüllen zu können. Vergessen Sie nicht, dass es mir stets ein Vergnügen sein wird, Ihnen in belangreicherer Weise zu dienen.«

Auf einige Fragen über die politische Lage in Amerika, die er sodann an Silas richtete, antwortete dieser nicht ohne Urteil.

»Sie sind noch jung«, sagte der Prinz, »aber sehr ernst für Ihr Alter. Vielleicht beschäftigen Sie sich zu ausschließlich mit Studien, oder ich bin wohl indiskret und berühre eine wunde Stelle.«

»Ich bin wohl der Unglücklichste aller Sterblichen«, sagte Silas; »nie ist ein Unschuldiger in eine üblere Lage gekommen.«

»Ich will mich«, erwiderte der Prinz, »nicht in Ihr Vertrauen drängen; aber vergessen Sie nicht, dass des Obersten Wort die beste Fürsprache bei mir ist und dass ich nicht nur den Willen, sondern auch einigermaßen die Macht besitze, mich Ihnen gefällig zu erweisen.«

Silas war entzückt über die Liebenswürdigkeit einer so hohen Persönlichkeit, aber bald kehrte sein Geist wieder zu seinen melancholischen Betrachtungen zurück.

Der Zug kam in Sharing Cross an, wo das Gepäck wie gewöhnlich ohne Revision passierte. Elegante Wagen standen bereit, und Silas fuhr mit den andern zum Schloss des Prinzen. Dort suchte ihn der Oberst auf und drückte ihm seine Befriedigung darüber aus, dass er einem Freund des Doktors habe behilflich sein können.

»Ich hoffe«, fügte er hinzu, »Ihr Porzellan ist unversehrt geblieben; es war Befehl zu besonders vorsichtiger Behandlung gegeben.«

Hierauf gab er Anweisung, dem jungen Mann sofort eine Kutsche zur Verfügung zu stellen und den Koffer aufzuladen, reichte ihm die Hand und entfernte sich.

Silas erbrach den die Adresse enthaltenden Umschlag und hieß den Kutscher nach Box Court fahren. Die Adresse schien dem Mann nicht unbekannt zu sein, er sah erstaunt auf und fragte noch einmal. Das Herz voll Unruhe, stieg Silas in den prächtigen Wagen und ward nach dem angegebenen Ort befördert. Die Einfahrt in Box Court war für die prinzliche Equipage zu eng. In geringer Entfernung stand ein Mann, der sofort herbeieilte und mit dem Kutscher ein Zeichen tauschte, während der Bediente den Schlag öffnete und fragte, in welches Haus er den Koffer tragen sollte.

»Nach Nummer drei.«

Der Bediente und der Mann, der in Box Court gestanden hatte, wurden trotz Silas' Mithilfe nur schwer mit dem Koffer fertig, und entsetzt bemerkte der Neuengländer, dass sich eine Schar Neugieriger um sie gesammelt hatte, als sie das schwere Stück vor der Tür des fraglichen Hauses niedersetzten. Doch klopfte er mit möglichst gleichgültigem Ausdruck an die Tür und hielt dem Öffnenden den zweiten Brief hin. »Er ist nicht da«, sagte der, »aber wenn Sie den Brief hierlassen und morgen früh wiederkommen, will ich Ihnen sagen, ob und wann Sie ihn sprechen können. Wollen Sie Ihren Koffer dalassen?«

»Sehr gern«, rief Silas, aber im nächsten Moment bereute er sein überstürztes Wort und erklärte ebenso nachdrücklich, er wolle ihn lieber mit sich nehmen.

Die Umstehenden spöttelten über seine Unentschiedenheit und folgten ihm mit anzüglichen Bemerkungen zum Wagen; und Silas, außer sich vor Scham und Angst, bat die prinzlichen Diener, ihn zu einem einfachen Gasthaus in der Nähe zu bringen.

Sie setzten ihn vor dem Craven Hotel ab, fuhren davon und ließen ihn mit dem Hotelbedienten allein. Es war nur noch ein kleines Hinterzimmer im vierten Stock frei, wohin zwei starke Packträger des Hotels den Koffer mit Ach und Krach hinaufschafften. Es braucht nicht bemerkt zu werden, dass Silas be-

benden Herzens folgte. Ein einziger Fehltritt, dachte er, und der Koffer fällt über das Geländer und liegt zerschmettert unten.

Im Zimmer angekommen, setzte er sich ganz erschöpft von der ausgestandenen Aufregung auf sein Bett, aber sofort brachte ihn ein neuer Schreck auf die Beine, als die Träger niederknieten und die sorgfältige Einschnürung des Koffers aufzulösen begannen.

»Halt!«, rief er. »Ich brauche, solange ich hier bin, nichts vom Inhalt.«

»Dann konnten Sie ihn lieber unten lassen«, brummte einer der Männer, »der ist ja so groß und schwer wie 'ne Kirche. Ich kann mir gar nicht denken, was da drin ist. Wenn's lauter Geld ist, sind Sie reicher als wir.«

»Geld!«, wiederholte Silas verwirrt. »Was meinen Sie mit Geld! Ich habe kein Geld, und Sie schwatzen dummes Zeug.«

»Schon recht, Herr Graf«, sagte der Mann augenzwinkernd. »Kein Mensch will Euer Ehren Geld anrühren. Ich bin so sicher wie 'ne Bank. Aber da der Koffer so schwer ist, soll mir's nicht drauf ankommen, ein Gläschen auf Euer Ehren Wohl zu trinken.«

Silas drückte ihm zwei Napoleondor in die Hand und entschuldigte sich wegen der fremden Goldstücke, er wäre eben erst aus Frankreich angekommen. Der Mann brummte noch ärger, sah verächtlich von dem Geld nach dem Koffer und ließ sich endlich herbei, mit seinem Genossen davonzugehen.

Fast zwei Tage hatte die Leiche im Koffer gelegen, und sobald der Unglückliche allein war, roch er ängstlich an allen Ritzen und Spalten herum, aber das Wetter war kühl, und der Koffer barg noch trefflich sein schreckliches Geheimnis.

Er setzte sich daneben, bedeckte das Gesicht mit den Händen und versank in düsteres Brüten. Wurde er nicht bald befreit, so war schnelle Entdeckung unvermeidlich. Allein, ohne Freunde und, versagte des Doktors Empfehlung, ohne Hilfe in der wildfremden Stadt war er verloren. Welcher grässliche Wechsel! Statt, wie er immer geträumt hatte, in seiner neuenglischen Heimat von einer politischen Staffel zur andern aufzusteigen, statt einmal als Krönung seiner Laufbahn zum Präsidenten der Vereinigten Staaten proklamiert und in Gestalt einer Statue in amerikanischem Kunststil als Zierde des Kapitols der Nachwelt überliefert zu werden, saß er hier an die Leiche des Engländers gefesselt!

Es ist unmöglich, die Worte wiederzugeben, mit denen er den Doktor, den Ermordeten, Madame Zéphyrine, die Gepäckträger, die prinzlichen Diener, kurz alle, mit denen er in der Zeit seines Unglücks zu tun gehabt hatte, verfluchte.

Um sieben Uhr schlich er zum Essen hinunter, aber die gelbe Farbe des Zimmers erfüllte ihn mit Entsetzen, die Mienen der anderen Gäste schienen argwöhnisch auf ihm zu ruhen, und seine Gedanken weilten bei dem Koffer. Als ihm der Kellner den Käse präsentierte, waren seine Nerven schon so erregt, dass er fast vom Stuhl sprang und den Inhalt eines Weinglases auf das Tischtuch schüttete.

Nach Beendigung des Mahls fragte der Kellner, ob er sich in das Rauchzimmer zu begeben wünsche, und obgleich er lieber in sein Zimmer zurückgekehrt wäre, wagte er nicht, Nein zu sagen, und ward in ein kellerartiges Gemach gewiesen, wo er außer zwei Billardspielern und einem Kellner zuerst niemand weiter bemerkte. Aber beim nächsten Blick nahm er noch eine rauchende Person wahr, die mit niedergeschlagenen Augen und ehrbarer Miene im äußersten Winkel saß. Sofort kam ihm das Gesicht bekannt vor, und er erkannte in ihr trotz des Wechsels der Kleidung den Mann aus Box Court, der den Koffer vom und zum Wagen hatte tragen helfen. Ohne sich zu besinnen, kehrte sich der Neuengländer um, rannte die Treppen hinauf und ruhte nicht eher, als bis er sich in seinem Zimmer eingeschlossen hatte.

Dort saß er die ganze Nacht, eine Beute der schwärzesten Vorstellungen. Die Bemerkung des Packträgers, sein Koffer enthalte Gold, erfüllte ihn mit neuen Schrecken und ließ ihn kein Auge schließen, und die Gegenwart des offenbar verkleideten und sich vor ihm verbergenden Mannes von Box Court bewies ihm, dass er zum zweiten Mal den Gegenstand geheimer Machinationen bildete.

Nicht lange nach Mitternacht öffnete er, von einem unbestimmten Argwohn getrieben, seine Zimmertür und lugte in den Gang hinaus. Dieser war durch ein Gaslicht spärlich erleuchtet. Silas bemerkte in kurzer Entfernung einen Mann in der Livree der Hoteldiener und näherte sich ihm auf den Zehen. Der Mann lag etwas auf der Seite, und der rechte Arm verdeckte sein Gesicht. Doch plötzlich, während sich Silas über ihn beugte, nahm er den Arm weg, öffnete seine Augen, und Silas schaute wieder dem Mann von Box Court ins Antlitz.

»Guten Abend«, sagte der Mann höflich.

Aber Silas konnte in seiner Erregung keine Antwort finden und zog sich sprachlos in sein Zimmer zurück.

Gegen Morgen fiel er erschöpft, im Stuhl sitzend und den Kopf nach vorn auf den Koffer gelehnt, in einen trotz der unbequemen Lage und des grässlichen Kissens tiefen und lang dauernden Schlaf. Erst spät weckte ihn ein starkes Klopfen an der Tür.

Er fuhr auf und fand draußen einen Dienstmann, der fragte: »Sind Sie der Herr, der gestern in Box Court vorsprach?«

Silas bejahte bebend.

»Dann ist das für Sie«, sagte der Bote und gab ihm einen versiegelten Brief.

Silas riss ihn auf und las nichts als die Worte: »Um zwölf Uhr.«

Er stellte sich pünktlich ein. Den Koffer trugen mehrere kräftige Männer vor ihm her; und er selbst ward in ein Zimmer geführt, in dem ein Mann vor dem Feuer saß, den Rücken nach der Tür gekehrt. Erst nach Verlauf einiger Minuten drehte sich dieser langsam herum, und Silas, der sich von Angst und Ungeduld fast verzehrt fühlte, schaute überrascht in die Augen des Prinzen Florizel von Böhmen.

»So, mein Herr«, sagte der Prinz mit sehr ernster Stimme, »in dieser Weise missbrauchen Sie meine Freundlichkeit? Sie suchen sich an Höherstehende anzuschließen, nur um den Folgen Ihrer Verbrechen zu entgehen; nun ist mir auch klar, warum Sie gestern bei meiner Anrede so verlegen waren.«

»Ich bin«, rief Silas, »unglücklich, aber ohne Schuld!«

Und mit erstaunlicher Geläufigkeit und Geschicklichkeit erzählte er dem Prinzen die ganze Geschichte seines Unglücks.

»Ich sehe, ich war im Irrtum«, sagte Seine Hoheit, als er seinen Bericht beendet. »Sie sind nur das Opfer, und da ich Sie daher nicht zu strafen brauche, so seien Sie überzeugt, ich werde Ihnen nach Kräften helfen. Und nun öffnen Sie Ihren Koffer, wir wollen sehen, was er enthält.«

Silas wechselte die Farbe.

»Ich fürchte mich fast vor dem Anblick«, rief er aus.

»Aber er ist Ihnen doch nicht neu«, sagte der Prinz. »Einer solchen Gefühlsregung müssen Sie nicht Raum geben. Der Anblick eines Kranken, dem wir noch helfen können, verdient unser Gefühl eher als ein Toter, der unserm helfenden oder verletzenden Arm, unserer Liebe wie unserm Hass gleichmäßig entrückt ist. Seien Sie ein Mann, Mr Scuddamore!« Und als Silas immer noch zögerte, fügte er hinzu: »Ich möchte nicht gern in anderm Ton als dem der Bitte zu Ihnen sprechen.«

Silas erwachte wie aus einem Traum und machte sich mit schauderndem Widerstreben an die Öffnung des Koffers. Der Prinz stand, die Hände auf dem Rücken, aufmerksam, aber ruhig daneben. Der Körper war ganz steif, und es kostete Silas große physische wie moralische Anstrengung, das Antlitz des Toten sichtbar zu machen.

Mit einem Aufschrei des Schmerzes fuhr der Prinz zurück.

»Sie wissen nicht, Mr Scuddamore, welch grausame Gabe Sie mir bringen. Dies ist ein junger Mann aus meinem Gefolge, der Bruder meines erprobten Freundes, und in meinem eigenen Dienst ist er in den Händen von gewalttätigen und verräterischen Männern umgekommen. Armer Geraldine«, sagte er wie im Selbstgespräch, »wie soll ich deinem Bruder die Trauerkunde bringen? Wie kann ich vor mir selber, wie kann ich vor Gott dieses bei der Ausführung meiner vermessenen Pläne vergossene Blut rechtfertigen? Florizel, Florizel, wann wirst du dich den Schranken des irdischen Lebens anzubequemen lernen und deine eigene Ohnmacht erkennen!«

Silas war von diesem Gefühlsausbruch tief bewegt. Er wollte einige Trostworte murmeln und brach in Tränen aus. Der Fürst, den seine gute Absicht rührte, trat auf ihn zu und sagte, seine Hand ergreifend:

»Beherrschen Sie sich. Wir haben beide viel zu lernen, und die nächste Probe soll uns besser vorbereitet finden.«

Silas dankte ihm schweigend mit beredtem Blick. »Schreiben Sie mir die Adresse des Dr. Noel auf dieses Papier«, fuhr der Prinz fort, »und kommen Sie wieder nach Paris, so meiden Sie die Gesellschaft dieses gefährlichen Mannes. Diesmal hat er allerdings einer edelmütigen Regung nachgegeben; denn wäre er Mitwisser am Mord gewesen, so hätte er den Leichnam nicht der Fürsorge des wirklichen Schuldigen überantwortet.«

»Des wirklichen Schuldigen?«, wiederholte Silas erstaunt.

»Nicht anders«, sagte der Prinz. »Dieser Brief, der in meine Hände fiel, war an den Mörder selbst, den schändlichen Präsidenten des Selbstmordklubs gerichtet. Suchen Sie nicht weiter in diese gefährliche Angelegenheit einzudringen. Seien Sie froh, selbst heil entkommen zu sein, und verlassen Sie dieses Haus sofort! Ich habe dringende Geschäfte und muss zunächst betreffs dieses Häufleins Staub, das noch vor Kurzem ein so ritterlicher und schöner Jüngling war, die nötigen Anordnungen treffen.«

Dankbar sagte Silas dem Prinzen Lebewohl und kehrte noch an demselben Tag nach Frankreich zurück.

Drittes Kapitel

Das Abenteuer mit den zweirädrigen Kutschen

Leutnant Brackenbury Rich hatte in einem der kleineren Kriege im indischen Hügelland mit großer Auszeichnung gefochten. Er hatte persönlich den feindlichen Anführer gefangen genommen, seine Tapferkeit wurde überall zum Himmel erhoben, und als er infolge einer hässlichen Säbelwunde und eines andauernden Dschungelfiebers die Heimreise antrat, war die Gesellschaft bereit, den Offizier als Stern zweiter Größe aufzunehmen. Aber da er wahrhaft bescheiden war, hielt er sich so lange in einem fremden Bad und in Algier auf, bis der Ruf seiner Taten nach nicht viel mehr als einer Woche verblasst war und der Vergessenheit anheimzufallen anfing. Er traf schließlich im Beginn der Saison in London ein, ohne irgendwie durch Aufmerksamkeiten belästigt zu werden; und da er eine Waise war und nur entfernte Verwandte in der Provinz hatte, so fühlte er sich fast als Fremdling in der Hauptstadt des Landes, für das er sein Blut vergossen.

Am Tag nach seiner Ankunft speiste er in einem Offizierskasino. Er begrüßte mehrere alte Kameraden, die ihn beglückwünschten; aber da sie alle für den Abend versagt waren, blieb er schließlich auf sich angewiesen. Er war im Gesellschaftsanzug, denn er hatte die Absicht gehabt, ein Theater zu besuchen. Aber die Großstadt war für ihn, der aus der Provinzialschule in das Kadettenhaus und von da direkt nach Indien gekommen war, etwas Neues; und er versprach sich alle möglichen Genüsse in dieser ihm noch unbekannten Welt, als er, seinen Stock schwingend, westwärts schritt. Der beständige Wechsel der vom Lampenlicht erhellten Gesichter reizte immer wieder des Leutnants Einbildungskraft; und es kam ihm vor, als könnte er in der anregenden Großstadtluft und inmitten des geheimnisvollen Lebens von vier Millionen Seelen immer so fortwandern. Er schaute auf die Häuser und fragte sich, was wohl hinter den erleuchteten Fenstern vor sich gehe; er blickte in ein Gesicht nach dem andern, jedes von einem unbekannten verbrecherischen oder menschenfreundlichen Interesse belebt.

Was reden sie von Krieg, dachte er; hier ist das große Schlachtfeld der Menschheit.

Und dann wunderte er sich, dass er in diesem Wirrsal so lange wanderte, ohne dass seine Person irgendwie von dem Getriebe berührt wurde.

Alles zu seiner Zeit, dachte er weiter. Ich bin noch fremd und sehe vielleicht auch fremd aus. Aber bald werde ich ebenfalls in den Strudel hineingezogen sein.

Später stellte sich ein plötzlicher Regenguss ein. Brackenbury trat unter einen Baum, als er einen Droschkenkutscher bemerkte, der ihn durch Zeichen zum Einsteigen einlud. Da der Regen anhielt, erhob er zur Antwort seinen Stock und saß bald in der »Londoner Gondel«.

»Wohin?«, fragte der Kutscher.

»Wohin Sie wollen«, antwortete der Offizier.

Und augenblicklich fuhr die Droschke mit auffallender Schnelligkeit davon und in das Meer der Landhäuser Westlondons hinein. Eine Villa glich der andern, jede war mit einem Vorgarten versehen, und die menschenleeren Straßen, durch die der Wagen dahinflog, boten so wenig Bemerkenswertes, dass Brackenbury bald alle Orientierungsversuche aufgab. Er hätte denken können, dass der Kutscher ihn zum Spaß immer wieder durch dieselben Straßen fahre, aber die geschäftsmäßige Eile deutete auf ein bestimmtes Ziel, über das sich der Gast allen möglichen Gedanken hingab. Er hatte von Fremden gehört, die in London in Mörderhände geraten waren. War auch ihm ein solches Los zugedacht?

Aus diesen Gedanken riss ihn das plötzliche Halten des Wagens vor dem Gartentor einer hell erleuchteten Villa in einer langen und breiten Straße. Soeben war eine andere Droschke wieder fortgefahren, und Brackenbury konnte noch sehen, wie ein Herr an der Eingangstür des Hauses von mehreren Dienern in Livree empfangen wurde. Es wunderte ihn, dass der Kutscher gerade vor einem Haus hielt, in dem offenbar eine Gesellschaft stattfand; doch hielt er dies für bloße Sache des Zufalls. Er blieb ruhig sitzen, bis der Kutscher rief:

»Hier sind wir!«

»Hier?«, wiederholte Brackenbury. »Wo?«

»Sie sagten, ich sollte Sie fahren, wohin ich wollte, und hier sind wir nun.«

Brackenbury fiel die für einen Droschkenkutscher ungewöhnlich gewählte Sprechweise auf, auch der Wagen war, wie er nun bemerkte, viel prächtiger als die gewöhnlichen Droschken.

»Was bedeutet das?«, sagte er. »Wollen Sie mich im Regen absetzen? Ich denke, mein guter Mann, das kommt auf mich an.«

»Sicher kommt es auf Sie an«, versetzte der Kutscher, »aber wenn ich den Sachverhalt auseinandersetze, wird ein Herr wie Sie wohl anders entscheiden. Der Besitzer eines Hauses dort gibt Gesellschaft. Ich weiß nicht, ob der Herr in London fremd oder ein Einheimischer ist. Jedenfalls habe ich den Auftrag, einzelne anständig gekleidete Herren aufzugreifen, in Sonderheit Offiziere. Sie brauchen nur hineinzugehen und zu sagen, Mr Morris habe Sie eingeladen.«

»Sind Sie Mr Morris?«, fragte der Leutnant.

»O nein, Mr Morris ist der Hausherr.«

»Das ist eine ungewöhnliche Art, Gäste zusammenzubringen«, sagte Brackenbury. »Wenn ich nun die Einladung zurückweise, was dann?«

»Dann habe ich Anweisung, Sie an die Stelle zurückzubringen, wo ich Sie fand, und bis Mitternacht nach andern Gästen auszuschauen.«

Diese Worte brachten den Leutnant sofort zum Entschluss.

Wenigstens, dachte er, habe ich nicht lange auf ein Abenteuer zu warten brauchen.

Kaum war er ausgestiegen, so fuhr der Kutscher trotz des Leutnants Rufen ohne Fahrgeld in derselben Eile davon.

Aber seine Stimme war im Haus vernommen worden, und ein Diener eilte herbei und hielt ihm einen Schirm über den Kopf.

»Der Kutscher ist bezahlt«, bemerkte der Diener im höflichsten Ton und geleitete Brackenbury in das Haus, wo ihm andere Diener Hut, Stock und Überrock abnahmen und ihn eine mit tropischen Pflanzen geschmückte Treppe hinaufführten, wo ihn der Kammerdiener nach seinem Namen fragte und mit lauter Stimme »Leutnant Brackenbury Rich« rufend in das Empfangszimmer geleitete.

Ein schlanker und auffallend schöner junger Mann trat ihm hier entgegen und grüßte ihn höflich und freundlich. Hunderte von feinsten Wachskerzen erleuchteten den Raum, der wie die Treppe mit einer Fülle seltener und schöner Blumen geschmückt war. An der Seite stand ein mit lockenden Speisen beladener Tisch. Verschiedene Diener gingen mit Früchten und Wein umher. Es waren etwa sechzehn Personen, meist in der Blüte der Jugend und fast ohne Ausnahme von kühnem, vielversprechendem Gesichtsausdruck, anwesend. Sie bildeten zwei Gruppen, von denen eine Roulette und die andere Baccara spielte.

Ich sehe, dachte Brackenbury, ich bin in einer Spielgesellschaft, und der Kutscher war ein Schlepper. Nachdem ihn ein schneller Überblick zu diesem Schluss gebracht hatte, kehrte sein Auge zu seinem Wirt zurück, der ihn noch immer an der Hand hielt. Das Bild des eleganten liebenswürdigen Mannes, dessen Gesicht eine mutige Seele widerspiegelte, passte so gar nicht zu dem Besitzer einer Spielhölle, und auch seine Redeweise schien auf etwas ganz anderes hinzudeuten. Gegen seinen eigenen Willen empfand Brackenbury eine merkwürdige Sympathie für seinen jungen Wirt.

»Ich habe von Ihnen gehört, Leutnant Rich«, sprach dieser mit leiserer Stimme, »und glauben Sie mir, Ihre Bekanntschaft ist mir außerordentlich wertvoll. Ihr Aussehen entspricht ganz dem Ruf, der Ihnen vorangeht. Und wenn Sie das Ungewöhnliche der Einladung übersehen wollen, so wird dies für mich nicht nur eine Ehre, sondern auch eine wahre Freude sein. Ein Mann, der mit barbarischen Feinden kurzen Prozess zu machen gewohnt ist«, fügte er lachend hinzu, »wird es wohl mit einem Fehler der Etikette nicht so genau nehmen.«

Damit führte er ihn zum Speisetisch und bat ihn zuzulangen.

Brackenbury versuchte den Champagner und fand ihn vorzüglich, zündete sich nach dem Beispiel der andern eine Manila an, dann wandte er sich zum Roulette, wo er hin und wieder einen Einsatz wagte. Dabei bemerkte er, dass der Hausherr, der sich, anscheinend nur mit seinen Wirtspflichten beschäftigt, emsig hin und her bewegte, seine Gäste einer scharfen Musterung unterzog. Er achtete darauf, wie die Spieler ihren Verlust trugen, wie hohe Einsätze sie machten, er stellte sich hinter Paare, die in tiefem Gespräch begriffen waren, und ließ sich kaum einen charakteristischen Zug entgehen. Brackenbury nahm dies mit größtem Erstaunen wahr und fand auch bei schärferer Betrachtung seines ihn immer mehr interessierenden Wirtes, dass dieser trotz seines immer bereiten freundlichen Lächelns wie hinter einer Maske einen kummervollen, traurigen Ausdruck trug.

Dieser Morris, dachte er, verfolgt irgendeinen tiefer liegenden Zweck, den ich ergründen will.

Von Zeit zu Zeit rief Mr Morris einen der Besucher beiseite, nahm ihn mit sich in ein Vorzimmer und kehrte allein zurück, während sich der Gast nicht mehr sehen ließ. Um zunächst hinter dieses Geheimnis zu kommen, stahl sich der Leutnant unbemerkt in das Vorzimmer und verbarg sich dort in einer tiefen, von grünen Vorhängen verhüllten Fensternische. Er brauchte nicht lange zu warten, bis er Mr Morris mit einem Gast hereinkommen sah, der ihm schon vorher durch sein etwas rohes Benehmen aufgefallen war. Das Paar blieb dicht vor dem Fenster stehen, sodass Brackenbury kein Wort von der folgenden Unterhaltung entging:

»Ich bitte tausendmal um Vergebung«, begann Mr Morris, »wenn ich eine Frage an Sie richte, denn ich kann mich nicht besinnen, Sie früher schon gesehen zu haben, und ich fürchte, es liegt hier irgendein Missverständnis vor, zu dessen Lösung es zwischen Männern von Anstand und Ehre nur eines Wortes bedarf. In wessen Haus glauben Sie zu sein?«

»In Mr Morris'«, erwiderte der andere, der die Anrede mit steigender Verwirrung angehört hatte.

»Mr John oder James Morris'?«

»Ich kann es Ihnen wirklich nicht sagen«, war die Antwort, »da ich mit dem Herrn persönlich so wenig bekannt bin wie mit Ihnen.«

»Ich verstehe«, sagte Mr Morris. »Weiter unten in der Straße wohnt ein Herr gleichen Namens. Ich bin glücklich, infolge der Verwechslung Ihre Bekanntschaft gemacht zu haben, doch könnte ich es nicht verantworten, Sie länger von Ihren Freunden zu trennen. John«, fügte er mit lauter Stimme zu dem sich nähernden Diener gewendet hinzu, »seien Sie dem Herrn behilflich.«

Und damit geleitete er den Gast auf das Höflichste zur Tür hinaus. Als er wieder bei dem Fenster vorüber zum Empfangszimmer ging, hörte ihn Brackenbury wie unter dem Druck einer schweren Last tief seufzen.

Noch eine Stunde lang brachten die Droschken so viele neue Gäste, dass die Zahl der Besucher sich trotz der Privatgespräche Mr Morris' etwa auf gleicher Höhe hielt. Aber dann wurden die Neuankömmlinge seltener, bis sie endlich ganz ausblieben, während das Aussieben mit unverminderter Schnelligkeit vor sich ging. Das Empfangszimmer fing an, leer auszusehen, das Baccara musste aufgegeben werden, weil es an einem Bankhalter fehlte; mehr als ein Gast empfahl sich aus eigenem Antrieb. Der Wirt aber verdoppelte seine Aufmerksamkeit gegen die Zurückbleibenden und verstand es, durch eine fast weibliche Liebenswürdigkeit alle Herzen für sich zu gewinnen.

Als sich die Anzahl der Gäste schon bedeutend gelichtet hatte, ging Leutnant Rich, um einen Augenblick frische Luft zu atmen, hinaus. Doch welcher überraschende Anblick bot sich ihm, sobald er die Schwelle des Vorzimmers überschritten hatte! Die Ziergewächse waren von der Treppe verschwunden, drei Möbelwagen standen vorm Gartentor, und die Diener waren dabei, das Haus auf allen Seiten seines Aufputzes zu berauben. Es erinnerte an ein ländliches Fest, für das ein Unternehmer Eintagesbauten errichtet hatte.

Brackenbury, dessen Interesse durch alle diese überraschenden Wahrnehmungen auf das Höchste gesteigert war, benutzte die Gelegenheit und stieg eine weitere Treppe zu den oberen Räumen des Hauses hinan. Er ging durch alle Zimmer und fand nicht ein Stück Hausrat darin. Das Haus war schön bemalt und tapeziert, aber offenbar weder jetzt bewohnt noch seit langer Zeit bewohnt gewesen. Nur mit großen Kosten konnte der Bau mit dem bestehenden Schimmer umkleidet worden sein.

Wer war aber dann Mr Morris? Was bewog ihn, für eine Nacht im äußersten Westen Londons den Hausherrn zu spielen und seine Gäste von der Straße auflesen zu lassen?

Dem Leutnant fiel ein, dass er schon zu lange vom Empfangszimmer ferngeblieben war, und er eilte zur Gesellschaft zurück.

Es hatten sich inzwischen noch mehrere Gäste entfernt, sodass mit dem Leutnant und dem Wirt nur noch fünf Personen im Zimmer waren. Mr Morris sah den Leutnant lächelnd an, als er wieder hereintrat, und erhob sich sofort.

»Meine Herren«, sagte er, »es ist Zeit, Ihnen den Zweck meiner Einladung mitzuteilen. Ich glaube, die Zeit wird Ihnen nicht lang geworden sein, aber ich gestehe, nicht Ihre Unterhaltung, sondern die Erfüllung einer egoistischen Absicht war das Ziel meiner Veranstaltung. Sie sind, dafür bürgt mir Ihre Erscheinung, sämtlich Ehrenmänner. Darum spreche ich mich unverhohlen aus. Ich bitte Sie um einen gefährlichen Dienst, bei dem Sie vielleicht Ihr Leben aufs Spiel setzen und dabei noch betreffs alles dessen, was Sie sehen und hören, strengste Verschwiegenheit würden beobachten müssen. Ich weiß wohl, das ist ein höchst sonderbares Begehren von einem Ihnen völlig Fremden, und sollte daher einer von Ihnen Bedenken tragen, sich weiter auf ein so abenteuerliches, gefährliches Unternehmen einzulassen, hier ist meine Hand: Ich werde ihm ohne Groll Lebewohl sagen.«

Ein sehr langer Mann mit schwarzem Haar entsprach diesem Appell sofort und sagte:

»Ich lobe Ihre Offenheit und werde meinerseits gehen, denn ich leugne nicht, die Sache kommt mir recht bedenklich vor. Wie gesagt, ich gehe, und Sie werden vielleicht denken, ich hätte kein Recht, noch weitere Worte darüber zu verlieren.«

»Im Gegenteil«, versetzte Mr Morris, »ich bin Ihnen für alle Worte verbunden. Man kann meinen Vorschlag gar nicht ernst genug nehmen.«

»Nun, meine Herren, was sagen Sie?«, wandte sich der Lange an die andern. »Wir haben einen vergnügten Abend gehabt. Wollen wir ruhig zusammen nach Hause gehen? Sie werden morgen mein Beispiel preisen, wenn Sie wieder in Unschuld und Sicherheit die Sonne sehen.«

Die letzten Worte sprach er mit erhobener Stimme und ergreifendem Ausdruck. Ein zweiter Gast sprang vor Hast und Unruhe auf und verließ mit dem ersten das Zimmer, sodass nur noch Brackenbury und ein alter rotnasiger Kavalleriemajor zurückblieben, die nach einem schnellen Blick gegenseitigen Einverständnisses mit gleichgültiger Miene dasaßen, als ginge sie die ganze Verhandlung nichts an.

Kaum hatte Mr Morris hinter den Ausreißern die Tür geschlossen, so redete er die Offiziere mit folgenden Worten an:

»Ich habe meine Leute ausgewählt wie Josua, und ich glaube, ich habe nun die Auslese von ganz London. Sie gefielen meinen Boten, Ihre Erscheinung gewann sofort mein Herz; ich habe Ihr Spiel und wie Sie Ihre Verluste trugen, scharf beobachtet, und jetzt haben Sie meine Erklärung aufgenommen, als handelte es sich um eine Einladung zu einem Schmaus. Nicht umsonst bin ich seit Jahren der Schüler des tapfersten und weisesten Fürsten Europas gewesen.«

Nachdem der Major etwas über die jammervollen Hunde, die vor der Schlacht desertieren, gebrummt hatte, stellte er sich dem Leutnant als Major O'Rooke, einen Veteranen aus den indischen Feldzügen, vor und sprach sodann, zu dem Hausherrn gewandt:

»Und nun, was gibt es? Ein Duell?«

»Ein ganz besonderes Duell«, erwiderte Mr Morris, »ein Duell mit unbekannten und gefährlichen Feinden und, wie ich glaube, ein Duell auf den Tod. Nennen Sie mich«, fuhr er fort, »nicht mehr Morris, sondern Hammersmith; meinen wahren Namen wie den einer andern Person, der ich Sie bald vorzustellen hoffe, bitte ich Sie noch zurückhalten zu dürfen. Vor drei Tagen verschwand dieser Freund plötzlich aus seiner Wohnung, ohne dass ich bis heute Morgen irgendeine Ahnung von seinem Aufenthaltsort hatte. Sie werden sich meine Beunruhigung vorstellen, wenn ich Ihnen mitteile, dass er im Begriff ist, auf eigene Faust Gerechtigkeit auszuüben. Infolge eines unglückseligen Eids glaubt er sich verpflichtet, ohne den Beistand der Gesetze die Erde von einem tückischen und blutdürstigen Verbrecher zu befreien. Zwei von unsern Freunden, darunter mein eigener Bruder, sind dabei bereits zum Opfer gefallen, und er selbst ist, wenn ich mich nicht sehr täusche, in dieselben tödlichen Schlingen gefallen. Aber wenigstens lebt er noch, wie Sie aus dieser Mitteilung ersehen.«

Und der Sprecher, der kein anderer als Oberst Geraldine war, zog einen Brief hervor und las:

»Major Hammersmith, Mittwoch, um 3 Uhr morgens, wird Sie ein Mann, der durchaus in meinem Interesse handelt, durch eine kleine Tür in den Garten von Rochester House, Regent's Park, einlassen. Kommen Sie keine Sekunde später. Bringen Sie meine Degen und, wenn das möglich ist, einen oder zwei zuverlässige und verschwiegene Männer mit, die mich nicht kennen. Mein Name darf nicht genannt werden.

T. Godall.«

»Im Übrigen«, fuhr Oberst Geraldine fort, »weiß ich ebenso wenig über die Lage meines Freundes wie Sie. Sobald ich dieses Lebenszeichen erhalten, beauftragte ich einen Unternehmer mit dem festlichen Aufputz dieser baufälligen Baracke. Mein Verfahren war zum Mindesten originell, und ich freue mich nun meines Gedankens, der mir den Beistand zweier Männer wie des Majors O'Rooke und des Leutnants Brackenbury Rich verschafft hat.«

Der Oberst sah nach seiner Uhr und bemerkte weiter:

»Es ist bald zwei Uhr. Wir haben eine Stunde vor uns, und ein schneller Wagen hält vor der Tür. Kann ich auf Ihre Hilfe rechnen?«

»Während eines ganzen langen Lebens«, versetzte der Major, »habe ich niemals die einmal dargereichte Hand wieder zurückgezogen.«

Auch Brackenbury gab seiner Bereitwilligkeit geziemenden Ausdruck, und nachdem sie noch ein Glas Wein getrunken hatten, gab der Oberst jedem einen geladenen Revolver, und alle drei stiegen in den Wagen und fuhren nach der angegebenen Adresse davon.

Rochester House war ein prächtiges Gebäude am Themsekanal, das durch einen ungewöhnlich großen Garten von den Nachbarhäusern isoliert war. Von der Straße aus konnte man keinen Lichtschimmer an einem der zahlreichen Fenster bemerken, und das ganze Grundstück zeugte von Vernachlässigung, wie wenn der Hausherr lange Jahre fern gewesen wäre.

Der Wagen hielt, die drei Männer stiegen aus, und bald war auch die kleine Gartentür aufgefunden. Es fehlten noch zehn bis fünfzehn Minuten, und da es stark regnete, traten die drei unter herabhängende dichte Efeuranken und unterhielten sich leise von den Dingen, die da kommen sollten.

Plötzlich erhob Geraldine seinen Finger, wie um Stillschweigen zu gebieten, und alle drei lauschten auf das Gespannteste. Durch das Klatschen des Regens hörte man von der andern Seite der Gartenmauer die Schritte und Stimmen zweier Männer, und

Brackenbury, der ein besonders feines Gehör besaß, konnte sogar manches von ihrem Gespräch verstehen.

»Ist das Grab fertig?«, fragte der eine.

»Ja«, antwortete der andere, »hinter der Lorbeerhecke. Wir können ihm dann noch ein Märtyrerkreuz daraufsetzen.«

Der erste Sprecher lachte und der Klang seines Lachens ging den Lauschern durch Mark und Bein.

»In einer Stunde«, sagte er.

Und aus dem Geräusch der Schritte merkte man, dass sich das Paar nach verschiedenen Richtungen entfernte.

Kurz darauf öffnete sich die Gartentür, ein weißes Antlitz spähte heraus, und eine Hand winkte den dreien. Ohne jedes Wort traten sie durch die Tür, die sich sofort hinter ihnen schloss, und folgten ihrem Führer durch verschiedene Gartenwege zum Kücheneingang des Hauses. In dem großen, sonst ganz öden Küchenraum brannte eine Kerze, und als sie die Wendeltreppen hinanstiegen, ließ das raschelnde Geräusch zahlreicher davoneilender Ratten noch mehr auf die Unbewohntheit des Hauses schließen.

Der Voranschreitende war ein magerer, sehr gebückter, aber noch lebhafter Mann, der sich von Zeit zu Zeit umwandte und durch seine Handbewegungen zum Schweigen und zur Vorsicht mahnte. Der Oberst folgte ihm, den Kasten mit den Degen unter einem Arm und die Pistole in der andern Hand, auf den Fersen. Brackenburys Herz schlug heftig. Er merkte, dass sie noch zur rechten Zeit gekommen, schloss aber aus der behänden Eile des Alten, dass die entscheidende Stunde nahe war.

Oben angekommen, öffnete der Führer eine Tür und ließ die drei Offiziere in ein von einer rauchigen Lampe und der Glut eines kleinen Kaminfeuers erhelltes Zimmer vorangehen. Am Kamin saß ein Mann in der Blüte des Lebens von untersetzter, aber imponierender Gestalt. Seine Haltung und Miene drückten völlige Seelenruhe aus, und er schien seine Havanna mit großem Genuss zu rauchen.

»Willkommen!«, rief er und streckte Oberst Geraldine seine Hand entgegen. »Ich wusste, dass ich mich auf Ihre Pünktlichkeit verlassen könnte.«

»Auf meine Ergebenheit«, sagte der Oberst, sich verneigend.

»Stellen Sie mich Ihren Freunden vor«, fuhr der Erste fort; und nachdem dies geschehen, fügte er mit ausgesuchter Leutseligkeit hinzu: »Ich wünschte, meine Herren, ich könnte Ihnen ein angenehmeres Programm vorschlagen und müsste nicht unsere Bekanntschaft in so ernster Weise einleiten. Aber die Verhältnisse sind diesmal stärker als die Gebote der Höflichkeit. Ich hoffe fest, Sie verzeihen mir diesen unangenehmen Abend; Männern Ihrer Art wird das Bewusstsein genügen, mir eine große Gefälligkeit erwiesen zu haben.«

»Eure Hoheit«, sagte der Major, »muss meine Plumpheit verzeihen. Ich kann mich nicht verstellen. Schon der Major Hammersmith machte mich stutzig, aber Mr Godall lässt keinen Zweifel übrig. Es ist zu viel vom Zufall verlangt, wenn man zwei Männer in London sucht, die den Prinzen Florizel von Böhmen nicht kennen.«

»Prinz Florizel!«, rief Brackenbury erstaunt.

Und er schaute mit größtem Interesse in die Züge der viel gepriesenen Persönlichkeit.

»Ich will den Verlust meines Inkognitos nicht beklagen«, sagte der Prinz, »denn ich kann Ihnen umso besser danken. Sie würden sicher für Mr Godall ebenso viel wie für den Prinzen getan haben, aber der Letztere kann vielleicht mehr für Sie tun. Der Gewinn ist mein«, fügte er mit höflicher Handbewegung hinzu.

Im nächsten Augenblick war er mit beiden Offizieren in ein lebhaftes Gespräch über indische Verhältnisse vertieft, über die er sich vorzüglich orientiert erwies.

Brackenbury konnte nicht umhin, die größte Bewunderung für einen Mann zu empfinden, der in der Stunde der höchsten Gefahr eine solche Selbstbeherrschung und Kaltblütigkeit zeigte.

Nach einigen Minuten erhob sich der Mann, der die drei eingelassen und der in einer Zimmerecke mit der Uhr in der Hand gesessen hatte, und flüsterte dem Prinzen etwas ins Ohr.

»Es ist gut, Dr. Noel«, erwiderte der Prinz laut und fügte hinzu: »Entschuldigen Sie, meine Herren, wenn ich Sie im Dunkeln lasse. Der Moment naht.«

Dr. Noel löschte die Lampe aus. Ein schwacher grauer Schein, der Vorbote der Dämmerung, drang durch das Fenster, konnte aber das Zimmer nicht erhellen; und als der Prinz aufstand, vermochte man seine Züge nicht zu unterscheiden noch die Art der Erregung, die aus seiner Stimme herausklang, zu erkennen. Er bewegte sich nach der Tür zu und stellte sich mit der Haltung gespannter Erwartung auf einer Seite auf.

»Sie werden«, sagte er, »so freundlich sein, vollkommenes Schweigen zu bewahren und sich im dichtesten Schatten zu verbergen.«

Die Offiziere und der Arzt gehorchten, und zehn Minuten hörte man im Rochester House nichts als das Nagen der Ratten am Holzwerk. Da ward die Stille jäh durch das Knarren einer Türangel unterbrochen, und kurz darauf hörte man jemand leise und vorsichtig die Küchentreppe heraufkommen. Der Eindringling schien nach jedem Schritt innezuhalten und zu lauschen, und während dieser Pausen, die den horchenden Männern ewig lang zu sein schienen, wurden diese von tiefer Unruhe ergriffen. Dr. Noel, dem doch die Aufregung der Gefahr nichts Neues war, empfand eine fast jammervolle physische Schwäche; sein Atem pfiff in den Lungen, seine Zähne knirschten, und es knackte hörbar in seinen Gelenken, wenn er nervös seine Lage änderte.

Schließlich legte sich eine Hand auf die Türklinke, der Bolzen hob sich mit leichtem Knacken. Es folgte eine neue Pause, in der sich der Prinz, wie Brackenbury bemerkte, leise etwas zusammenduckte, und eine Gestalt erschien auf der Schwelle und stand regungslos. Es war ein hochgewachsener Mann, der ein Messer in der Hand hielt. Selbst im Zwielicht sahen sie seine gefletschten Oberzähne schimmern, denn sein Mund war offen wie der eines sprungbereiten Hundes. Offenbar war er noch vor ein oder zwei Minuten bis über den Kopf im Wasser gewesen, und immer noch rannen Tropfen von seinen Kleidern auf den Boden.

Im nächsten Moment überschritt er die Schwelle. Ein Satz, ein erstickter Schrei, ein momentanes Ringen, und ehe noch Oberst Geraldine zu Hilfe springen konnte, hielt der Prinz den entwaffneten wehrlosen Mann an den Schultern.

»Dr. Noel«, sagte er, »seien Sie so gut und zünden wieder die Lampe an!«

Und nachdem er den Gefangenen Geraldines und Brackenburys Fürsorge überlassen hatte, schritt er durch das Zimmer und setzte sich mit dem Rücken nach dem Kamin. Sobald die Lampe brannte, bemerkten alle eine ungewohnte Strenge in den Mienen des Prinzen, der sich mit der Majestät eines Herrschers und mit tödlichem Ernst an den gefangenen Präsidenten des Selbstmordklubs wandte:

»Präsident«, sagte er, »Sie haben Ihre letzte Schlinge gelegt und sich selbst darin gefangen. Der Tag beginnt, mit ihm Ihr letzter Morgen. Sie sind eben durch den Kanal geschwommen; es war Ihr letztes Bad in dieser Welt. Ihr alter Genosse, Dr. Noel, hat mich so wenig verraten, dass er vielmehr Sie in meine Hände lieferte. Und das Grab, das Sie eben für mich graben ließen, soll Ihr eigenes verdientes Geschick vor den Augen der Menschheit verbergen. Knie nieder und bete; denn deine Zeit ist kurz, und Gott ist deiner Frevel satt.«

Der Präsident verharrte stumm und regungslos, mit gebeugtem Haupt und auf den Boden gehefteten Blicken, als wollte er den durchbohrenden Augen des Prinzen entgehen.

»Meine Herren«, fuhr Florizel in seinem gewöhnlichen Ton fort, »dieser Bursche hat meiner lange gespottet, aber endlich habe ich ihn nun, dank Dr. Noels Beistand. Seine Missetaten sämtlich aufzuzählen, dazu reicht unsere Zeit nicht, doch wäre der Kanal nur vom Blut seiner Opfer erfüllt, glauben Sie mir, er wäre nicht trockener, als er jetzt ist. Aber selbst ihm gegenüber will ich die Gebote der Ehre nicht außer Acht lassen. Jedoch Sie sind Zeugen, meine Herren, es handelt sich hier mehr um eine Exekution als um ein Duell, und es hieße die Etikette zu weit treiben, wollte ich ihm die Wahl der Waffen lassen. Ich kann mein Leben um seinetwillen nicht in die Schanze schlagen, und da eine Pistolenkugel oft den Weg des Zufalls geht und so manches Mal des zitternden Feiglings Kugel den Mann von Mut und Kraft trifft, so mag das Schwert entscheiden.«

Und damit wies er auf den Kasten mit den Degen und sagte zum Präsidenten: »Schnell, wählen Sie eine Klinge; es drängt mich, mit Ihnen für immer fertig zu werden.«

Zum ersten Mal hob der Verbrecher wieder den Kopf, und offenbar wuchs ihm der Mut.

»Soll es ausgefochten werden?«, fragte er eifrig. »Und zwischen uns beiden?«

»Ich will Ihnen die Ehre antun.«

»Wohlan«, rief der Präsident. »In gleichem Kampf – wer weiß, wie der Würfel rollt? Und kommt's zum Schlimmsten, so falle ich wenigstens von der Hand eines der tapfersten Männer Europas.«

Damit trat er zum Tisch und wählte sich nach peinlicher Prüfung eine Waffe. Er schien so hoffnungsvoll, als könnte ihm der Sieg nicht fehlen. Seine Zuversicht beunruhigte die andern, und sie beschworen den Prinzen, sich nicht der Gefahr auszusetzen.

»Es ist nur ein Possenspiel«, antwortete dieser, »und ich glaube, ich kann Ihnen versprechen, meine Herren, es wird bald zu Ende sein«, und zu Geraldine gewendet, »habe ich je versäumt, eine Ehrenschuld abzutragen? Ich bin Ihnen den Tod dieses Mannes schuldig, und Sie sollen ihn haben.«

Nachdem sich der Prinz sodann ebenfalls einen Degen gewählt hatte, fuhr er fort:

»Oberst Geraldine und Dr. Noel, erwarten Sie mich gefälligst in diesem Zimmer. Ich wünsche keinen persönlichen Freund hierbei beteiligt. Major O'Rooke, wollen Sie sich des Präsidenten annehmen? Leutnant Rich wird so gut sein, mir beizustehen; ein junger Mann kann nicht genug Erfahrung in solchen Sachen haben.«

»Eure Hoheit«, versetzte Brackenbury, »es ist für mich eine Ehre, die ich als die höchste schätze.«

»Hoffentlich«, entgegnete der Prinz, »kann ich Ihnen einmal meine Freundschaft in einer wichtigeren Angelegenheit beweisen.«

Mit diesen Worten ging er den andern voran die Küchentreppe hinunter.

Die beiden Zurückbleibenden öffneten das Fenster, lehnten sich hinaus und strengten alle Sinne an, um durch irgendein Zeichen den Verlauf des tödlichen Zweikampfs zu erkennen. Der Regen war vorüber, der Tag brach an, die Vögel fingen an zu singen. Der Oberst und der Arzt sahen die Männer im Gebüsch verschwinden, dann aber war alles totenstill.

»Er hat ihn zum Grab geführt«, sagte Dr. Noel mit einem Schauder.

»Gott«, rief der Oberst, »stehe dem Gerechten bei!«

Und sie warteten, ohne weiter ein Wort zu sprechen, der Doktor zitternd vor Furcht, der Oberst von Schweiß bedeckt. Nach vielen Minuten quälendster Ungewissheit hörten sie endlich Schritte sich nähern, und bald sahen sie auch den Prinzen und die beiden indischen Offiziere zurückkehren.

»Ich schäme mich meiner Erregung«, sagte Prinz Florizel, »aber die Existenz dieses Höllenhundes nagte an mir wie eine Krankheit, und sein Tod hat mich mehr erfrischt als ein langer Schlummer. Sehen Sie, Geraldine«, fuhr er fort und warf seine Klinge auf den Boden, »da ist das Blut des Mannes, der Ihren Bruder tötete. Es sollte ein willkommener Anblick sein. Und doch, wie sonderbar sind wir Menschen! Noch ist es nicht fünf Minuten her, dass ich mir Genugtuung verschaffte, und schon frage ich mich, ob eine Genugtuung in diesem Leben überhaupt möglich ist. Das Üble, das er tat, wer kann es ungeschehen machen? Ist Geraldines Bruder weniger tot und sind tausend andere unschuldige Personen weniger ins Verderben gestürzt?«

»Der Gerechtigkeit ist Genüge geschehen«, versetzte der Doktor. »So viel ist klar. Die Lehre war, Eure Hoheit, für mich eine grausame; und mit Bangen erwarte ich meinen Spruch.«

»Was sagte ich?«, rief der Prinz, sich aus seinen Gedanken aufraffend. »Ich habe die Strafe vollzogen, und hier ist neben mir der Mann, der mir helfen kann, geschehenes Unrecht gutzumachen. Ja, Dr. Noel, Sie und ich, wir haben eine schwere und ehrenhafte Aufgabe vor uns; und vielleicht haben Sie, noch ehe wir damit zu Ende sind, Ihre früheren Irrtümer mehr als ausgeglichen.«

»Und inzwischen«, sagte der Doktor, »lassen Sie mich gehen und meinen ältesten Freund begraben.«

Die krumme Janet

Reverend Murdoch Soulis war seit vielen Jahren Pastor der Gemeinde Balweary, eines im Tal des Dule gelegenen Heidedorfes. Ein strenger, freudlos blickender, alter Mann, der Schrecken seiner Hörer, hauste er während der letzten Jahre seines Lebens in dem kleinen, einsamen Pfarrhaus am Fuß des Hanging Shaw, ohne Verwandte, Diener oder irgendwelche menschliche Gesellschaft. Trotz der eisernen Gesetztheit seiner Züge war sein Blick wild, unsicher und voller Furcht; und wenn er in privater Ermahnung die Zukunft des unbußfertigen Sünders schilderte, schien sein Auge die Stürme der Zeit zu durchdringen und die Schrecken der Ewigkeit zu schauen. Viele junge Leute, die sich mit seiner Hilfe auf das heilige Abendmahl vorbereiteten, wurden von seinen Reden zu panischer Furcht aufgerüttelt. Insbesondere hatte er eine Predigt über Petrus I, Vers 5 und 8, »Der Teufel ist ein brüllender Löwe«, in der er sich selbst übertraf, sowohl durch den grauenerregenden Gegenstand wie durch das Furchtbare seines Gebarens auf der Kanzel, und die er an jedem ersten Sonntag nach dem 17. August hielt. Die Kinder wurden dabei von Krämpfen befallen, die alten Leute dagegen sahen mehr als gewöhnlich orakelhaft drein und ließen den ganzen Tag über allerlei Andeutungen fallen von der Art, wie Hamlet sie zu missachten liebte. Das Pfarrhaus selbst lag neben den Wassern des Dule zwischen einigen dichten Bäumen; es war auf der einen Seite überschattet von dem hängenden Shaw selbst und bot nach der anderen Seite einen Blick auf zahlreiche, kalte Heidehügel, die sich hoch gegen den Himmel abhoben und die bereits zu einer sehr frühen Zeit von Mr Soulis Amtsdauer während der Abenddämmerung von allen, die sich auf ihre Vorsicht etwas einbildeten, gemieden wurden. Ja, die Gevattern, die sich in dem Dorfgasthaus versammelten, pflegten bei dem Gedanken, spät in der Nacht an jenem unheimlichen Ort vorbeizumüssen, den Kopf zu schütteln. Um ganz genau zu sein, gab es dort eine Stelle, die mit besonderer Scheu betrachtet wurde. Das Pfarrhaus lag zwischen der Landstraße und den Wassern des Dule, mit je einem Giebel nach jeder Seite, während die Rückwand nach dem fast eine halbe Meile entlegenen Kirchdorf Balweary blickte und die Vorderfront samt einem kahlen, von einer Dornenhecke eingefassten Garten den Raum zwischen Fluss und Straße einnahm. Das Haus hatte zwei Stockwerke mit je zwei geräumigen Zimmern. Es grenzte nicht unmittelbar an den Garten, sondern an einen Hohlweg oder Gang, dessen eines Ende auf die Straße führte und dessen andere Mündung durch hohe Weiden und Erlen, die den Fluss umsäumten, begrenzt wurde. Dieser gemauerte Gang erfreute sich unter den jüngeren Gemeindemitgliedern von Balweary eines ganz besonders schlimmen Rufs. Der Pastor pflegte dort häufig nach Anbruch der Dunkelheit auf und ab zu wandeln und mitunter in der Inbrunst seiner stummen Gebete laut zu stöhnen; und wenn er von zu Hause fort und die Pfarrhaustür verschlossen war, wagten nur die Tollkühnsten der männlichen Schuljugend, klopfenden Herzens an jenem verrufenen Ort Räuber und Gendarm zu spielen.

Die Atmosphäre des Grauens, die hier in der Tat einen Gottesmann von fleckenlosem Charakter und reinster Orthodoxie umgab, war ganz allgemein die Ursache von Staunen und Neugier unter den wenigen Fremden, die durch den Zufall oder durch Geschäfte in jene unbekannte, weltfremde Gegend geführt wurden. Aber sogar in der Gemeinde selbst gab es viele Leute, die nichts von den seltsamen Begebenheiten wussten, die das erste Amtsjahr Mr Soulis' auszeichneten, und unter den besser Unterrichteten gab es einige, die von Haus aus zurückhaltend waren, und andere, die vor jenem besonderen Gegenstand zurückschreckten. Nur hin und wieder erwärmte sich einer der älteren Männer über seinem dritten Glas Schnaps hinreichend, um Mut zu fassen und der Ursache des seltsamen Aussehens sowie des einsiedlerischen Lebens des Geistlichen nachzugehen.

Vor fünfzig Jahren, als Mr Soulis zuerst nach Balweary kam, war er noch ein junger Mann – ein forscher Bursch, wie die Leute sagen –, ganz voller Buchgelehrsamkeit und großartig im Auslegen der Heiligen Schrift, aber, wie man's bei einem so jungen Menschen ja auch nicht anders erwarten kann, ohne richtige, praktische Erfahrung in der Religion. Die jungen Leute, die waren natürlich ganz weg von seinen Talenten und seinem vielen Reden; aber was so alte, vorsichtige, ernste Männer und Weiber waren, die sorgten sich so sehr um den jungen Mann, dass sie für ihn und die Gemeinde beteten; denn von ihm glaubten sie, dass er einer von jenen sei, die sich selbst betrügen, und von der Gemeinde, dass sie wahrscheinlich übel mit ihm dran wäre. Das war noch vor den Tagen der Lauen im Herrn – Gott strafe sie; aber die schlimmen Dinge sind wie die guten – beide wachsen recht hübsch langsam, Stück für Stück, und es hat auch damals schon Leute gegeben, die da meinten, der Herrgott hätte die gelehrten Professoren ganz verlassen, und die Burschen, die bei ihnen das Studieren anfingen, wären besser und gescheiter in ihrem Torfmoor hocken geblieben, wie ihre Voreltern das in den Zeiten der Bedrängnis taten, mit 'ner Bibel unter ihrer Achsel und dem Geist des Gebets im Herzen. Eins war sicher: Mr Soulis war viel zu lange auf der Universität geblieben. Er sann und trachtete nach vielen Dingen, außer denen, die wahrhaft nottun. Er hatte einen Haufen Bücher bei sich – mehr, als man je zuvor im Pfarrhaus beieinander gesehen hatte –, und eine saure Müh machte es dem Boten, sie hierherzutragen; alle waren sie nahe daran, irgendwo in dem Teufelsmoor zwischen hier und Kilmackerlie zu ersaufen. Es waren zwar Bücher der Gottesgelahrtheit oder hießen doch so; aber die ernsten Leute sahen alle nicht ein, weswegen er so viele brauchte, wo sich doch das ganze liebe Gotteswort in der Falte eines Plaids herumtragen lässt. Da saß er nun den halben Tag und fast die halbe Nacht lang – was doch kaum anständig ist – und tat schreiben, nicht mehr und nicht weniger; und zuerst fürchteten wir alle, er würde seine Predigten herunterlesen; aber dann kam es heraus, dass er selber neue Bücher schrieb, und das schickt sich für jemanden in seinen Jahren und von seinem bisschen Erfahrung doch bestimmt nicht.

Nun musste man ihm aber ein altes, ehrbares Weibsbild finden, um ihm das Pfarrhaus in Ordnung zu halten und sein bisschen Essen zu kochen; und man nannte ihm ein altes Frauenzimmer – Janet M'Clour war ihr Name – und ließ ihn dann seiner Wege gehen, sodass er tat, was er sich in den Kopf gesetzt hatte. Zwar waren auch viele da, die ihm von der Janet abrieten, denn sie war den besten Leuten in Balweary mehr als anrüchig. Lange vorher hatte sie von 'nem Dragonerkerl 'n Balg bekommen; seit rund dreißig Jahren war sie nicht an den Tisch des Herrn getreten; und die Kinder hatten gesehen, wie sie bei Dunkelwerden ganz allein auf Key's Loan herumstrich, was für 'ne gottesfürchtige Frauensperson ein recht seltsamer Ort ist, und dabei hatte sie in einem fort vor sich hin gemurmelt. Na, wie dem auch sei, der Gutsherr selbst war der Erste, der dem Pastor von der Janet sprach; und damals machte man noch manchen Umweg, um der Herrschaft zu gefallen. Wenn die Leute ihm sagten, dass Janet sich dem Teufel verschrieben hätte, so war das in des Herrn Pastors Augen nur ein Stück Aberglauben, und wenn sie ihm dann mit der Bibel und der Hexe von Endor kamen, so trommelte er's in ihre Schädel hinein, dass die Zeiten heute vorbei wären und dass der Teufel jetzt durch Gottes Gnade in Ketten läge.

Nun, als es sich so im Dorf herumsprach, dass Janet M'Clour als Dienstbotin aufs Pfarrhaus sollte, waren die Leute recht außer sich über alle beide, sie und ihn; und einige von den Gevatterinnen hatten nichts Besseres zu tun, als zu der Janet hinzulaufen und ihr alles vorzuwerfen, was sie von ihr wussten, von dem Soldatenbalg angefangen bis zu John Tamsons zwei Kühen. Die Janet war nicht gerade sehr fix mit der Zunge; auch ließen sie die Leute gewöhnlich ihre eigenen Wege gehen und sie die Leute nicht minder, mit kaum einem »Schön guten Abend« oder »Guten Tag«; aber wenn sie sich's in den Kopf setzte, dann hatte sie 'ne Zunge, um selbst den Müller taub zu machen. Diesmal war sie nun auch nicht faul; in ganz Balweary gab's keine alte Klatschgeschichte, die sie an jenem Tag nicht irgendjemandem unter die Nase hielt, und man konnte ihr kein Ding vorwerfen, ohne als Entgelt gleich zwei zu hören zu bekommen, bis die Gevatterinnen die Janet zu guter Letzt packten, ihr die Kleider vom Leib rissen und sie durch das ganze Dorf stießen bis an den Dule heran, um herauszubekommen, ob sie 'ne Hexe wäre; ob sie schwimmen oder untergehen würde. Das Frauenzimmer schrie, dass man es bis zum Hanging Shaw herauf hörte, und kämpfen tat sie wie ihrer Stücke zehn. Manch eine von den Gevatterinnen trägt noch ein Abzeichen ihrer Nägel bis ans Lebensende mit sich herum; und wer kommt da, grad als die Sache am hitzigsten ist, auf dass seine Sünden bestraft werden, des Weges? Der neue Herr Pastor!

»Weiber«, sagt er (und er hatte eine großartige Stimme), »ich befehle euch im Namen des Herrn, gebt sie frei!«

Janet rannte auf ihn los – sie war schon halb verrückt vor Angst – und klammerte sich an ihn und bat ihn um Christi willen, sie von den Klatschbasen zu retten; und die für ihr Teil erzählten ihm alles, was sie wussten, und vielleicht sogar noch 'n bisschen mehr.

»Weib«, sagt er zu Janet, »ist das wahr?«

»So wahr der Herrgott mich sieht«, sagt sie, »so wahr der Herr mich erschaffen hat, kein Wort davon. Bis auf das Kind«, sagt sie, »bin ich mein Lebtag ein ehrbar Weib gewesen.«

»Willst du«, sagt Mr Soulis, »im Namen Gottes hier vor mir, seinem unwürdigen Diener, dem Teufel und seinen Werken abschwören?«

Nun, es scheint, dass sie, wie er das so fragte, zu grinsen anfing, sodass alle, die es sahen, es mit der Angst bekamen, und man konnte ihre Zähne im Mund nur so klappern hören. Aber da half ihr nun gar nichts, für das eine oder das andere musste sie sich entscheiden, und Janet hob die Hand hoch und schwor vor ihnen allen dem Teufel und seinen Werken ab.

»Und jetzt«, sagt Mr Soulis zu den Gevatterinnen, »macht, dass ihr nach Hause kommt, alle miteinander, und betet, dass Gott euch verzeihen möge.«

Und er reichte Janet den Arm, ob sie auch wenig mehr als ihr Hemd anhatte, und führte sie durch das ganze Dorf bis an ihr eigenes Haus wie eine richtige große Dame; und ihr Lachen und Weinen war ein Skandal, wert, dass man ihn hörte.

In jener Nacht gab's viele ernste Leute, die mit ihrem Gebet gar nicht fertig werden konnten; als dann aber der Morgen kam, überfiel die ganze Gemeinde Balweary eine solche Furcht, dass die Kinder sich versteckten und selbst die Mannsbilder nur hinter der Haustür hervorzugucken wagten. Denn da kam Janet das Dorf hinunterspaziert – sie oder doch ihr Ebenbild, das konnte kein Mensch wissen –, mit ganz schiefem Hals und dem Kopf auf der einen Seite wie jemand, der gehängt worden ist, und mit einem Grinsen ums Maul wie eine nicht hergerichtete Leiche. Mit der Zeit gewöhnten sich die Leute ja daran, und einige starrten ihr sogar ins Gesicht, um herauszubekommen, was mit ihr los wäre; aber von dem Tag an konnte Janet nicht mehr wie eine christliche Frauensperson reden, sondern schnatterte und klapperte mit den Zähnen, als hätte sie ein paar Scheren im Maul; und auch der Name Gottes kam von da an nicht mehr über ihre Lippen. Manchmal, da versuchte sie es ja, ihn auszusprechen, aber es ging nicht. Die Leute, welche das meiste wussten, redeten am wenigsten; niemals aber gaben sie dem Ding da den Namen Janet M'Clour; denn die alte Janet, so wie sie's erzählten, briet bereits in der tiefsten Hölle. Aber der Herr Pastor war nicht zu belehren und nicht zu halten; er predigte von nichts anderem als von der Grausamkeit der Leute, die der Janet einen Schlagfluss verursacht hätten; ja, er schlug die Kinder, die sie neckten; und noch in derselben Nacht holte er sie hinauf ins Pfarrhaus und wohnte mit ihr da ganz allein unter dem Hanging Shaw.

Nun, die Zeit ging vorüber, und die Müßigeren unter uns fingen an, leichtfertiger von der ganzen schwarzen Angelegenheit zu denken. Von dem Herrn Pastor hatte man eine gute Meinung; immer noch saß er bis spät in die Nacht bei seiner Schreiberei, ja, die Leut konnten bis zwölf Uhr den Schein seiner Kerze über dem Dulefluss sehen. Er schien mit sich selbst auch noch genau so zufrieden und so selbstsicher wie zuvor, wenn auch jedermann sehen konnte, dass er abmagerte. Und Janet kam und ging, und hatte sie früher nicht viel geredet, so hatte sie jetzt Grund genug, um noch weniger zu schwatzen. Aber sie war schauerlich anzusehen, und um den ganzen Balweary-Pfarracker hätte keiner ihr über den Weg laufen mögen.

Da kam gen Ende Juli eine Spanne Wetter, wie wir es in der ganzen Gegend noch nicht erlebt hatten; es war drückend und heiß und unlustig; die Herden konnten den Schwarzen Berg nicht mehr hinauf, die Kinder waren zu müde, um zu spielen; und dabei war es auch stürmisch, mit Stößen von heißem Wind, der in den Tälern nur so rumorte, und mit kleinen Schauern, die niemandem nichts nützten. Wir glaubten, es würde am nächsten Tag ein Gewitter geben, aber der Morgen kam und der übernächste Morgen, und immer noch das gleiche, unheimliche Wetter, hart für die Menschen und hart fürs Vieh. Von allen, die es in den Knochen spürten, war keiner so übel dran wie Mr Soulis; er konnte weder schlafen noch essen, erzählte er den Kirchenältesten; und wenn er nicht an seinem langen, langen Buch schrieb, dann stieg er in der ganzen Gegend umher, wie einer, den der Teufel reitet, und das in einer Zeit, wo jede Kreatur froh war, zu Haus bleiben zu können.

Über dem Hanging Shaw im Schatten von Black Hill liegt ein kleiner eingefriedeter Grund mit einem eisernen Gitter; es scheint, dass er in alten Zeiten der Kirchhof von Balweary war und von Papisten geweiht, ehe denn das himmlische Licht über dem Reich leuchtete. Das war nun Mr Soulis' Lieblingsaufenthalt; dort saß er und dachte sich seine Predigten aus, und es war auch wirklich ein schattiges Plätzchen. Als er nun eines Tages durch den wüsten Teil von Black Hill schritt, sah er zuerst zwei und dann vier und schließlich sieben Krähen rund um den alten Friedhof flattern. Sie flogen tief und schwer und krächzten im Flug, und es war Mr Soulis klar, dass etwas sie aufgescheucht haben musste. Ihm war nicht so leicht Bange zu machen, darum ging er auch schnurstracks auf das Gitter los. Und was fand er da? Einen Mann oder doch so was Ähnliches, der drinnen im Kirchhof auf einem Grab saß. Er war sehr groß und schwarz wie die Hölle, und seine Augen waren seltsam anzusehen. Mr Soulis hatte schon manches liebe Mal von schwarzen Männern erzählen hören, aber an diesem hier war etwas Fremdartiges, das ihm Furcht einjagte. Heiß, wie ihm war, spürte er einen kalten Angstschauer bis ins Mark hinein, aber er redete ihn trotzdem forsch an und fragt: »Mein Freund, seid Ihr fremd an diesem Ort?« Und der schwarze Mann antwortete kein Wort, sondern machte sich auf die Beine und stolperte auf die jenseitige Mauer zu, und die ganze Zeit über sah er den Pastor an, und der Pastor starrte zurück, bis der Schwarze in der nächsten Minute über die Mauer rüber war und auf den Schatten der Bäume zulief. Mr Soulis, warum, wusste er selber kaum, rannte hinter ihm drein; aber er war schon ganz alle von seinem Spaziergang und von dem heißen, ungesunden Wetter, und wenn er auch noch so sehr rannte, so konnte er doch nur einen Augenblick lang den Schwarzen zwischen den Birken laufen sehen, bis er den Berg hinunter war, und da sieht er von Neuem, wie der andere laufend, springend und rennend über den Dulefluss rüber im Pfarrhaus verschwindet.

Mr Soulis war nun nicht besonders entzückt, den schauerlichen Kerl so mir nichts, dir nichts mit dem Balweary-Pfarrhaus umspringen zu sehen; und er rannte nur umso schneller und mit nassen Schuhen über den Bach und den Gang hinauf; im ganzen Garten hat er sich umgeschaut, aber nirgends war da ein schwarzer Mann zu sehen. Am anderen Ende des Gangs drückt er ein bisschen ängstlich, wie das ja ganz natürlich war, die Klinke runter und ging ins Pfarrhaus; und da vor seinen Augen stand Janet M'Clour mitsamt ihrem schiefen Kopf und freute sich obendrein gar nicht, ihn zu sehen. Und da fiel es ihm ein, dass er immer schon, seitdem er sie zum ersten Mal zu Gesicht bekommen hatte, dasselbe kalte, gräuliche Gefühl gespürt hatte.

»Janet«, sagt er, »hast du einen schwarzen Mann gesehen?«

»Einen schwarzen Mann?«, fragt sie. »Gott steh uns bei! Ihr seid nicht gescheit, Herr Pastor. Es gibt keinen schwarzen Mann in ganz Balweary.«

Aber sie redete nicht deutlich, müsst ihr wissen, sondern winselte und wieherte nur so vor sich hin, wie 'n Pony, dass 'n Zaumzeug im Maul hat.

»Nun«, sagt er, »Janet, wenn das kein schwarzer Mann war, dann habe ich den Versucher selbst gesehen.«

Und er setzte sich wie einer, der's Fieber hat, und seine Zähne klapperten ihm im Kopf.

»Pfui, pfui«, sagt sie, »schämt Euch, Herr Pastor«, und sie gab ihm einen Tropfen Schnaps, den sie immer bei sich hatte.

Dann ging Mr Soulis in sein Studierzimmer zu seinen vielen Büchern. Das ist 'n langes, niedriges, finsteres Zimmer, zum Umkommen kalt im Winter und nicht einmal im Sommer sonderlich trocken, denn das Pfarrhaus liegt dicht am Fluss. Da setzte er sich also hin und dachte an alles, was er so erlebt hatte, seit er nach Balweary gekommen war, an seine Heimat und an die Zeit, als er noch ein Bub war und vergnügt über die Heide sprang; und der schwarze Kerl da ging ihm wie so 'n Lied im Kopf rum. Er versuchte zu beten, aber die Worte fielen ihm nicht ein; und es heißt auch, dass er an seinem Buch schreiben wollte, aber da ging es ihm auch nicht besser. Es gab Zeiten, in denen er glaubte, der Schwarze stände neben ihm, und der Schweiß brach ihm aus allen Poren, so kalt wie Brunnenwasser, und dann wieder kam er zu sich selbst wie ein richtiger Christenmensch und fürchtete sich vor nichts mehr.

Das Ende vom Lied war, dass er zum Fenster schritt und in den Dulefluss hinunterstarrte. Die Bäume wuchsen da unheimlich dicht, und das Wasser unterhalb des Pfarrhauses ist tief und schwarz; und da stand Janet und wusch mit hochgerafften Röcken die Wäsche. Sie hatte dem Pastor den Rücken zugekehrt, sodass er zuerst gar nicht wusste, wen er vor sich hatte. Dann drehte sie sich um und zeigte ihm ihr Gesicht; und Mr Soulis hatte dasselbe kalte Angstgefühl, das er schon zweimal an jenem Tag gespürt hatte, und er erinnerte sich an das, was die Leute sagten, dass Janet schon lange tot wäre und dass hier ein Gespenst in ihrem Leichnam umginge. Er zog sich ein bisschen zurück und beobachtete sie scharf. Sie stampfte und rieb auf die Wäsche los und summte so vor sich hin, und – der Herr stehe uns bei! – es war ein gräuliches Gesicht! Mal sang sie lauter, aber es gibt keinen Menschen, vom Weibe geboren, der da hätte sagen können, welches ihre Worte waren; und mal guckte sie so von seitwärts an sich herunter, aber es war nichts da, das sie hätte sehen können. Da lief wieder ein Schauer durch des Pastors Knochen, und das war eine Warnung des Himmels. Aber Mr Soulis machte sich Vorwürfe, dass er so schlecht von einem alten, unglücklichen Frauenzimmer dachte, das niemand außer ihm selbst zum Freund hatte; und er sprach so 'n kleines Gebet für sich selbst und eins für sie und trank ein bisschen kaltes Wasser – denn sein Magen drehte sich bei dem Gedanken an Essen um – und ging im Dämmerlicht zu seinem kahlen Bett hinauf.

Das war eine Nacht, wie ganz Balweary sie nie und nimmer vergessen wird, die Nacht zum siebzehnten August siebzehnhundert und zwölf. Es war vorher schon heiß gewesen, wie ich ja gesagt habe, aber diese Nacht war heißer denn alle anderen. Die Sonne ging hinter gar schaurig aussehenden Wolken unter; es wurde so finster wie in der Hölle selbst; kein Stern, kein bisschen Wind; man konnte nicht die Hand vor Augen sehen, und selbst die alten Leute warfen die Decken von ihren Betten zurück und schnappten nur so nach Luft. Mit allem, was ihm so im Kopf herumging, war es nicht sehr wahrscheinlich, dass Mr Soulis viel schlafen würde. Er lag also wach und warf sich in den Kissen herum, und das gute, kühle Bett brannte ihn bis auf die Knochen, und mal hörte er die Glocken schlagen und mal einen Köter draußen auf der Heide heulen, wie wenn jemand im Sterben liegt; mal glaubte er, Geister schrien hinter ihm drein, und mal sah er Gespenster im Zimmer. Da meinte er, dass er wohl krank sein müsste; und krank war er auch – aber was für eine Krankheit er hatte, das ahnte er nicht. Zum Schluss wurde es ihm aber klarer im Kopf; er setzte sich also in seinem Hemd im Bett aufrecht und fing wieder an, an den schwarzen Mann und an Janet zu denken. Wie es kam, wusste er nicht – vielleicht war die Kälte an seinen Füßen dran schuld – aber mit einem Mal wusste er ganz genau, dass die beiden irgendwas miteinander hatten und dass entweder einer von beiden oder alle beide Gespenster waren. Und gerade in dem Augenblick kam von Janets Kammer her, die neben der seinen lag, ein Stampfen wie von Männern bei einer Rauferei, gefolgt von einem lauten Knall, und dann heulte ein Wind rings um die vier Wände des Hauses, und dann war wieder alles still wie das Grab.

Mr Soulis, der fürchtete sich aber weder vor Mensch noch Teufel. Er nahm also sein Feuerzeug, steckte eine Kerze an und war mit drei Schritten neben Janets Kammertür. Die war nicht verschlossen, und er stieß sie auf und guckte ganz unverzagt ins Zimmer hinein. Es war ein großer Raum, so groß wie der des Herrn Pastors selbst, und ganz voll schweren, alten, festen Hausrats, denn andere Sachen besaß der Pastor gar nicht. Da standen ein großes, vierpfostiges Bett mit alten Vorhängen und ein schöner Schrank ganz aus Eiche, der voll von des Herrn Pastors geistlichen Büchern steckte und dort aufgestellt war, um außer Wegs zu sein; und ein paar Kleidungsstücke Janets lagen am Boden herum. Aber von Janet selbst war nichts zu sehen und von einem

Streit auch nichts. So spazierte Mr Soulis denn schnurstracks hinein (und ich kenn wenige, die es ihm nachgemacht hätten) und blickte sich ringsum und lauschte. Aber da war nichts zu hören, weder drinnen im Pfarrhaus selbst noch in der Gemeinde Balweary, und nichts zu sehen außer den vielen Schatten, die um die Kerze tanzten. Und dann fing ganz plötzlich des Herrn Pastors Herz an, wie wild zu klopfen, und stand dann wieder stockstill, und ein kalter Wind blies ihm durch die Haare. Und ach, welch eine schlimme Sache musste der arme Mann da sehen! Dort hing Janet an dem alten Eichenschrank an einem Nagel: Ihr Kopf lag ganz auf ihrer Schulter, die Augen waren ganz starr, und die Zunge hing ihr zum Hals heraus, und ihre Absätze baumelten glatt zwei Fuß über dem Estrich.

»Gott verzeih uns allen!«, dachte Mr Soulis. »Die arme Janet ist tot.«

Er trat also 'nen Schritt näher auf die Leiche zu; und dann donnerte sein Herz nur so gegen seine Rippen. Denn durch welchen verdammten Spuk, ziemt es sich wohl kaum für einen Menschen zu sagen, aber da hing sie an einem einzigen Nagel, an einem einzigen Wollfaden von der Art, mit der sie sonst des Pastors Strümpfe stopfte.

Es ist eine furchtbare Sache, des Nachts ganz allein zu sein mit solchen Schrecken der Finsternis; aber Mr Soulis war stark im Herrn. Er drehte sich also um und ging seines Weges aus dem Zimmer hinaus und schloss die Tür hinter sich zu; und Schritt für Schritt ging's, schwer wie Blei, die Treppe hinunter; und dann stellte er den Leuchter auf den Tisch am Fuß der Treppe. Er konnte nicht beten und er konnte nicht denken, er troff nur so von kaltem Schweiß, und nichts konnte er hören, außer dem Poch-poch-poch seines eigenen Herzens. Da mag er nun wohl eine Stunde oder vielleicht auch zwei gestanden haben, wie lange, das merkte er wohl kaum, als er ganz plötzlich einen leichten, unheimlichen Schritt über sich hörte. Füße gingen in dem Zimmer auf und ab, in dem die Leiche hing, dann wurde die Tür geöffnet, obwohl er genau wusste, dass er sie verschlossen hatte, und es war ihm, als spähe die Leiche über das Treppengeländer auf ihn, wie er so dastand, hinab.

Da packte er wieder den Leuchter (denn ohne Licht konnte er nicht sein) und ging so leise, wie er gekommen war, schnurstracks aus dem Pfarrhaus hinaus an das andere Ende des Gangs. Es war immer noch stockfinster; die Flamme der Kerze brannte, als er den Leuchter auf den Boden setzte, so klar und ruhig wie in einem Zimmer; nichts rührte sich außer den Wassern des Dule, die das Tal hinunter weinten und seufzten, und jenem unheimlichen Schritt, der drinnen im Pfarrhaus die Treppe hinabtapste. Er kannte den Tritt wohl, es war Janets; und mit jedem Schritt, den er näher kam, fraß er sich tiefer in seine Eingeweide. Und er empfahl seine Seele dem, der sie erschaffen und in seine Hut genommen hatte: »Und o Herr«, sagte er, »gib mir Kraft heute Nacht, Krieg zu führen gegen die Mächte des Bösen.«

Derweil war der Schritt durch den Gang auf die Tür zugekommen; er hörte, wie eine Hand die Mauer entlangglitt, als ob das grässliche Wesen sich seinen Weg ertastete. Die Äste rauschten und schlugen gegeneinander, ein langer Seufzer kam über den Berg herüber, die Flamme der Kerze wurde ausgeblasen und da stand der Leib der krummen Janet mitsamt ihrem Frieskleid und ihrer schwarzen Haube, mit dem Kopf auf der einen Schulter und dem Grinsen auf ihrem Gesicht – lebendig, hätte man meinen mögen – tot, wie Mr Soulis wohl wusste – auf der Schwelle des Pfarrhauses.

Es ist ’ne seltsame Sache, dass die Seele des Menschen in einem so gebrechlichen Leib wohnt, aber der Pastor gewahrte jenes Ding, und sein Herz brach nicht.

Sie blieb nicht lange da; sie bewegte sich bald wieder und kam langsam auf die Stelle zu, wo Mr Soulis unter den Bäumen stand. Die ganze Glut seines Leibes, alle Kraft seines Geistes leuchtete ihm aus den Augen. Es war, als ob sie reden wollte, doch fehlte es ihr an Worten, und sie machte mit der linken Hand ein Zeichen.

Da kam ein Windstoß wie das Fauchen einer Katze; die Kerze erlosch, die Äste kreischten wie Menschen und Mr Soulis wusste, dass die Sache nun, lebend oder tot, ein Ende nehmen müsste.

»Hexe, Vettel, Teufelin!«, schrie er. »Ich beschwöre dich bei der Macht Gottes, hebe dich hinweg – wenn du tot bist, ins Grab – bist du verdammt, dann in die Hölle!«

Und in dem gleichen Augenblick traf des Herrn Hand vom Himmel her das Grauen auf der Stelle, wo es stand; der alte, tote, verfluchte Leib des Hexenweibs, der so lange kein Grab gefunden und von Teufeln gejagt worden war, flammte auf wie ein Funke und sank, ein Aschenhaufen, auf den Boden nieder; der Donner folgte, Schlag auf dröhnenden Schlag, ihm nach stürzte der klatschende Regen, und Mr Soulis setzte über die Gartenhecke hinweg und rannte, Schrei über Schrei ausstoßend, auf das Dorf zu.

Am nämlichen Morgen sah John Christie den schwarzen Mann, Glock sechs, an Muckle Cairn vorbeigehen; noch vor acht passierte er das Posthaus in Knockdow, und kurze Zeit darauf sah ihn Sandy M'Lellan, wie er von Kilmackerlie die Hügel entlangschlich. Es ist wohl kaum ein Zweifel, dass er es war, der so lange in Janets Körper gehaust hatte; aber nun war er endlich vertrieben, und seither hat uns der Teufel in Balweary nie wieder geplagt.

Aber für den Herrn Pastor war's eine harte Prüfung; lange, lange lag er zu Bett und redete irr; und von jener Stunde an wurde er der Mann, als den Ihr ihn heute kennt.

Der Leichenräuber

Abend für Abend, das ganze lange Jahr hindurch, saßen regelmäßig vier von uns in dem kleinen Gastzimmer zum »George« in Debenham – der Leichenbestatter, der Wirt, Fettes und ich. Bisweilen waren auch noch andere dort versammelt; doch schön oder schlecht, Regen oder Schnee oder Frost, wir vier saßen unentwegt dort, jeder in seinem besonderen Lehnstuhl. Fettes war ein alter, versoffener Schotte, offenbar ein Mann von Bildung und ein Mann mit einigem Vermögen, der sein Leben in Müßiggang verbrachte. Vor Jahren hatte er sich in Debenham niedergelassen, damals noch ein junger Mann, und war dann lediglich durch die Dauer seines hiesigen Aufenthalts ein anerkannter Bürger der Stadt geworden. Sein blauer Kamelottmantel gehörte zu den Altertümern der Stadt, genau wie der Kirchturm. Sein Hocken in der Wirtsstube des »George«, sein Fernbleiben von der Kirche, seine alten, üblen, schimpflichen Laster betrachtete man in Debenham als ganz natürliche Dinge. Er besaß gewisse unklare, eingewurzelte Anschauungen, eine gewisse oberflächliche Ungläubigkeit, deren er sich ständig rühmte und die er mit unsicheren Schlägen auf den Tisch verkündete. Er trank Rum – regelmäßig jeden Abend seine fünf Gläser; und die meiste Zeit während seiner abendlichen Besuche im »George« saß er, mit dem Glas in der rechten Hand, in einem Stadium trübsinniger alkoholischer Zufriedenheit. Wir nannten ihn den Doktor, denn es hieß, er besäße ein gewisses medizinisches Wissen und verstände zur Not, einen Bruch einzurichten oder eine Verrenkung wieder in Ordnung zu bringen. Doch abgesehen von diesen wenigen Einzelheiten wussten wir eigentlich nichts über seinen Charakter und sein Vorleben.

An einem trüben Winterabend – es hatte bereits vor einiger Zeit neun geschlagen, bevor sich der Wirt zu uns setzte – war ein Kranker ins »George« gebracht worden, ein bekannter

Hausbesitzer aus der Nachbarschaft, der plötzlich auf dem Weg zum Parlament einen Schlaganfall erlitten hatte. Des großen Mannes noch größerer Londoner Arzt war telegrafisch an sein Bett berufen worden. Es war das erste Mal, dass sich so etwas in Debenham ereignet hatte, denn die Bahn war erst kürzlich in Betrieb genommen worden. Natürlich erregte dieser Zwischenfall unser Interesse.

»Er ist angekommen«, sagte der Wirt, nachdem er sich seine Pfeife gestopft und angezündet hatte.

»Er?«, fragte ich. »Wer – doch nicht der Doktor?«

»Gewiss«, erwiderte unser Wirt.

»Wie heißt er?«

»Dr. Macfarlane«, entgegnete der Wirt.

Fettes war mit seinem dritten Glas beinahe fertig und ziemlich angetrunken. Bald nickte er ein, bald glotzte er wieder verwirrt um sich.

Doch bei dem letzten Wort schien er aufzuwachen und wiederholte den Namen »Macfarlane« zweimal; das erste Mal bedächtig, das zweite Mal aber in plötzlicher Erregung.

»Ja«, sagte der Wirt, »so heißt er. Dr. Wolfe Macfarlane.«

Fettes war im Augenblick nüchtern. Seine Augen weiteten sich, die Stimme wurde klar, laut und fest, seine Sprache bestimmt und ernst. Wir alle waren über diese Veränderung so erschrocken, wie wenn ein Mensch von den Toten auferstanden wäre.

»Entschuldigen Sie«, sagte er. »Ich fürchte, ich habe Ihrer Unterhaltung nicht genügend Aufmerksamkeit gezollt. Wer ist dieser Wolfe Macfarlane?« Als er die Erklärung des Wirts gehört hatte, fügte er hinzu: »Es kann nicht sein; es kann nicht sein; und doch würde ich ihm gern Aug in Aug gegenübertreten.«

»Kennen Sie den Doktor?«, erkundigte sich der Leichenbestatter und hielt vor Erstaunen den Atem an.

»Das verhüte Gott!«, lautete die Antwort. »Und doch, der Name ist selten. Es wäre ein zu erstaunlicher Zufall, zwei verschiedene anzunehmen. Sagen Sie mir, ist er alt?«

»Hm«, meinte der Gastwirt. »Er ist kein junger Mann mehr, das ist sicher, und sein Haar ist weiß, aber er sieht jünger aus als Sie.«

»Trotzdem ist er älter, Jahre älter, aber«, mit einem Schlag auf den Tisch, »es ist der Rum, der aus meinem Gesicht spricht – Rum und Sünde. Dieser Mann hat vielleicht ein leichtes Gewissen und eine gute Verdauung. – Gewissen! Hört, was ich Euch sage. Ihr glaubt vielleicht, ich wäre ein guter alter ehrlicher Christenmensch? Das denkt ihr doch? Nein, wahrlich nicht. Ich habe nie scheinheilig geplärrt. Wenn Voltaire in meinen Schuhen gesteckt hätte, würde er vielleicht zu heucheln angefangen haben. Doch das Hirn« – dabei schlug er derb gegen seinen kahlen Schädel – »das Hirn war stets klar und rührig, und ich machte und mache mir niemals Flausen vor.«

»Falls dieser Doktor der gleiche ist, den Sie kennen«, wagte ich nach einer etwas bedrückenden Pause zu bemerken, »so will es mir scheinen, dass Sie die gute Meinung des Wirts nicht teilen.«

Fettes schenkte mir keinerlei Beachtung.

»Ja«, sagte er dann mit plötzlichem Entschluss, »ich muss ihm Angesicht in Angesicht gegenübertreten.« Wieder entstand eine Pause, dann wurde im ersten Stock eine Tür ziemlich laut geschlossen und man hörte einen Schritt auf der Treppe.

»Das ist der Doktor!«, rief der Wirt. »Passen Sie gut auf, dann bekommen Sie ihn vielleicht zu Gesicht.«

Es waren nur zwei Schritte aus dem kleinen Wirtszimmer zur Tür des alten »George«-Gasthauses. Die breite Eichenstiege mündete fast unmittelbar auf die Straße. Zwischen der Haustürschwelle und der letzten Windung der Treppe war grade noch Platz für einen türkischen Teppich und für nichts anderes. Aber dieser kleine Raum war jeden Abend hell erleuchtet durch eine Lampe im Treppenhaus und die große Laterne unter dem Wirtshausschild und außerdem durch den warmen Widerschein des Fensters der Schenkstube. Auf diese Weise zog das »George« schon von Weitem die Aufmerksamkeit der auf der kalten Straße Vorübergehenden auf sich. Eilig schritt Fettes dorthin, und wir, die wir zurückblieben, sahen die beiden Männer einander Aug in Aug gegenübertreten, wie der eine von ihnen es sich gewünscht hatte. Dr. Macfarlane schritt rasch und kräftig aus, das weiße Haar umrahmte ein bleiches, sanftes, aber energisches Gesicht. Er war elegant gekleidet, der Anzug aus feinstem schwarzen Tuch, die Wäsche blendend weiß; dazu eine große goldene Uhrkette und Manschettenknöpfe und Brille aus dem gleichen kostbaren Material. Um den Hals hatte er einen breiten weiß und lila getupften Schal geschlungen, und über seinem Arm hing ein behaglicher, pelzgefütterter Reisemantel. Kein Zweifel, er nahm eine seinen Jahren angemessene Stellung ein, und jeder Zug kündete Reichtum und Bedeutung. Es war ein erstaunlicher Kontrast, unseren Saufkumpan – kahlköpfig, schmierig, blatternarbig, in seinem alten Kamelottrock – ihm am Fuß der Treppe gegenübertreten zu sehen.

»Macfarlane!«, sagte er mit ziemlich lauter Stimme, mehr wie ein Ausrufer als wie ein Freund.

Der große Arzt blieb unvermittelt auf der vierten Treppenstufe stehen, als fühle er sich durch die Familiarität der Anrede überrascht und in seiner Würde gekränkt.

»Toddy Macfarlane!«, wiederholte Fettes.

Der Herr aus London taumelte zurück. Nur den Bruchteil einer Sekunde starrte er den Mann vor sich an, dann blickte er sich ängstlich um und stammelte mit gepresster Flüsterstimme: »Fettes! Du!«

»Ja«, sagte der andere, »ich. Dachtest du, ich wäre auch tot? Unsere Bekanntschaft endet nicht so leicht.«

»Still, still!«, rief der Doktor. »Still, still! Diese Begegnung ist so unerwartet – ich verstehe, dass du die Fassung verloren hast. Im ersten Augenblick erkannte ich dich kaum, weißt du. Aber ich bin entzückt – einfach entzückt über diesen Zufall. Zunächst muss es allerdings bei einem ›Wie geht's und Lebewohl‹ verbleiben, denn mein Wagen wartet, und ich darf den Zug nicht versäumen. Aber du – lass mich überlegen – ja – du wirst mir deine Adresse aufschreiben, und du kannst bestimmt sehr bald auf eine Nachricht von mir rechnen. Wir müssen etwas für dich tun, Fettes. Ich fürchte, du befindest dich nicht in guten Verhältnissen, aber um der schönen alten Zeiten willen, wie wir einst beim Essen sangen, muss dagegen etwas geschehen.«

»Geld!«, schrie Fettes. »Geld von dir! Das Geld, das ich von dir bekam, liegt noch immer dort, wo ich's im Regen hinschmiss.«

Dr. Macfarlane hatte in einem etwas verlegenen und vertraulichen Ton gesprochen, aber die ungewöhnliche Energie dieser Zurückweisung stürzte ihn wieder in Verwirrung.

Ein furchtbarer, böser Ausdruck kam und ging über sein fast ehrwürdiges Gesicht. »Mein lieber Junge«, sagte er, »halte das, ganz wie du magst. Ich hatte nicht die leiseste Absicht, dich zu beleidigen, und dränge mich niemandem auf. Ich werde dir meine Adresse geben, jedoch –«

»Ich will nicht – nein, ich wünsche nicht das Dach zu kennen, das dich schützt!«, unterbrach ihn der andere. »Ich hörte deinen Namen, ich fürchtete, du könntest es sein. Ich wollte wissen, ob es trotz allem einen Gott gäbe. Jetzt weiß ich, es gibt keinen. Scher dich fort!«

Er stand noch immer mitten auf dem Teppich zwischen Treppe und Haustor. Der große Londoner Arzt wäre gezwungen gewesen, zur Seite zu treten, um vorbeizukommen. Es war klar, dass er bei dem Gedanken an diese Demütigung zögerte. Kreideweiß, wie er dastand, kam ein gefährliches Funkeln in seine Augen. Aber während er noch unentschieden zögerte, bemerkte er, dass der Kutscher auf seinem Wagen von der Straße aus diese etwas ungewöhnliche Szene beobachtete, und gleichzeitig fing er auch die Blicke unserer kleinen, in der Ecke der Schenke zusammengedrängten Gesellschaft auf. Die Gegenwart so zahlreicher Zeugen bestimmte ihn zu sofortiger Flucht. Er kauerte sich zusammen, schmiegte sich eng an die Täfelung und machte einen Sprung wie eine Schlange, um den Ausgang zu gewinnen.

Aber seine Prüfung war noch nicht zu Ende, im Moment, als er vorüberschlüpfen wollte, packte Fettes seinen Arm, und flüsternd und doch peinlich verständlich sprach er folgende Worte: »Hast du es wieder gesehen?«

Der große, reiche Londoner Doktor stieß einen scharfen, erstickten Schrei aus, schleuderte den Frager quer über den offenen Platz und floh mit hocherhobenen Händen wie ein ertappter Dieb zur offenen Tür hinaus. Ehe noch einer von uns eine Bewegung machen konnte, ratterte die Kutsche bereits dem Bahnhof zu. Wie ein Traum war das Schauspiel vorübergezogen, aber der Traum hatte Beweise und Spuren seines Vorüberziehens hinterlassen. Am nächsten Tag fand der Hausknecht die schöne, goldene Brille zerbrochen auf der Türschwelle, und am gleichen Abend noch standen wir alle atemlos an dem Gasthausfenster, neben uns Fettes, nüchtern, bleich und mit entschiedenem Ausdruck.

»Gott schütze uns, Mr Fettes«, sagte der Wirt, der zuerst wieder seine Fassung gewann. »Was in aller Welt hat das zu bedeuten? Das sind seltsame Dinge, die Sie da gesprochen haben.«

Fettes wandte sich uns wieder zu, blickte jedem von uns der Reihe nach ins Gesicht und sagte: »Seht zu, dass ihr den Mund haltet! Dieses Mannes Macfarlane Weg kreuzt man nicht ohne Gefahr. Alle, die es einmal gewagt, haben es zu spät bereut!«

Und dann, ohne auch nur sein drittes Glas zu leeren, geschweige denn auf die beiden anderen zu warten, bot er uns »Gute Nacht« und schritt hinaus unter der Laterne des Wirtshauses in die dunkle Nacht.

Wir drei kehrten auf unsere Plätze in der Wirtsstube vor dem großen roten Feuer und zu den vier hellen Kerzen zurück. Und als wir dann noch einmal alles, was sich ereignet hatte, durchsprachen, verwandelte sich der erste Schauder der Überraschung in brennende Neugier. Noch lange saßen wir so. Es war die längste Sitzung, die ich in dem alten »George« erlebt habe. Bevor wir auseinandergingen, hatte jeder Einzelne seine bestimmte

Theorie, die zu beweisen er sich anheischig machte. Und niemand von uns hatte etwas Dringenderes auf der Welt zu tun, als der Vergangenheit unseres verfemten Kameraden nachzuspüren und das Geheimnis aufzudecken, das ihn mit dem berühmten Londoner Doktor verband. Es ist kein großer Ruhm, aber ich glaube, ich verstand es besser als meine beiden Genossen im »George«, jemandem eine Geschichte herauszulocken, vielleicht lebt heute kein zweiter Mensch auf dieser Welt, der euch die nachstehenden widerwärtigen und widernatürlichen Ereignisse zu erzählen vermöchte:

In seiner Jugend studierte Fettes auf der Edinburgher Hochschule Medizin. Er besaß eine gewisse Begabung, jene Begabung, die rasch auffasst, was sie hört, und es schleunigst als eigene Weisheit wiedergibt. Zu Hause arbeitete er wenig, aber er war höflich, dienstbeflissen und verständig in Gegenwart seiner Lehrer. Bald hatten sie herausgefunden, dass er ein Bursche war, der aufmerksam zuhören konnte und sich gut der Dinge erinnerte. Ja, so merkwürdig es mich berührte, als ich zuerst davon hörte: Sein Äußeres nahm damals für ihn ein und machte ihn beliebt. Zu jener Zeit gab es in Edinburgh außerhalb der Universität noch einen zweiten Lehrer der Anatomie, den ich hier mit dem Buchstaben K. bezeichnen werde. Später wurde sein Name nur allzu bekannt. Der Mann, der diesen Namen trug, durchschlich verkleidet die Straßen Edinburghs, während der Pöbel der Hinrichtung Burkes zujauchzte und laut nach dem Blut seines Auftraggebers verlangte. Aber Mr K. stand damals auf dem Gipfel seines Ruhms. Er erfreute sich einer großen Popularität, teils dank seines Talents und seiner Lebensart, teils wegen der Unfähigkeit seines Rivalen, des Universitätsprofessors. Die Studenten wenigstens schworen auf ihn. Fettes war daher überzeugt, und auch die anderen glaubten es, dass der Grundstein für eine erfolgreiche Laufbahn gelegt wäre, sobald man sich die Gunst dieser meteorgleichen Berühmtheit erworben hätte. Mr K. war ein ebenso großer Bonvivant wie vorzüglicher Lehrer. Er liebte eine versteckte Anspielung nicht weniger als ein sorgfältig hergestelltes Präparat. In dieser doppelten Hinsicht erfreute sich Fettes seiner Beachtung und verdiente sie auch. Und im zweiten Jahr seiner Kollegzeit wurde ihm die halb offizielle Stellung eines zweiten Prosektors oder Hilfsassistenten in des anderen Klasse übertragen. In dieser Eigenschaft ruhte vor allem die Aufsicht über den Anatomiesaal und das Vorlesungszimmer auf seinen Schultern. Er war für die Sauberkeit der Räumlichkeiten und die Führung der anderen Studenten verantwortlich. Es gehörte ferner zu seinem Pflichtenkreis, die verschiedenen notwendigen Objekte zu beschaffen, sie in Empfang zu nehmen und zu verteilen. In Hinsicht auf diese letzte Obliegenheit – damals eine äußerst delikate Sache – wurde er bei Mr K. in dem gleichen Flügel und zuletzt in dem nämlichen Gebäude einquartiert, in dem sich auch der Seziersaal befand. Hier wurde Fettes häufig nach einer Nacht wüster Ausschweifungen, mit noch zitternden Händen, der Blick trübe und verwirrt, in der dunkelsten Stunde vorm Dämmern eines Wintertags durch die unsauberen und verwegenen Ruhestörer aus dem Bett geschreckt, die den Anatomietisch mit Material versorgten. Gewöhnlich öffnete er nachts die Pforte drei Männern, seither berüchtigt im ganzen Land. Er half ihnen beim Heraufschaffen ihrer traurigen Last, bezahlte ihnen den schmutzigen Lohn und blieb, wenn sie gegangen waren, mit den unholden Überresten verblichenen Menschentums allein. Von solch einer Szene pflegte er dann wieder in sein Bett zurückzukehren, um sich noch eine oder zwei Stunden Schlummer zu stehlen, die Schändung der Nacht wieder wettzumachen und sich für die Arbeit des Tages zu stärken.

Kaum ein anderer Mensch wäre derart unempfindlich für die Eindrücke eines Lebens gewesen, das so ständig unter den Zeichen der Sterblichkeit verlief. Sein Geist war allen allgemeinen Erwägungen verschlossen. Er war unfähig jeglichen Interesses an dem Geschick und Glück anderer, nur Sklave seiner eigenen Begierden und eines niederen Ehrgeizes. Kalt, leichtsinnig und selbstsüchtig bis zum Äußersten, besaß er jenen Funken Bedachtsamkeit, missbräuchlich Moralität genannt, der einen Mann zurückhält von sinnloser Trunkenheit oder strafwürdigem Verbrechen. Daneben erstrebte er auch ein gewisses Maß von Achtung und Beachtung bei Lehrern und Mitschülern und wollte um keinen Preis, was die äußeren Lebensumstände betraf, Schiffbruch leiden. Es war daher sein Streben, sich bei seinen Studien auszuzeichnen, und er leistete seinem Auftraggeber, Mr K., tagaus, tagein tadelfreien Augendienst. Für die Plackerei des Tages entschädigten ihn lärmende, gemeine nächtliche Vergnügungen. Zog er dann die Bilanz, so erklärte sich das Organ, das er sein Gewissen nannte, für befriedigt.

Die Beschaffung von Leichen bedeutete für ihn sowohl wie für seinen Chef eine ständige Sorge. In der großen, fleißigen Klasse fehlte es ständig an anatomischem Rohmaterial, und die dadurch erforderliche Geschäftigkeit war nicht nur an sich unerfreulich, sondern bedrohte auch alle, die damit zu tun hatten, mit gefährlichen Folgen. Es war Mr K.s Politik, bei seinen Aufträgen den Händlern keine Fragen zu stellen. »Sie bringen den Leichnam, und wir bezahlen den Preis – quid pro quid«, pflegte er zu sagen, und auch seinen Assistenten riet er frivol: »Stellt um eurer Gewissensruhe willen keine Fragen.« Nie wurde die Vermutung geäußert, die Leichen könnten womöglich durch Mord beschafft worden sein. Hätte man diesen Gedanken in klaren Worten ihm gegenüber geäußert, er wäre entsetzt zurückgefahren. Aber schon die Leichtfertigkeit seiner Reden war angesichts des Ernstes dieser Angelegenheit ein Verstoß gegen die guten Sitten und eine Versuchung für die Leute, mit denen er es zu tun hatte. Fettes hatte sich schon wiederholt über die merkwürdige Frische der Leichen Gedanken gemacht. Wieder und wieder hatte er sich vor den Galgengesichtern und widerlichen Blicken der Räuber, die früh vor Tagesgrauen kamen, entsetzt. Indem er im Geheimen eine Tatsache an die andere reihte und diese mit den leichtfertigen Reden seines Lehrers in Verbindung brachte, gelangte er allmählich zu einer abstoßenden und kategorischen Theorie. Nach seiner Ansicht umfasste sein Pflichtenkreis, kurz gesagt, drei Aufgaben: in Empfang zu nehmen, was gebracht wurde, den Preis zu entrichten und die Augen vor der Wahrscheinlichkeit eines Verbrechens zu verschließen.

An einem Morgen im November wurde diese Politik des Schweigens auf eine besonders harte Probe gestellt. Die ganze Nacht hatte er mit rasenden Zahnschmerzen durchwacht – gleich einem gefangenen Raubtier war er in seinem Zimmer auf und ab gerannt, um sich dann wieder wütend aufs Bett zu werfen – und endlich war er in jenen tiefen, unerquickenden Schlaf gesunken, der so oft auf eine Nacht des Leidens folgt, als er durch die dritte oder vierte ungestüme Wiederholung des vereinbarten Signals aufgeschreckt wurde. Der Mond schien dünn und hell, es war bitter kalt, windig und schneidend; noch war die Stadt nicht erwacht, aber ein undefinierbares Gesumme verkündete bereits des Tages Lärm und Geschäftigkeit. Die Vampire waren später als gewöhnlich gekommen und schienen auch besorgter als gewöhnlich, sich wieder entfernen zu können. Schlaftrunken leuchtete Fettes ihnen die Treppe hinauf, wie im Traum hörte er das Gemurmel ihrer irischen Stimmen, und während sie den Sack von seinem traurigen Inhalt befreiten, wartete er verschlafen mit der Schulter gegen die Wand gelehnt. Er musste sich zusammenreißen, um das Geld für die Leute zu finden. Dabei fielen seine Augen auf das tote Antlitz. Er stutzte und trat mit erhobener Kerze zwei Schritte näher:

»Allmächtiger Gott!«, rief er. »Das ist ja Jane Galbraith!«

Die Männer schwiegen und schlichen zur Tür. »Ich kenne sie, sage ich euch«, fuhr er fort; »gestern lebte sie noch und war kerngesund. Es ist unmöglich, dass sie gestorben ist. Unmöglich könnt ihr euch diesen Leichnam auf ehrliche Weise beschafft haben.«

»Da sind Sie ganz auf dem Holzweg«, brummte einer der Kerle. Der andere jedoch blickte Fettes finster in die Augen und forderte auf der Stelle das Geld.

Es ging nicht an, die Drohung misszuverstehen oder die Gefahr zu übertreiben. Fettes entsank der Mut. Er stammelte ein paar Entschuldigungen, bezahlte die Summe und sah seine verhassten Besucher abziehen. Kaum waren sie fort, da eilte er auch schon, seine Zweifel zu bestätigen. An einem Dutzend unzweifelhafter Kennzeichen erkannte er das Mädchen, mit dem er noch gestern gescherzt hatte. Mit Schauder sah er an ihrem Körper Merkmale, die auf eine Gewalttat hinwiesen. Panische Furcht ergriff ihn, und er flüchtete in sein Zimmer. Dort dachte er lange über die von ihm gemachte Entdeckung nach, überlegte nüchtern die Tragweite von Mr K.s Verhaltungsmaßregeln und die Gefahr, die ihm selbst aus seiner Verstrickung in ein derart verbrecherisches Geschäft drohte, und entschloss sich endlich in seiner furchtbaren Bestürzung, den Rat seines unmittelbaren Vorgesetzten, des Klassenassistenten, einzuholen. Der Assistent war ein junger Doktor, Wolfe Macfarlane, der besondere Liebling aller etwas leichtsinnigen Studenten, geschickt, ausschweifend und skrupellos bis zum Äußersten. Er war im Ausland gewesen und hatte dort studiert. Sein Benehmen war leicht, nur etwas anmaßend, und in Theatersachen galt er als Autorität. Auch war er gewandt auf der Eisbahn und den Spielplätzen mit Schlittschuhen und Golfkeule, kleidete sich mit gewagtester Eleganz und hielt sich, um seinem Ruhm den letzten Glanz zu verleihen, ein Gig und einen kräftigen Traber. Mit Fettes verkehrte er auf freundschaftlichem Fuß. In der Tat verlangte ja ihre beiderseitige Position eine gewisse Gemeinschaftlichkeit der Lebensführung. Wenn Leichen knapp wurden, pflegte das Paar in Macfarlanes Gig über Land zu fahren, um irgendeinen einsamen Friedhof aufzusuchen und zu entweihen; vor Morgengrauen kehrten sie dann mit ihrem Raub zu der Pforte des Seziersaals zurück. An diesem unheilschwangeren Morgen stellte sich Macfarlane früher ein, als es seiner Gewohnheit entsprach. Fettes hörte ihn kommen, traf ihn bereits auf der Treppe, erzählte ihm die Geschichte und zeigte ihm die Veranlassung seiner Sorge. Macfarlane prüfte die Male an dem Körper.

»Ja«, sagte er mit einem Nicken, »das sieht faul aus.«

»Nun, was soll ich tun?«, fragte Fettes.

»Tun?«, erwiderte der andere. »Warum willst du etwas tun? Je weniger man über diese Sache spricht, desto besser.«

»Aber die Male könnten doch auch anderen auffallen«, widersprach Fettes. »Das Mädel war so bekannt wie Castle Rock.«

»Hoffen wir, dass das nicht geschieht!«, entgegnete Macfarlane. »Na, und wenn die Strangulierungszeichen wirklich jemand auffallen – was tut's! Du hast sie jedenfalls nicht bemerkt, verstanden! Und damit Schluss. Tatsache ist, dieses Geschäft dauert schon allzu lange. Stöbere den Schlamm auf, und du bringst K. in die tollste Klemme. Und auch du selbst gerätst in eine verzweifelte Patsche und ich ebenfalls. Möchte wissen, wie wir uns vor einer christlichen Zeugenschranke ausnehmen würden oder was zum Teufel wir zu unserer Entschuldigung anführen sollten. Für mich, weißt du, steht etwas absolut fest – dass, praktisch gesprochen, alle unsere Leichen durch Mord beschafft worden sind.«

»Macfarlane!«, schrie Fettes.

»Na, hör mal«, höhnte der andere; »als ob du das nicht schon selbst vermutet hättest!«

»Vermuten ist eine Sache für sich –«

»Ja, und Beweise wieder was anderes, das weiß ich. Ich bin übrigens genauso beunruhigt wie du, dass man dies hier«, dabei schlug er mit seinem Stock auf den Leichnam, »zu uns geschafft hat. Das Beste, was man tun kann, ist, die Leiche nicht zu erkennen, und«, fügte er kaltblütig hinzu, »ich erkenne sie tatsächlich nicht. Du kannst ja tun, was dir beliebt. Ich mache dir keine Vorschriften. Aber ich bin überzeugt, ein Mann von Welt würde genau so handeln wie ich, und ich möchte noch hinzufügen, dass vermutlich auch K. ein solches Verhalten von uns erwartet. Warum wählte er gerade uns beide zu seinen Assistenten? Darauf antworte ich: ›Weil er keine alten Weiber gebrauchen konnte.‹«

Das war gerade der richtige Ton, um auf den Geist eines Burschen wie Fettes zu wirken. Er versprach, Macfarlanes Verhalten nachzuahmen. Die Leiche des unglücklichen Mädchens wurde vorschriftsmäßig zerlegt, und niemand bemerkte etwas oder schien sie wiederzuerkennen.

Eines schönen Nachmittags, als das Tagewerk beendet war, schlenderte Fettes in eine bekannte Kneipe und traf dort Macfarlane in Gesellschaft eines Fremden. Der Unbekannte war ein kleiner Mann, auffallend bleich und finster, mit kohlschwarzen Augen. Die Züge seines Gesichts verrieten Verstand und eine gewisse Kultur. In seinem Verhalten kamen aber diese Eigenschaften nur schwach zum Ausdruck und bei näherer Bekanntschaft erwies er sich sogar als roh, gewöhnlich und dumm. Trotzdem übte er auf Macfarlane eine erstaunliche Herrschaft aus; ja, er erteilte Befehle wie der Großpascha, wurde bei dem leisesten Widerspruch oder Verzug wütend und nahm die Unterwürfigkeit, mit der ihm gehorcht wurde, als etwas Selbstverständliches hin. Diese äußerst widerwärtige Persönlichkeit fasste sofort eine Zuneigung zu Fettes, trank ihm eifrig zu und beehrte ihn mit einem außergewöhnlichen Vertrauen hinsichtlich seiner früheren Laufbahn. Wenn auch nur der zehnte Teil von dem, was er ihm beichtete, stimmte, so wäre er ein mit allen Wassern gewaschener Schurke gewesen. Die Aufmerksamkeit eines so erfahrenen Mannes schmeichelte der Eitelkeit des jungen Menschen.

»Ich bin selbst ein ziemlich schlimmer Bursche«, bemerkte der Fremde, »aber Macfarlane ist ein ganz schwerer Junge – Toddy Macfarlane, wie ich ihn nenne. Toddy, bestell für deinen Freund ein neues Glas«, oder auch, »Toddy, steh auf und mach die Tür zu. Toddy hasst mich«, sagte er dann wieder, »o gewiss, Toddy, das tust du.«

»Nenne mich nicht bei dem verdammten Namen«, brummte Macfarlane.

»Hören Sie ihn! Haben Sie je eine Messerstecherei mit angesehen? Mit Begeisterung würde Toddy sein Messer an meinem Leib ausprobieren«, bemerkte der Fremde.

»Wir Mediziner haben eine bessere Methode«, entgegnete Fettes. »Wenn wir einen unserer toten Freunde nicht schätzen, sezieren wir ihn.«

Macfarlane blickte scharf auf, als wäre dieser Scherz nicht nach seinem Geschmack.

Der Nachmittag ging vorüber. Gray, das war der Name des Fremden, lud Fettes ein, ihm beim Abendessen Gesellschaft zu leisten, und bestellte ein so üppiges Festmahl, dass die ganze Kneipe in Bewegung geriet, und als sie damit fertig waren, befahl er Macfarlane, die Rechnung zu bezahlen. Als sie sich trennten, war es schon spät. Gray war sinnlos betrunken. Macfarlane, den die Wut ernüchtert hatte, konnte seinen Ärger über das Geld, das zu vergeuden er gezwungen worden war, und über die Nichtachtung, die er hatte hinunterschlucken müssen, nicht verwinden. Fettes, dessen Kopf von den zahlreichen Likören brummte, kehrte schwankenden Schrittes und völlig benebelt nach Hause zurück. Am nächsten Tag blieb Macfarlane den Vorlesungen fern und Fettes lachte sich ins Fäustchen bei der Vorstellung, wie jener noch immer den unerträglichen Gray von Kneipe zu Kneipe begleiten musste. Sobald die Stunde der Freiheit geschlagen hatte, eilte er auf der Suche nach seinen nächtlichen Kumpanen von Ort zu Ort, doch nirgends konnte er die beiden finden. So kehrte er zeitig nach Hause zurück, ging früh zu Bett und schlief den Schlaf des Gerechten.

Um vier Uhr in der Früh wurde er durch das wohlbekannte Signal aufgeschreckt. Als er zur Tür herunterkam, überraschte es ihn, dort Macfarlane mit seinem Gig zu finden und in dem Gig eines jener langen schaurigen Pakete, die er nur zu genau kannte.

»Was?«, rief er. »Bist du allein fort gewesen? Wie hast du das fertiggekriegt?«

Aber Macfarlane gebot ihm grob, den Mund zu halten, und forderte ihn auf, mit zuzugreifen. Sobald sie die Leiche nach oben geschafft und auf den Seziertisch gelegt hatten, traf Macfarlane Anstalt, sich sofort wieder zu entfernen. Dann blieb er jedoch stehen, schien zu zögern und sagte in einem etwas erzwungenen Ton:

»Du hättest dir das Gesicht besser ansehen sollen!«

Und als Fettes ihn erstaunt anstarrte, wiederholte er:

»Du tätest gut daran.«

»Aber wo, wie und wann bist du dazu gekommen?«, rief der andere.

»Schau dir das Gesicht an!«, war die einzige Antwort.

Fettes war verblüfft. Seltsame Zweifel bestürmten ihn. Er blickte von dem jungen Doktor auf den Leichnam und dann wieder auf den anderen. Endlich, mit einem Ruck, tat er, wozu man ihn aufgefordert hatte. Fast hatte er den Anblick, der sich seinen Augen bot, erwartet, dennoch war er vor Entsetzen fassungslos. Selbst in dem gedankenlosen Fettes regten sich Gewissensängste, als er den gleichen Mann, den er gut gekleidet und strotzend von Gesundheit und Laster auf der Türschwelle der Kneipe verlassen hatte, jetzt in der Starre des Todes, nackt und bloß, auf dem rohen Lager von Sackleinwand hingestreckt liegen sah. Ein »Cras tibi!« widertönte in seiner Seele. Zwei, die er gut gekannt, waren auf diesen eisigen Tisch niedergelegt worden. Doch das waren nur nebensächliche Erwägungen. Seine Hauptsorge konzentrierte sich auf Wolfe. Unvorbereitet auf eine so ungeheuerliche Herausforderung, wusste er nicht, wie er seinem Kameraden ins Gesicht blicken sollte. Er wagte es nicht, seinen Augen zu begegnen, und Wort und Stimme versagten ihm.

Macfarlane selbst machte den ersten Vorstoß. Er kam aus dem Hintergrund hervor und legte seine Hand leicht, aber bestimmt auf des anderen Schulter.

»Richardson«, sagte er, »kann den Kopf haben.«

Nun war Richardson ein Student, der schon seit Langem darauf brannte, diesen Teil des menschlichen Körpers zur Präparation angewiesen zu erhalten. Es kam keine Antwort, und der Mörder fuhr fort: »Um vom Geschäft zu sprechen, du musst mir den Leichnam bezahlen. Deine Abrechnungen, verstehst du, müssen stimmen.«

Endlich fand Fettes seine Stimme wieder, doch war es nur der Schatten seiner Stimme. »Dich bezahlen!«, rief er. »Bezahlen dafür?«

»Warum nicht? Natürlich musst du das. Unter allen Umständen und in jeder Hinsicht musst du das!«, erwiderte der andere. »Ich kann nicht wagen, so etwas umsonst zu liefern, und du nicht, es kostenlos anzunehmen. Wir würden uns beide kompromittieren. Es ist der gleiche Fall wie bei Jane Galbraith. Je mehr Sachen nicht stimmen, umso mehr müssen wir den Schein wahren, als ob alles in Ordnung sei. Wo bewahrt der alte K. sein Geld auf?«

»Dort!«, antwortete Fettes heiser und zeigte auf einen Schrank in der Ecke.

»Dann gib mir den Schlüssel«, versetzte der andere ruhig und streckte seine Hand aus.

Ein kurzes Zögern, und der Würfel war gefallen. Macfarlane konnte ein nervöses Zucken nicht unterdrücken, ein kaum merkliches Zeichen seiner ungeheuren Erleichterung, als er den Schlüssel in der Hand hielt. Er öffnete den Schrank und nahm Feder und Tinte und ein Schreibheft heraus, die in dem einen Abteil lagen, außerdem von dem Geld in einer Schublade eine der Gelegenheit angemessene Summe.

»Pass jetzt auf«, sagte er. »Die Zahlung ist geleistet – der erste Beweis für unseren guten Glauben: der erste Schritt zu deiner Sicherheit. Jetzt musst du die Sache durch einen zweiten bekräftigen; trage die Zahlung in dein Buch ein, dann brauchst du dich den Teufel um das Weitere zu scheren!«

Die nächsten Sekunden verliefen für Fettes in völliger Geistesabwesenheit. Aber als er seine Befürchtungen abwog, triumphierte die unmittelbare Sorge. Jede künftige Sorge schien ihm fast willkommen, falls sich nur ein sofortiger Streit mit Macfarlane vermeiden ließ. Er stellte den Leuchter hin, den er die ganze Zeit herumgeschleppt hatte, und trug mit fester Hand Datum, Art und Höhe des Geschäfts ein.

»Und jetzt«, sagte Macfarlane, »ist es nur billig, dass du den Gewinn einstreichst. Ich habe meinen Anteil bereits empfangen. Doch nebenbei: Wenn ein Mann von Welt einmal Glück hat und ein paar Schillinge extra in seiner Tasche trägt – ich schäme mich fast, es auszusprechen –, dann gibt es für diesen Fall bestimmte Verhaltungsmaßregeln: kein Freihalten, kein Kauf von teuren Lehrbüchern, keine Bezahlung alter Schulden; borgen, aber nichts verleihen.«

»Macfarlane«, begann Fettes noch immer etwas heiser, »ich habe meinen Hals in eine Schlinge gesteckt, um dir zu dienen.«

»Um mir zu dienen«, rief Wolfe. »Ach, geh doch. Soweit ich die Sache zu beurteilen vermag, tatest du genau das, was du zur Selbstverteidigung tun musstest. Angenommen, ich geriete in Schwierigkeiten, was würde dann wohl aus dir? Diese zweite kleine Angelegenheit ist die logische Folge der ersten. Mr Gray ist die Fortsetzung von Miss Galbraith. Du kannst nicht etwas beginnen und dann plötzlich aufhören. Wenn du dich auf so etwas einlässt, musst du einfach bei der Stange bleiben. Das ist nackte Wahrheit. Keine Ruhe für den Gottlosen!«

Ein furchtbares Gefühl des Unheils und der Treulosigkeit des Schicksals senkte sich schwer auf die Seele des unglücklichen Studenten.

»Mein Gott«, rief er, »was habe ich nur getan! Und wann fing es an? Zum Hilfsassistenten ernannt werden – im Namen der Vernunft – darin liegt doch kein Unrecht? S. hat die Stellung auch gewollt. Er hätte sie statt meiner erhalten können. Würde er dann auch dort stehen, wo ich jetzt stehe?«

»Mein lieber Junge«, sagte Macfarlane, »was bist du doch für ein Kind. Was ist dir Schlimmes passiert? Was kann dir

Übles geschehen, wenn du den Mund hältst? Höre, Mensch, weißt du überhaupt, was dieses Leben bedeutet? Es gibt zwei Klassen von Menschen – die Löwen und die Lämmer. Wenn du zu den Lämmern gehörst, wirst du einst, genau wie Gray oder Jane Galbraith, auf diesem Tisch liegen. Bist du aber Löwe, so wirst du leben und dein Pferd lenken, wie ich, wie K., wie alle in der Welt, die Witz und Mut besitzen. Du bist zunächst beunruhigt, aber sieh dir K. an. Mein lieber Junge, du bist doch geschickt. Du hast Mut. Ich liebe dich und K. liebt dich. Du bist zum Führer geboren. Und ich erkläre dir bei meiner Ehre und bei meiner Lebenserfahrung: Lass drei Tage vergehen, und du wirst über diese Schreckgespenster lachen wie ein Schuljunge über eine Posse.«

Mit diesen Worten verabschiedete sich Macfarlane und fuhr in seiner Gig die Allee hinunter, um noch vor Tagesanbruch seine Wohnung zu erreichen. Fettes blieb also allein mit seinen Schmerzen. Er erkannte die schreckliche Gefahr, in die er verstrickt war. Mit unaussprechlicher Bestürzung sah er, dass für Schwächlichkeit kein Raum blieb und dass er durch Zugeständnis über Zugeständnis aus dem Herrn über Macfarlanes Geschick zu dessen bezahltem und hilflosem Spießgesellen gesunken war. Die ganze Welt würde er hingegeben haben, hätte er sich zur richtigen Zeit etwas unerschrockener benommen. Dass er auch jetzt noch Mut beweisen könnte: Dieser Gedanke kam ihm überhaupt nicht in den Sinn. Das Geheimnis der Jane Galbraith und die verwünschte Eintragung in sein Geschäftsbuch verschlossen ihm den Mund.

Stunden verstrichen, die Klasse begann sich zu füllen, die Gliedmaßen des unglücklichen Gray wurden an den einen und den anderen ausgeteilt und ohne Bemerkung übernommen. Richardson wurde mit dem Kopf beglückt, und noch ehe die Stunde der Freiheit schlug, zitterte Fettes vor innerem Frohlocken, als er sah, welch gute Fortschritte sie in Bezug auf ihre Sicherheit gemacht hatten. Mit wachsender Freude beobachtete er während der nächsten zwei Tage den furchtbaren Prozess der Zerstörung.

Am dritten Tag erschien Macfarlane wieder auf der Bildfläche. Er war, wie er behauptete, krank gewesen. Aber durch die Energie, mit der er die Studenten antrieb, holte er die verlorene Zeit wieder ein. Besonders Richardson förderte er durch wertvolle Hilfeleistungen und Ratschläge, und der junge Student, ermutigt durch das Lob des Prosektors, sonnte sich in ehrgeizigen Träumen und sah die Medaille bereits in Greifweite. Ehe noch die Woche verstrichen war, hatte sich Macfarlanes Prophezeiung erfüllt. Fettes' Besorgnis war zerronnen, die Gemeinheit vergessen. Er fing an, sich mit seinem Mut zu brüsten, und hatte bereits die ganze Geschichte in seinem Geist so schön geordnet, dass er mit ungekränktem Stolz auf diese Vorgänge zurückblickte. Seinen Spießgesellen sah er nur flüchtig. Natürlich trafen sie sich bei der Klassenarbeit und empfingen dort ihre Anweisungen von Mr K. Bisweilen tauschten sie auch privat ein oder zwei Worte aus, und Macfarlane benahm sich vom ersten bis zum letzten Moment besonders freundlich und jovial. Aber es war offensichtlich, dass er jede Anspielung auf ihr gemeinsames Geheimnis vermied. Selbst als Fettes ihm zuflüsterte, dass er sein Geschick mit den Löwen verbunden und den Lämmern abgeschworen hätte, bedeutete er ihm nur lächelnd durch ein Zeichen, den Mund zu halten.

Bald bot sich eine neue Gelegenheit, die das Paar noch enger aneinanderfesseln sollte. Mr K. klagte wieder über Mangel an Leichen, die Schüler waren voller Eifer, und es bildete den Ehrgeiz dieses Lehrers, stets reichlich mit Material versehen zu sein. Gleichzeitig kam die Mitteilung von einem Begräbnis auf dem ländlichen Friedhof von Glencorse. Die Zeit hat den fraglichen Ort nur wenig verändert. Er lag damals wie heute an einem Kreuzweg, außer Rufweite von jeder menschlichen Wohnung und klaftertief unter dem Gezweig von sechs mächtigen Zedern verborgen. Das Blöken der Schafe auf den benachbarten Hügeln, die kleinen Flüsschen zu beiden Seiten, von denen der eine laut unter Pappeln sang, der andere sich verstohlen von Weiher zu Weiher schlängelte, das Rascheln des Windes in den alten, weit ausladenden blühenden Kastanien und einmal in sieben Tagen die Stimmen der Glocken und die alten Melodien des Kantors waren die einzigen Laute, die das Schweigen rund um die ländliche Kirche störten. Die Auferstehungsleute – um die zu jener Zeit übliche Bezeichnung zu gebrauchen – ließen sich durch die gebotene Unverletzlichkeit von Pietätsbezeugungen nicht abschrecken. Es gehörte zu ihrem Geschäft, die Wappen und Abzeichen alter Gräber, den von den Füßen der Andächtigen und Leidtragenden getretenen Pfad und die Gaben und Inschriften verwaister Liebe zu verachten und zu entweihen. Weit davon entfernt, sich durch natürliche Ehrfurcht abhalten zu lassen, besaßen ländliche Gegenden, wo Liebe treuer als sonst bewahrt wird und Bande des Bluts und der Gemeinschaft die gesamten Mitglieder einer Gemeinde verknüpfen, für den Leichenräuber infolge der Leichtigkeit und Sicherheit der Aufgabe eine besondere Anziehungskraft. Plötzlich schien auf die Leichen, die in hoffnungsvoller Erwartung einer so ganz anderen Auferstehung in die Erde gebettet worden waren, jener flüchtige Laternenschimmer, kam die angstbeflügelte Auferweckung durch Spaten und Spitzhacke. Der Sarg wurde erbrochen, das Leichentuch herausgerissen und die melancholischen Überreste, umhüllt mit Sackleinwand, wurden endlich nach stundenlanger ratternder Fahrt über mondlose Seitenwege der schimpflichsten Verunglimpfung seitens einer Klasse gaffender Knaben ausgesetzt.

Wie zwei Geier auf ein sterbendes Lamm wollten sich Fettes und Macfarlane auf ein Grab in jenem grünen, friedlichen Ruheplatz stürzen. Das Weib eines Bauern, eine Frau, die sechzig Jahre gelebt hatte und nur bekannt war wegen ihrer guten Butter und ihrer gottgefälligen Reden, sollte um Mitternacht ihrer Gruft entrissen und starr und nackt in jene ferne Stadt entführt werden, die sie stets nur in ihrem Sonntagsstaat beehrt hatte. Bis zum Anbruch des Jüngsten Gerichts sollte der Platz neben ihrer Familie leer bleiben und ihr unschuldiger, ja fast ehrwürdiger Leib der üblen Neugier der Anatomen ausgeliefert werden.

Spät an einem Nachmittag machte sich das Paar auf den Weg, fest in Mäntel gehüllt und ausgerüstet mit einer riesigen Flasche. Ohne Unterlass strömte der Regen – ein, kalter, dichter, peitschender Regen. Dann und wann fegte ein Windstoß über die Erde, aber die Flut stürzenden Wassers hielt ihn nieder. Trotz Flasche und allem war es bis Penicuik, wo sie den Abend verbringen wollten, eine trübselige, schweigsame Fahrt. Einmal hielten sie an, um in einem dichten Buschwerk, unfern des Friedhofs, ihre Werkzeuge zu verbergen; ein zweites Mal bei Fisher's Tryst, um am Küchenfeuer Toast zu rösten und den Whisky durch ein Glas Bier abzulösen. Als sie das Ziel ihrer Reise erreichten, wurde das Gig eingestellt, das Pferd gefüttert und versorgt, und die beiden jungen Doktoren ließen sich in einem Privatzimmer beim besten Essen und dem besten Wein, die das Haus zu bieten vermochte, nieder. Die Kerzen, das Feuer, der gegen das Fenster klopfende Regen, das kalte finstere Werk, das vor ihnen lag, verlieh den Genüssen ihres Mahls besondere Würze. Jedes Glas steigerte ihre Ausgelassenheit. Nach einiger Zeit händigte Macfarlane seinem Gefährten einen kleinen Haufen Goldstücke aus.

»Meinen Glückwunsch«, sagte er. »Unter Freunden sollten diese verdammten kleinen Gefälligkeiten so selbstverständlich wie die Fidibusse sein.«

Fettes steckte das Geld ein und applaudierte diesem Kernspruch. »Du bist ein Philosoph!«, rief er. »Und ich war ein Esel, bevor ich dich kennenlernte. Du und K., ihr seid Kerle, zum Henker! Ihr werdet noch einen Mann aus mir machen!«

»Natürlich werden wir das«, stimmte Macfarlane zu. »Einen Mann? Ich sage dir, es erfordert schon einen ganzen Kerl, sich am nächsten Morgen wieder hochzubringen. Es gibt manchen großen, lärmenden, vierzig Jahre alten Schurken, dem es beim Anblick jenes verdammten Dings schlecht geworden wäre; dir jedoch nicht – du behältst deinen Kopf oben. Ich habe dich genau beobachtet.«

»Na, warum auch nicht?«, entgegnete Fettes prahlerisch. »Was ging mich die Sache eigentlich an? Auf der einen Seite war nichts zu gewinnen, höchstens Verdrießlichkeiten; andererseits konnte ich aber auf deine Dankbarkeit rechnen. Das siehst du ja jetzt«, und er klopfte gegen seine Tasche, dass die Goldstücke klangen.

Macfarlane empfand bei diesen unerfreulichen Worten eine gewisse Besorgnis. Vielleicht bedauerte er es, seinen jungen Gefährten mit allzu gutem Erfolg unterrichtet zu haben. Aber er kam gar nicht dazu, eine Meinung zu äußern, denn der andere fuhr lärmend in dem gleichen ruhmseligen Ton fort:

»Die Hauptsache ist, keine Angst zu haben. Na, und was dich und mich anbetrifft, so möchte ich eben nicht gern hängen – das ist mal Tatsache, und für jede Art Heuchelei, Macfarlane, habe ich von Geburt an nur Verachtung gehabt. Hölle, Gott, Teufel, Recht, Unrecht, Sünde, Verbrechen, kurz: die ganze uralte Raritätensammlung – die kann vielleicht Knaben in Angst versetzen, aber Männer von Welt wie du und ich haben für solche Kindereien nur Verachtung. Komm, Prost! Auf das Andenken Grays!«

Mittlerweile war es ziemlich spät geworden. Das Gig wurde der Anweisung entsprechend vorgefahren, beide Lampen wurden angezündet, die beiden jungen Leute bezahlten ihre Rechnung und machten sich auf den Weg. Sie erzählten, sie müssten nach Peebles fahren; sie hielten diese Richtung auch ein, bis die letzten Häuser des Städtchens hinter ihnen lagen. Dann löschten sie die Laternen, kehrten den gleichen Weg zurück und folgten einer Seitenchaussee nach Glencorse. Kein Laut war zu hören außer dem Rattern ihres eigenen Gefährts und dem unaufhörlichen schneidenden Geräusch des Regens. Es war stockfinster. Hier und dort nur leitete sie ein heller Zaun oder ein weißer Stein in der Mauer eine kurze Strecke durch die Nacht. Meist mussten sie im Schritt, ja fast kriechend ihren Weg durch das tönende Dunkel zu dem geheiligten und einsamen Bestimmungsort tasten. In den tiefen Wäldern, die die Umgebung des Gottesackers durchziehen, schwand auch der letzte Schimmer, und es erwies sich als nötig, ein Streichholz anzuzünden und wieder eine der Giglaternen anzustecken. So erreichten sie unter tropfenden Bäumen, umringt von gewaltigen schwankenden Schatten, den Schauplatz ihrer unheiligen Arbeit.

Beide besaßen in solchen Dingen Erfahrung und wussten den Spaten zu gebrauchen. Sie waren noch kaum zwanzig Minuten bei ihrem Werk, als sie durch ein dumpfes Klappern auf dem Sargdeckel belohnt wurden. Im gleichen Moment schleuderte Macfarlane, dem ein Stein in die Hand geraten war, diesen sorglos hoch über seinen Kopf hinaus. Das Grab, in dem sie jetzt fast bis zu den Schultern standen, befand sich dicht am Rand des Kirchhofplateaus, und die Wagenlaterne stand, um ihnen bei der Arbeit besser zu leuchten, gegen einen Baum gelehnt, hart am Rand des steilen Abhangs, der zum Fluss abfiel. Der Zufall hatte dem Stein ein sicheres Ziel gegeben, das Klirren zerbrochenen Glases ertönte. Nacht senkte sich auf sie. Abwechselnd dumpfe und klirrende Geräusche verkündeten das Herabstürzen der Laterne den Hang hinunter und ihren gelegentlichen Anprall gegen die Bäume. Ein oder zwei Steine, die sie bei ihrem Fall mitgerissen hatte, kollerten hinter ihr drein in die Tiefen der Schlucht. Sie mochten ihr Gehör bis zum Äußersten anspannen, nichts ließ sich vernehmen: nur der Regen, jetzt gejagt vom Wind, jetzt ruhig fallend über Meilen offenen Landes.

Ihr scheußliches Werk war fast beendet. Sie hielten es daher für das Klügste, die Arbeit im Dunkeln zu vollenden. Der Sarg wurde der Erde entrissen und aufgebrochen, der Leichnam in den triefenden Sack getan, und nun trugen sie ihn gemeinsam zum Wagen. Einer stieg auf, um ihn an seinem Platz zu verstauen; der andere ergriff das Pferd beim Zügel und tastete sich an Mauer und Gebüsch entlang, bis sie bei Fisher's Tryst die breite Straße erreichten. Hier leuchtete ein schwacher, unsicherer Widerschein, den sie wie das Tageslicht begrüßten. Sie setzten das Pferd in scharfen Trab und begannen, vergnügt in Richtung auf die Stadt weiterzurattern.

Beide waren während ihrer Arbeit bis auf die Haut durchnässt worden, und als das Gig jetzt über die ausgefahrenen Geleise startete, fiel das Ding, das zwischen ihnen gelehnt stand, bald auf den einen, bald auf den anderen. Bei jeder Wiederholung dieser scheußlichen Berührung stießen sie es instinktiv mit größerer Hast wieder zurück. So natürlich dieser Vorgang war, begann er doch, den beiden Komplizen auf die Nerven zu gehen. Macfarlane machte über das Bauernweib einige rohe Witze, aber sie kamen nur misstönend über seine Lippen und verhallten schweigend. Noch immer taumelte ihre widernatürliche Last von einer Seite zur anderen. Jetzt lehnte sie fast vertrauensvoll ihren Kopf gegen ihre Schultern, jetzt klatschte ihnen die durchweichte Sackleinwand eisig ins Gesicht. Schleichende Kälte begann, von Fettes' Seele Besitz zu ergreifen. Er schielte auf das Bündel, und es erschien ihm etwas größer als zuerst. Im ganzen weiten Land und aus jeder Entfernung begleiteten die Bauernköter ihre Fahrt mit klagendem Geheul. Und stärker und stärker festigte sich in Fettes' Geist der Gedanke, dass sich etwas Übernatürliches begeben hätte, dass eine unbekannte Änderung mit dem toten Körper vorgegangen wäre, dass die Hunde aus Furcht vor ihrer unheiligen Last so heulten.

»Um Gottes willen«, sagte er, nur mühsam die Worte hervorstoßend, »um Gottes willen, lass uns Licht machen!«

Macfarlane kämpfte anscheinend mit einer ähnlichen Erregung; obwohl er keine Antwort gab, parierte er das Pferd, gab seinem Gefährten die Zügel, stieg ab und machte sich daran, die ihnen verbliebene Laterne anzuzünden. Sie waren erst bis zu dem Kreuzweg nach Auchenclinny gekommen. Der Regen strömte noch immer, als wäre die Sintflut zurückgekehrt. Es war keine leichte Aufgabe, in einer Welt so voller Feuchtigkeit und Finsternis Licht zu machen. Als endlich das flackernde blaue Flämmchen auf den Docht übertragen war und aufzublühen und sich zu klären begann und einen weiten Kreis trüben Lichts rund um den Wagen zog, war es den beiden jungen Leuten möglich, einander und das Ding, das sie bei sich hatten, genauer zu betrachten. Der Regen hatte den groben Sack gleich einer Gussform über den darunter befindlichen Leichnam gezogen, der Kopf trat scharf hervor und die Schultern waren deutlich abgezeichnet. Etwas Geisterhaftes und Menschliches zugleich hielt ihre Augen auf den gespenstischen Fahrtkameraden gefesselt.

Macfarlane stand eine Weile regungslos mit hocherhobener Lampe. Ein namenloses Entsetzen schlang sich wie ein nasser Lappen um den Körper Fettes' und straffte die fahle Haut auf seinem Antlitz. Eine Angst, die sinnlos war, ein Grauen vor dem, was kommen würde, nahm sein Hirn gefangen; ein Sekundenschlag der Uhr und er hätte gesprochen, doch sein Spießgeselle kam ihm zuvor.

»Das ist kein Weib«, sagte Macfarlane mit leiser Stimme.

»Es war aber ein Weib, als wir es hineinsteckten«, flüsterte Fettes.

»Halte die Laterne«, versetzte der andere, »ich muss ihr Gesicht sehen.«

Und als Fettes die Lampe genommen hatte, löste sein Gefährte die Stricke des Sacks und zog die Hülle herunter von dem Haupt. Scharf fiel das Licht auf die düsteren, wohlgestalteten Züge, auf die glatt rasierten Wangen eines nur zu bekannten Gesichts, das diese beiden jungen Leute oft in ihren Träumen verfolgt hatte. Ein wilder, geller Schrei klang durch die Nacht. Beide sprangen von der Seite des Wagens auf die Straße, die Lampe fiel, zerbrach und verlöschte, und das Pferd, erschreckt durch diese ungewohnte Bewegung, bäumte sich und raste im Galopp gen Edinburgh, mit sich führend als einzigen Insassen des Wagens den Leichnam des toten, lange zerstückelten Gray.

Markheim

»Ja«, sagte der Händler, »die Wechselfälle unseres Geschäfts sind vielfältig. Es gibt unwissende Kunden, und dann profitiere ich durch mein größeres Wissen. Es gibt auch Unehrliche«, hier hielt er den Leuchter in die Höhe, dass das Licht voll auf seinen Besucher fiel, »und in diesem Fall«, fuhr er fort, »ziehe ich aus meiner Tugend Gewinn.«

Markheim kam gerade erst aus dem Tageslicht der Straße; seine Augen hatten sich noch nicht an das Gemisch von Licht und Dunkel in dem Laden gewöhnt. Bei diesen vielsagenden Worten und angesichts der Nähe der Flamme blickte er schmerzlich blinzelnd beiseite.

Der Händler kicherte. »Sie kommen am Weihnachtstag zu mir«, redete er weiter, »obwohl Sie genau wissen, dass ich allein im Haus bin, die Läden heruntergelassen habe und streng darauf halte, Geschäften aus dem Weg zu gehen. Nun, Sie werden dafür zahlen müssen; Sie werden dafür zahlen müssen, dass ich jetzt Zeit versäume, während ich über meinen Rechnungsbüchern sitzen sollte; Sie müssen außerdem für ein gewisses Benehmen zahlen, das mir heute an Ihnen ganz besonders auffällt. Ich bin die Diskretion selbst und stelle keine unliebsamen Fragen; aber wenn mir ein Kunde nicht ins Auge sehen kann, muss er dafür zahlen.« Wieder kicherte der Händler und fuhr dann im üblichen Geschäftston, wenn auch mit einem Schatten von Ironie fort: »Sie können natürlich wie gewöhnlich klar angeben, wie Sie in den Besitz des Gegenstands gelangt sind? Wieder mal aus Ihres Onkels Kabinett? Ein hervorragender Sammler, Sir!« Der kleine, blasse Händler mit dem krummen Rücken stellte sich fast auf die Zehenspitzen, guckte über seine goldenen Brillengläser hinweg und schüttelte mit allen Zeichen des Unglaubens den Kopf. Markheim erwiderte seinen Blick in grenzenlosem Mitleid und leisem Grauen.

»Diesmal«, sagte er, »befinden Sie sich im Irrtum. Ich bin nicht gekommen, um zu verkaufen, sondern um zu kaufen. Ich will keine Raritäten losschlagen; meines Onkels Kabinett ist bis zu den Wänden geplündert; aber selbst wenn es noch intakt wäre, würde ich nichts verkaufen wollen. Ich habe an der Börse Glück gehabt und würde die Sammlung daher eher vergrößern als vermindern; mein heutiges Anliegen ist die Einfachheit selbst. Ich suche ein Weihnachtsgeschenk für eine Dame«, fuhr er mit wachsender Geläufigkeit fort, je mehr er sich für die Rede, die er sich zurechtgelegt hatte, erwärmte, »und sicherlich schulde ich Ihnen dafür, dass ich Sie in einer so geringfügigen Angelegenheit störe, eine Genugtuung. Aber ich habe die Sache gestern versäumt; ich muss meine kleine Aufmerksamkeit heute beim Essen anbringen; wie Sie genau wissen, darf man eine reiche Heirat nicht vernachlässigen.« Eine Pause folgte, in der der Händler diese Erklärung ungläubig abzuwägen schien. Das Ticken zahlreicher Uhren, die unter dem fremdartigen Trödel des Ladens verborgen waren, und das ferne Rollen der Wagen aus einer der benachbarten Verkehrsstraßen füllten die kurze Stille.

»Gut, Sir«, sagte der Händler, »es sei. Schließlich sind Sie ja ein alter Kunde; und wenn sich Ihnen wirklich, wie Sie sagen, die Gelegenheit zu einer vorteilhaften Heirat bietet, will ich der Letzte sein, der sich Ihnen irgendwie in den Weg stellt. Hier habe ich etwas Hübsches für eine Dame«, fuhr er fort, »einen Handspiegel – fünfzehntes Jahrhundert, garantiert echt; stammt überdies aus einer guten Sammlung, wenn ich auch den Namen im Interesse meines Kunden verschweigen muss, der ganz wie Sie, verehrter Herr, der Neffe und einzige Erbe eines hervorragenden Sammlers ist.«

Der Händler hatte sich, während er in seiner trockenen, bissigen Art zu schwatzen fortfuhr, gebückt, um den Gegenstand von seinem Platz zu holen; währenddessen fuhr ein Zittern durch Markheims Glieder, ein Zucken von Hand und Fuß, und plötzlich jagte ein Sturm aufrührerischer Leidenschaften über sein Gesicht. Der Anfall verging so rasch, wie er gekommen war, und ließ keine Spur zurück, ausgenommen ein gewisses Beben der Hand, die jetzt den Spiegel in Empfang nahm.

»Ein Spiegel«, sagte er heiser und wiederholte deutlicher nach einer Pause. »Ein Spiegel? Zu Weihnachten? Das ist doch nicht Ihr Ernst?«

»Warum denn nicht?«, rief der Händler. »Warum keinen Spiegel?«

Markheim blickte ihn mit undefinierbarem Ausdruck an. »Sie fragen mich, warum ich keinen Spiegel will?«, sagte er. »Sehen Sie her – sehen Sie selbst hinein – sehen Sie sich an! Lieben Sie es, sich zu betrachten? Nein! Ich auch nicht – und ich wüsste niemanden, der es täte.«

Das Männchen war zurückgeschnellt, als Markheim ihm so plötzlich den Spiegel hinhielt; jetzt aber, da er erkannte, dass er nichts Schlimmeres in der Hand hatte, kicherte er. »Ihre Zukünftige muss recht stiefmütterlich vom Schicksal bedacht sein«, meinte er.

»Ich bitte Sie um ein Weihnachtsgeschenk«, sagte Markheim, »und Sie geben mir dieses da – diesen verdammten Herold der Zeit, der von Sünden und Torheit spricht – diesen Handmahner des Gewissens! War das Ihre Absicht? Hatten Sie dabei einen Hintergedanken? Reden Sie. Sie tun gut daran. Kommen Sie und erzählen Sie mir von sich selbst. Ich rate aufs Geratewohl: Im Grunde Ihres Herzens sind Sie ein recht mildtätiger Mann?«

Der Händler musterte seinen Besucher scharf. Seltsam, Markheim schien nicht zu lachen; auf seinem Gesicht leuchtete etwas wie erwartungsvolle Hoffnung, aber keine Lustigkeit.

»Worauf wollen Sie hinaus?«, fragte der Händler.

»Nicht mildtätig?«, entgegnete düster der andere. »Nicht mildtätig; nicht fromm; nicht gewissenhaft; lieblos, ungeliebt; eine Hand zum Gelderraffen, eine Kassette für dessen Aufbewahrung. Ist das alles? Du großer Gott, Mensch, ist das alles?«

»Ich will Ihnen sagen, was ist«, begann der Händler mit einiger Schärfe und brach dann mit einem Kichern ab. »Aber ich sehe ja, dass dies eine Liebesheirat ist, und Sie haben auf der Dame Gesundheit getrunken.«

»Ah«, rief Markheim mit seltsamer Neugier, »Ah, sind Sie je verliebt gewesen? Erzählen Sie mir davon.«

»Ich«, rief der Händler, »ich, verliebt? Habe nie die Zeit dazu gehabt und habe auch heute keine Zeit für diesen Unsinn. Wollen Sie nun den Spiegel?«

»Wozu die Eile?«, entgegnete Markheim. »Es steht und plaudert sich hier doch recht angenehm; und das Leben ist so kurz und unsicher, dass ich keiner Freude entrinnen möchte, selbst einer so unschuldigen wie dieser nicht. Wir sollten vielmehr an allem, was uns gegeben ist, festhalten, festhalten wie einer, der über einem Abgrund schwebt. Jede Sekunde stellt einen Abgrund dar, wenn man's recht bedenkt – einen schwindelnd tiefen Abgrund – tief genug, um uns bis zur Unkenntlichkeit unseres Menschentums zu zerschmettern. Und daher ist es besser, sich angenehm zu unterhalten. Wir wollen voneinander reden; wozu diese Maske? Lassen Sie uns gegenseitig Vertrauen fassen. Wer weiß, vielleicht werden wir noch Freunde?«

»Ich habe Ihnen gerade noch ein Wort zu sagen«, erklärte der Händler. »Entweder Sie erledigen Ihren Einkauf oder Sie scheren sich aus meinem Laden!«

»Wahr, sehr wahr«, sagte Markheim. »Genug der Torheiten. Zur Sache. Zeigen Sie mir etwas anderes.«

Der Händler bückte sich ein zweites Mal, um den Spiegel auf das Brett zurückzulegen; sein dünnes blondes Haar fiel ihm über die Augen. Markheim trat, die eine Hand in der Tasche seines schweren Mantels vergraben, ein wenig näher. Er straffte sich zu seiner vollen Länge, und seine Lungen sogen sich voll Luft. Gleichzeitig malten sich die verschiedenartigsten Empfindungen auf seinem Gesicht: Furcht, Grauen und Entschlossenheit, faszinierte Aufmerksamkeit und physischer Widerwillen, und unter der verzerrten Oberlippe wurden seine Zähne sichtbar.

»Vielleicht ist dies etwas Passendes«, bemerkte der Händler; und während er sich aufrichtete, stürzte sich Markheim von hinten auf sein Opfer. Die lange schmale Klinge blitzte auf und traf. Der Händler zappelte wie eine Henne, stieß mit der Schläfe gegen das Wandbrett und sank in einem Häufchen zu Boden.

Die Zeit hatte wohl ein Dutzend feiner Stimmen in jenem Laden, gewichtige und gemessene, wie es dem hohen Alter zukommt, schwatzhafte und eilige, und alle zählten im verworrenen Ticktack die Sekunden. Von der Gasse her durchbrach das hastige Gepolter von Knabenfüßen auf Pflastersteinen den Chor der schwächeren Stimmen und erweckte Markheim zum Bewusstsein seiner Umgebung. Er blickte sich furchtsam um. Die Kerze stand auf dem Ladentisch; mahnend zuckte die Flamme im Luftzug, und diese fast unmerkliche Bewegung füllte den ganzen Raum mit stummem Leben und wogender Unruhe wie das Meer: Die steilen Schatten nickten, die schweren massigen Dunkelheiten wuchsen und schrumpften wie atmende Wesen, die Gesichter der Porträts und der chinesischen Porzellangötter wandelten sich und verschwammen wie Spiegelbilder im Wasser. Die innere Tür stand offen und spähte in das Heer der Schatten mit einem langen schmalen Streifen Tageslicht, der einem gestreckten Zeigefinger glich.

Von ihren Irrfahrten kehrten Markheims furchtbefallene Augen zu dem Körper seines Opfers zurück, wie er buckelig, mit gespreizten Gliedern, unglaublich klein und unendlich viel erbärmlicher als im Leben dalag. In den ärmlichen Kleidern eines Geizhalses und in jener plumpen Stellung war das Ganze nicht viel mehr als ein Häufchen Lumpen. Markheim hatte sich vor seinem Anblick gefürchtet, und siehe! Es war ein Nichts. Und dennoch, wie er es so betrachtete, begannen in diesem blutbesudelten Bündel alter Kleider, beredte Stimmen laut zu werden. Dort musste es liegen; niemand war, der die geschickt gearbeiteten Angeln und Scharniere spielen ließ, der das Wunder der Bewegung dirigieren konnte. Dort musste es liegen, bis es gefunden wurde. Gefunden! Ja, und dann? Dann würde aus diesem toten Leib ein Schrei aufsteigen, von dem ganz England widerhallen musste. Das Echo der Jagd würde die ganze Welt erfüllen. Ja, tot oder lebendig, hier lag der Feind. »Zeit war, da der gehemmte Geist entwich« – fuhr es ihm durch den Sinn, und das erste Wort zündete in seinem Hirn. Die Zeit, die für das Opfer ausgelöscht war, war nun, da er die Tat vollbracht, für den Mörder unaufhaltsam, ungeheuerlich bedeutungsvoll geworden.

Dieser Gedanke erfüllte ihn noch ganz, als erst die eine und dann die andere Uhr, in jeder möglichen Variation von Takt und Stimme, tief wie die Glocke einer Kathedrale, leicht und hell wie der Auftakt zu einem Walzer, die dritte Nachmittagsstunde zu schlagen begann.

Der plötzliche Ausbruch so zahlreicher Stimmen in dem stummen Raum traf ihn wie ein Fausthieb. Er setzte sich in Bewegung, schritt, die Kerze in der Hand, hin und her, unablässig von gleitenden Schatten verfolgt und zu Tode erschrocken von zufälligen Betrachtungen. Aus zahlreichen prunkvollen Spiegeln teils heimischen Ursprungs, teils aus Venedig oder Amsterdam, blickte ihm sein Gesicht in vielfältigen Wiederholungen gleich einem Heer von Spionen entgegen; seine eigenen Augen stellten ihn in der Begegnung, und seine eigenen Schritte schreckten trotz ihrer Leichtigkeit die umgebende Stille auf. Und noch während er seine Taschen füllte, warf ihm sein Hirn mit unablässiger, tödlicher Monotonie die tausend Fehler seines Plans vor. Er hätte eine ruhigere Stunde wählen, sich ein Alibi beschaffen sollen; er hätte kein Messer gebrauchen, hätte vorsichtiger sein sollen. Es hätte genügt, den Händler zu binden und zu knebeln, statt ihn zu töten; er hätte verwegener sein und sich auch noch des Dienstboten entledigen sollen; alles hätte er anders machen sollen: brennendes Bedauern, zehrender, nimmer endender Kreislauf der Gedanken, um das zu ändern, was nicht zu ändern war;

zweckloses Planen, Baumeister der unwiderruflichen Vergangenheit zu werden. Und im Hintergrund dieses fiebrigen Denkens füllten tierische Schrecken, wie das Scharren und Rascheln der Ratten auf dem öden Dachboden, die geheimsten Kammern seines Gehirns mit Aufruhr; die Hand des Constable fiel schwer auf seine Schulter, und seine Nerven zuckten wie der Fisch am Angelhaken; oder es jagten Gerichtsschränke, Gefängnis, Galgen und der schwarze Sarg an seinem Innern vorbei. Furcht vor den Leuten auf der Straße belagerte ihn wie eine Armee die Festung. Unmöglich, dass nicht irgendwie der Kampf ruchbar geworden war und ihre Neugier aufgestachelt hatte. Jetzt sah er sie in den Nachbarhäusern sitzen, regungslos, die Ohren gespitzt – die Einsamen, die dazu verurteilt waren, Weihnachten allein mit ihren Erinnerungen zu feiern, durch seine Tat aus zärtlichen Gedanken aufgeschreckt; glückliche Familien um den Tisch versammelt und zu Schweigen erstarrt, die Mutter mit erhobenem Finger: Menschen jedes Standes, jedes Alters, jeder Laune, aber alle am eigenen Herd versammelt, und alle spähend, lauschend und den Strick flechtend, der ihn henken sollte. Mitunter war es ihm, als könne er nicht leise genug gehen; das Klirren der hohen böhmischen Gläser tönte laut wie eine Glocke, und durch das sonore Ticken erschreckt, fühlte er sich versucht, die Uhren abzustellen. Und wieder, in wechselndem Entsetzen, schien ihm das Schweigen selbst voller Gefahr: Es musste den Passanten auffallen, sie erstarrend an die Stelle fesseln. Und sofort vermehrte er die Sicherheit seines Auftretens, machte sich geräuschvoll in dem Laden zu schaffen und ahmte mit studierter Leichtigkeit das Treiben eines geschäftigen Mannes nach, der sich zwanglos in seinem eigenen Haus bewegt.

Jetzt aber fühlte er sich von so vielfachen Ängsten zerrissen, dass sein Gehirn dem Wahnsinn nahe war und doch wieder wachsam und schlau auf der Lauer lag. Der Nachbar, der sein bleiches Gesicht gegen die Scheiben presste, der Passant, den eine grausige Ahnung stehen bleiben hieß, konnten schlimmstenfalls nur Vermutungen hegen: Wissen konnten sie nichts. Die Ziegelmauern und geschlossenen Fensterläden ließen nur Geräusche hindurch. Aber war er hier im Haus auch wirklich allein? Er wusste, dass er es war; er hatte das Dienstmädchen in dem armen Feiertagskleid fortgehen sehen, dem Schatz entgegen, ›Ausgang‹ in jeder Rüsche, in jeder lächelnden Falte ihres Gesichts. Ja, er war allein, natürlich war er allein; dennoch hörte er ganz genau über sich in der weiten Leere des Hauses zarte Tritte – er war sich einer fremden Gegenwart vollauf bewusst, auf rätselhafte Art bewusst. Ja, bestimmt; seine Fantasie schlich ihr in jedes Zimmer, in jeden Winkel nach, und jetzt war es ein Ding ohne Gesicht, aber mit Augen, die sahen, und dann war es ein Schatten seiner selbst, und wieder war es das Abbild des toten Händlers, zu neuem Hass und neuer Tücke auferweckt.

Mit Überwindung blickte er von Zeit zu Zeit nach der offenen Tür, vor der seine Augen trotzdem zurückprallten. Das Haus war sehr hoch, das Oberlichtfenster klein und schmutzig, der Tag von Nebel blind. Das Licht, das nach dem Erdgeschoss durchsickerte, war außerordentlich trüb und zeichnete sich nur matt auf der Ladenschwelle ab. Und doch – lauerte nicht ein schwanker Schatten dort in dem schmalen Dämmerstreifen?

Plötzlich fing ein äußerst jovialer Herr an, unter Schreien und Scherzen und fortgesetzten Wiederholungen des Namens des Händlers von draußen her mit seinem Stock gegen die Ladentür zu pochen. Markheim blickte, zu Eis erstarrt, den Toten an. Nein, der lag ganz still, weit außerhalb der Hörweite dieses Klopfens und Rufens, in einem Ozean des Schweigens versunken, und sein Name, der ehedem für seine Ohren das Toben des Sturms übertönt haben mochte, war ein leeres Geräusch geworden. Und nach einer Weile hörte der joviale Herr mit seinem Klopfen auf und ging seiner Wege.

Das war ein deutlicher Wink, mit dem, was es noch zu tun gab, nicht zu säumen; sich auf und davon zu machen aus dieser anklagenden Umgebung, unterzutauchen in die Millionen Londons und, jenseits des Tages, jenen Hafen der Sicherheit und scheinbaren Unschuld zu erreichen – das Bett. Ein Besucher hatte sich bereits gemeldet; jeden Augenblick konnte ihm ein zweiter, hartnäckigerer folgen. Nach vollbrachter Tat um ihre Früchte betrogen zu werden, wäre zu furchtbar gewesen. Das Geld, das war jetzt Markheims vornehmste Sorge, und als Mittel dazu: die Schlüssel.

Er warf einen Blick über die Schulter nach der offenen Tür, wo nach wie vor zitternd der Schatten weilte. Ohne klaren psychischen Widerwillen, aber unter körperlichem Schaudern näherte er sich der Leiche seines Opfers. Der menschliche Charakter war ganz von ihr gewichen. Mit gespreizten Gliedern und gekrümmtem Rumpf glich sie einem lose mit Sägemehl ausgestopften Kleiderbündel; dennoch stieß das Ding ihn ab. Trotz der nichtssagenden Dürftigkeit des Anblicks fürchtete er sich vor der beredteren Sprache der Berührung. Er fasste die Leiche an den Schultern und legte sie auf den Rücken. Sie war seltsam leicht und geschmeidig, und die Arme und Beine nahmen dabei, wie gebrochen, die sonderbarsten Stellungen an. Das Gesicht war ohne jeden Ausdruck, aber wachsbleich und die eine Schläfe entsetzlich mit Blut beschmiert. Das war das Einzige, was Markheim Widerwillen einflößte. Im Nu war er in ein Fischerdorf zurückversetzt, an einem gewissen Jahrmarktstag: ein grauer Himmel, ein pfeifender Wind, eine Volksmenge auf den Straßen, Blechmusik, Trommelwirbel, und die näselnde Stimme einer Bänkelsängerin, dazu ein Knabe, der, zwischen Furcht und Interesse zerrissen, im Gedränge untertauchte und sich hin und her bewegte, bis er auf dem Hauptrummelplatz eine Bude mit einer ungeheuren Plakatwand entdeckte: elendigliche, roh gemalte, schreiende Bilder, die Brownrigg mit ihrem Lehrling, die Mannings mit ihrem ermordeten Gast, Weare mit der Mörderfaust Thurtells an der Kehle, und ein Dutzend anderer berühmter Verbrechen waren hier dargestellt. Das Ganze war so lebendig wie eine Fata Morgana; wieder war er der kleine Junge, wieder betrachtete er mit dem gleichen körperlichen Widerwillen diese gemeinen Bilder; wieder schlug der Trommellärm betäubend an sein Ohr. Einige Takte der damals gehörten Musik huschten ihm durch den Sinn, und hierbei überkam ihn zum ersten Male ein Ohnmachtsgefühl, eine Welle der Übelkeit, eine plötzliche Schwäche in den Kniegelenken, die es augenblicks zu bekämpfen und zu überwinden galt.

Er hielt es für klüger, seinen Betrachtungen standzuhalten, als ihnen zu entfliehen. Fest sah er dem Toten ins Gesicht und zwang sich, die Art und Größe seines Verbrechens zu begreifen. Wie lange war es her, dass sich auf diesem Antlitz jedes wechselnde Empfinden gespiegelt, dass dieser Mund geredet, dieser Körper geglüht hatte von feurigster, lenksamer Energie? Und jetzt war durch seine Tat jenes Stückchen Leben angehalten worden, wie der Uhrmacher mit gestrecktem Finger das Räderwerk der Uhr zum Stehen bringt. So suchte er sich vergeblich zu überzeugen; vergeblich suchte er sich zu reuigerem Bewusstsein aufzupeitschen; dasselbe Herz, das vor den Abbildern des Verbrechens zurückgeschreckt war, blieb unberührt hier vor der Wirklichkeit. Im besten Fall fühlte er ein schwaches Bedauern für dieses Wesen, dem umsonst ein gütiges Schicksal alle Gaben in die Wiege gelegt hatte, die die Welt in einen Zaubergarten verwandeln, und das, ohne je gelebt zu haben, jetzt gestorben war. Von Reue aber keinen Hauch.

Damit schüttelte er diese Gedanken von sich ab; er fand die Schlüssel und schritt auf die offene Tür zu. Draußen hatte es heftig zu regnen angefangen, und das Geräusch der auf das Dach fallenden Tropfen hatte das Schweigen verbannt. So wie in gewissen Höhlen das ständig rieselnde Wasser ein nie enden wollendes Echo weckt, so füllte sich das Haus mit ihrem Widerhall, der sich mit dem Ticken der Uhren vermischte. Im Näherschreiten war es Markheim, als antwortete seinen behutsamen Tritten ein anderer fremder Tritt, der sich vor ihm die Treppe hinauf zurückzog. Immer noch zitterte der Schatten auf der Türschwelle. Mit dem Zentnergewicht seines Willens zwang er seine Muskeln zum Gehorsam und schob die Tür vollends zurück.

Das schwache, dunstige Tageslicht schimmerte trübe auf dem kahlen Fußboden und der Treppe, auf der blinkenden Ritterrüstung, die mit aufgepflanzter Hellebarde auf dem Treppenabsatz stand, auf die dunklen Holzschnitzereien und gerahmten Bilder, die sich von der gelben Holzbekleidung der Wände abhoben. Die prasselnden Regentropfen hallten so laut im Haus wider, dass Markheim in ihnen vielfältige Stimmen und Geräusche zu unterscheiden vermeinte. Fußtritte und Seufzer, der schwere Schritt eines in der Ferne marschierenden Regiments, das Klingen von Goldmünzen auf dem Ladentisch, das Knarren von Türen, die von heimlicher Hand offen gehalten wurden, mischten sich, schien's, in das Geräusch des klatschenden Regens auf der Dachkuppel und in das Rauschen des Wassers in den Leitungsröhren. Das Bewusstsein fremder Gegenwart brachte ihn dem Wahnsinn nahe. Von allen Seiten umlagerten und verfolgten ihn unsichtbare Wesen. Er hörte sie sich in den oberen Räumen bewegen; vom Laden her spürte er den Toten sich aufrichten und lebendig werden, und als er sich mit starker Überwindung anschickte, die Treppe hinaufzusteigen, flohen Füße geräuschlos vor ihm her und schlichen ihm heimlich nach. Wäre er nur taub, fuhr es ihm durch den Sinn, wie sicher würde er Herr seiner Seele sein. Und wieder horchte er auf und segnete jenen immer wachen Sinn, der auf Vorposten stand und als zuverlässige Schildwache sein Leben beschirmte. Unablässig drehte und wendete er den Kopf; seine Augen, die aus ihren Höhlen hervorzutreten schienen, spähten und schweiften nach allen Seiten, und von allen Seiten her ward ihnen ein halber Lohn durch ein namenloses Etwas, dessen schwindende Spur sie erhaschten. Die vierundzwanzig Stufen zum oberen Stockwerk waren vierundzwanzig Höllenstrafen. Auf diesem Flur gähnten ihm drei Türen entgegen, drohende Hinterhalte, die wie drei Kanonenmündungen seine Nerven erschütterten. Er fühlte es, nichts war stark genug, um ihn fortan gegen die spähenden Augen der Menschen zu stählen und zu wappnen. Er sehnte sieh danach, zu Hause zu sein, hinter festen Mauern, in den Betttüchern vergraben, unsichtbar vor allen, außer vor Gott. Bei diesem Gedanken wunderte er sich ein wenig, in Erinnerung an die vielen Geschichten von anderen Mördern, die angeblich vor der Rache des Himmels gezittert hatten. Sie stimmten nicht, wenigstens was ihn betraf. Er fürchtete sich vor den Gesetzen der Natur, dass sie in ihrem gefühllosen und unabänderlichen Ablauf eine vernichtende Spur seines Verbrechens festhalten könnten. Mit zehnfachem sklavischen, abergläubischen Grauen fürchtete er irgendeinen Riss in der Kontinuität der menschlichen Erfahrungen, irgendeinen willkürlichen Bruch der Naturgesetze. Er spielte ein Spiel der Geschicklichkeit, das von den Regeln, den berechneten Wirkungen bestimmter Ursachen abhing. Wie, wenn nun die Natur, wie der besiegte Tyrann das Schachbrett, ihre Gesetzesfolge zertrümmern sollte? Das Gleiche hatte Napoleon betroffen, als der Winter den Zeitpunkt seines Eintreffens änderte. Das Gleiche konnte Markheim treffen: Die festen Mauern konnten durchsichtig werden und sein Treiben enthüllen wie das Treiben von Bienen in einem gläsernen Stock. Die starken Dielen konnten wie trügerischer Flugsand nachgeben und ihn umklammern; ja, alltäglichere Ereignisse konnten ihn vernichten. Wie, wenn nun das Haus einfiel und ihn zusammen mit dem Leichnam seines Opfers einsperrte? Oder wenn in dem Nachbarhaus Feuer ausbräche und ringsum die Feuerwehr auf ihn eindränge? Das waren die Dinge, die er fürchtete, die Dinge, die man gewissermaßen die Hand Gottes nennen konnte, die Er der Sünde entgegenreckt. Vor Gott selbst fürchtete er sich nicht; gewiss, seine Tat war eine Ausnahmetat, aber ungewöhnlich waren auch seine Entschuldigungsgründe, die Gott allein kannte. Bei ihm, nicht aber bei den Menschen war er der Gerechtigkeit sicher.

Nachdem er unbehelligt in das Wohnzimmer eingedrungen war und die Tür hinter sich geschlossen hatte, fühlte er seine

Furcht von sich weichen. Die Einrichtung war völlig aufgelöst; der Teppich fehlte, stattdessen standen zahlreiche Packkisten und Möbelstücke in wüstem Durcheinander; dazu verschiedene hohe Spiegel, in denen er sich von allen möglichen Seiten erblickte, wie ein Schauspieler in verschiedenen Bühnenposen, viele Bilder, gerahmt und ungerahmt, mit der Vorderseite gegen die Wand gelehnt, eine schöne Sheraton-Anrichte, ein eingelegter Sekretär und ein mächtiges altes Bett mit schweren Vorhängen. Die Fenster gingen auf den Hof hinaus, aber zum Glück verbargen ihn die heruntergelassenen Läden vor den Nachbarn. Markheim rückte also eine der Kisten vor den Sekretär und begann, nacheinander die Schlüssel zu erproben. Es war ein langwieriges und angreifendes Geschäft, denn vielleicht war der Sekretär auch leer, und die Zeit drängte. Indes ernüchterte ihn die angespannte Arbeit. Er schielte dabei zur Tür – ja mitunter blickte er sie gerade an, wie ein belagerter Kommandant, der sich freut festzustellen, dass seine Verteidigungsmaßnahmen in gutem Zustand sind. In Wahrheit war er jetzt ganz ruhig. Das Plätschern des Regens auf der Straße klang wieder natürlich und angenehm in seinen Ohren. Nach einer Weile drangen aus der entgegengesetzten Richtung die Töne eines Klaviers zu ihm herüber, die sich der Melodie eines Chorals anschmiegten, und zahlreiche Kinderstimmen nahmen die Weise und die Worte auf. Wie majestätisch und trostreich klang die Melodie, wie frisch waren die jugendlichen Stimmen. Markheim lauschte lächelnd, während er die Schlüssel ordnete; in seinem Geist drängten sich sprechende Bilder und Gedanken: Kinder auf dem Weg zur Kirche und Orgelgebraus, Kinder auf der Wiese, Badende am Bachufer, kleine Beerenleser im Gemeindewäldchen, jugendliche Drachenspieler unter einem windigen, wolkenreichen Himmel; und bei der nächsten Kadenz war er wieder in die Kirche zurückversetzt, in die schläfrige Hitze eines Sommersonntags, hörte die hohe, vornehme Stimme des Geistlichen (die ihm in der Erinnerung noch ein leises Lächeln entlockte) und sah die gemalten Jakobitengrabmäler sowie die matten Buchstaben der Zehn Gebote an der Kanzel.

Und noch während er so geschäftig und abwesend zugleich dasaß, riss es ihn plötzlich auf die Füße. Ein Strahl von Eis und ein Strahl von Feuer, eine Woge pochenden Bluts, und er stand angenagelt, jeder Nerv gespannt. Ein langsamer, fester Schritt kam die Treppe herauf, und nach einer Weile legte eine Hand sich auf die Türklinke, das Schloss klirrte und die Tür öffnete sich.

Furcht hielt Markheim wie mit Eisenklammern. Er wusste nicht, was war; ob der Tote auferstanden war, ob die offiziellen Häscher der menschlichen Justiz ihn greifen wollten, ob ein zufälliger Zeuge hier blind hereinstolperte, um ihn dem Galgen zu überliefern. Als jedoch ein Gesicht sich durch die Öffnung schob, im Zimmer umherblickte, ihm wie in freundschaftlichem Erkennen zunickte und lächelte, und sich dann wieder zurückzog, brach seine Furcht in einem heiseren Schrei durch. Bei diesem Laut kehrte der Besucher wieder um.

»Haben Sie mich gerufen?«, fragte er freundlich, und mit diesen Worten trat er, die Tür hinter sich schließend, ins Zimmer.

Markheim stand und starrte ihn krampfhaft an. Vielleicht lag ein Schleier über seinen Augen, aber es war ihm, als ob die Konturen des Ankömmlings sich wandelten und verschwammen, wie die der Götzen in dem unruhigen Kerzenlicht des Ladens. Mitunter kam er ihm bekannt vor, dann wieder schien er ihm selbst zu gleichen; und dabei lastete unablässig, gleich einem schweren Stein und voll lebendigsten Entsetzens, die Überzeugung auf seiner Brust, dass das Wesen dort nicht von dieser Welt und auch nicht vom Himmel sei.

Und dennoch – das Geschöpf sah seltsam alltäglich aus, wie es so dastand und Markheim lächelnd ansah, und als es gar hinzufügte: »Sie suchen, soviel ich weiß, das Geld?«, waren seine Worte in dem üblichen Ton eines höflichen Mannes.

Markheim antwortete nicht.

»Ich muss Sie darauf aufmerksam machen«, fuhr der andere fort, »dass das Dienstmädchen sich heute früher als gewöhnlich von seinem Schatz getrennt hat und bald hier sein wird. Sollte Mr Markheim hier im Haus gefunden werden, so brauche ich ihn wohl nicht erst auf die Folgen hinzuweisen.«

»Sie kennen mich?«, rief der Mörder.

Der Besucher lächelte. »Seit Langem gehören Sie zu meinen ganz besonderen Freunden«, sagte er, »und schon lange habe ich Sie beobachtet und Ihnen helfen wollen.«

»Wer sind Sie?«, rief Markheim. »Der Teufel?«

»Wer ich bin«, erwiderte der andere, »hat nichts mit dem Dienst zu tun, den ich Ihnen leisten möchte.«

»Nein«, rief Markheim, »nein! Mir von Ihnen helfen lassen? Niemals; von Ihnen nicht. Noch kennen Sie mich nicht; dem Himmel sei Dank, mich nicht.«

»Ich kenne Sie«, entgegnete der Gast in gleichsam freundlich strengem oder festem Ton. »Ich kenne Sie bis auf den Grund Ihrer Seele.«

»Mich kennen!«, rief Markheim. »Wer kann das? Mein Leben ist nichts als eine Travestie, eine Verleumdung meiner selbst. Ich habe gelebt, um meine Natur Lügen zu strafen. Alle Menschen tun das; alle Menschen sind besser als die Maske, die sie tragen, die ihnen anwächst und sie erstickt. Sehen Sie nicht, wie das Leben sie packt und mit sich reißt, wie einen Menschen, den Räuber in einen Mantel hüllen und mit sich schleppen? Könnten sie, wie sie wollten – könnten Sie ihre Gesichter sehen, sie wären ganz anders; sie würden als Heroen und Heilige erglänzen. Ich bin schlimmer als die meisten; trage eine ärgere Verkleidung; meine Entschuldigung kennen nur Gott und ich allein. Hätte ich Zeit dazu, ich würde mich enthüllen.«

»Sich mir enthüllen?«

»Ihnen vor allem«, entgegnete der Mörder. »Ich hielt Sie für intelligent. Ich glaubte – da Sie wirklich existieren –, Sie verstünden im Herzen zu lesen. Und doch wollen Sie mich nach meinen

Taten beurteilen! Überlegen Sie, was das heißt, nach meinen Taten! Ich bin unter Riesen zur Welt gekommen, habe unter Riesen gelebt; Riesen haben mich, von dem Tag meiner Geburt an, bei der Hand genommen und fortgeschleppt – die Riesen des Zufalls, der Umgebung. Und Sie wollen mich nach meinen Taten beurteilen! Können Sie denn nicht in mein Inneres hineinsehen? Können Sie denn nicht begreifen, dass ich das Böse hasse? Erkennen Sie denn nicht in meinem Innern die klare Schrift des Gewissens, die keine willkürlichen Sophismen auszulöschen vermochten, wenn ich sie auch gar zu oft unbeachtet ließ? Erkennen Sie mich denn nicht als ein Wesen, das so weit verbreitet ist wie die Menschheit selbst – als den Sünder wider Willen?«

»Alles, was Sie sagen, klingt sehr schön«, lautete die Antwort, »geht mich aber nichts an. Fragen der Charakterstärke fallen nicht in mein Gebiet, und es ist mir ganz gleichgültig, durch welchen Zwang Sie sich haben mitreißen lassen, vorausgesetzt, dass es in der richtigen Richtung war. Aber die Zeit fliegt; das Dienstmädchen hat es zwar nicht eilig; sie sieht sich die Volksmenge an und die Bilder an den Anschlagsäulen, aber sie rückt doch immer näher, und vergessen Sie nicht, dass es ist, als käme der langbeinige Galgen selbst durch die festlichen Straßen auf Sie losgeschritten! Soll ich Ihnen helfen, ich, der ich alles weiß? Soll ich Ihnen sagen, wo das Geld zu finden ist?«

»Um welchen Preis?«, fragte Markheim.

»Ich schenke Ihnen diesen Dienst als Weihnachtsgabe«, versetzte der andere.

Markheim musste lächeln, wie in bitterem Triumph. »Nein«, sagte er, »ich will nichts aus Ihren Händen; und wenn ich vor Durst stürbe und Ihre Hand hielte den Wasserkrug an meine Lippen, ich hätte dennoch den Mut, ihn zurückzuweisen. Vielleicht bin ich zu leichtgläubig, aber ich will nichts tun, um mich dem Bösen zu verschreiben.«

»O bitte, ich habe nichts gegen eine Reue auf dem Totenbett«, bemerkte der Besucher.

»Weil Sie an ihre Wirksamkeit nicht glauben«, rief Markheim.

»Das will ich nicht sagen«, erwiderte der andere; »aber ich betrachte diese Dinge von einer anderen Seite, und mit dem Leben erlischt auch mein Interesse. Der Mensch hat gelebt, um mir zu dienen, um unter der Flagge der Religion Bosheit und Übelwollen zu verbreiten, oder um wie Sie, in einem Dasein voll willfähriger Schwäche gegenüber seinen Trieben, Unkraut ins Weizenfeld zu säen. Jetzt, da er sich dem Tor zur Freiheit nähert, vermag er seinen Dienst nur um die eine Tat noch zu bereichern – er bereut, stirbt lächelnd und baut in den furchtsameren unter meinen Anhängern Hoffnung und Zuversicht auf. Ich bin kein harter Herr. Versuchen Sie es mit mir. Nehmen Sie meine Hilfe an. Bedienen Sie sich im Leben, wie Sie es bisher getan haben; greifen Sie noch reichlicher zu, brauchen Sie Ihre Ellbogen an der Tafel; und wenn die Nacht sich niedersenken und der Vorhang fallen will, wird es Ihnen sogar ein Leichtes sein, sich mit Ihrem Gewissen zu versöhnen und mit Gott einen Frieden auf Gegenseitigkeit zu schließen. Dessen kann ich Sie zu Ihrem Trost versichern. Eben erst komme ich von solch einem Totenbett; das Zimmer war voll ehrlicher Leidtragender, die alle den letzten Worten des Mannes lauschten, und als ich in jene Augen blickte, die sich jeder mitleidigen Regung gegenüber zu Stahl verhärtet hatten, fand ich sie voll lächelnder Hoffnung.«

»Und halten Sie mich wirklich für ein solches Geschöpf?«, fragte Markheim. »Glauben Sie wirklich, ich kennte kein höheres Ziel, als zu sündigen, wieder zu sündigen und immerfort zu sündigen, um mich zuletzt durch die Hintertür in den Himmel zu schleichen? Mein Herz bäumt sich bei dem Gedanken. Sind das Ihre Erfahrungen mit der Menschheit, oder setzen Sie eine solche Schlechtigkeit in mir voraus, weil meine Hände rot von Blut sind? Und ist dies Verbrechen des Mordes denn wirklich so ruchlos, dass es die Quelle des Guten selbst versiegen lässt?«

»Mord ist für mich keine besondere Kategorie«, versetzte der andere. »Alle Sünden sind Morde, so wie das ganze Leben ein

Krieg ist. Ich sehe Ihresgleichen gleich hungernden Seeleuten auf einem Floß die Brotkrusten dem Hunger selbst aus den Händen reißen und einander gegenseitig verschlingen. Ich gehe der Sünde nach bis über den Moment ihrer Entstehung und sehe, dass ihre Folge überall der Tod ist. In meinen Augen trieft das hübsche Mädchen, das am Vorabend eines Balls mit gewinnendem Liebreiz die Mutter hintergeht, nicht weniger von Menschenblut als der eigentliche Mörder. Sagte ich, dass ich der Sünde nachgehe? Ich gehe auch der Tugend nach; sie unterscheiden sich voneinander nicht um Haaresbreite. Beide sind Sicheln in der Hand des Mähers Tod. Das Böse, für das ich lebe, wurzelt nicht im Handeln, sondern im Charakter. Ich liebe den schlechten Menschen, nicht die schlechte Tat, deren Früchte, könnten wir sie nur weit genug in ihrem Sturz hinab den sausenden Katarakt der Zeit verfolgen, vielleicht segensreicher befunden werden als die seltenste Tugendfrucht. Nicht weil Sie einen Händler getötet haben, sondern weil Sie Markheim sind, erbiete ich mich, Ihnen zur Flucht zu verhelfen.«

»Ich will Ihnen mein ganzes Herz zeigen«, war Markheims Antwort. »Dieses Verbrechen, über dem Sie mich ertappt haben, ist mein letztes. Auf dem Weg zu ihm habe ich viel gelernt, ja, die Tat selbst ist mir eine denkwürdige Lehre geworden. Bisher bin ich wider meinen Willen zu dem getrieben worden, was mir fernlag; ich war der gehetzte, gepeitschte Sklave der Armut. Es gibt robuste Tugenden, die diesen Versuchungen zu widerstehen vermögen; die meine war nicht so: Mich dürstete nach Genuss. Heute aber, aus dieser Tat, sammle ich sowohl gute Lehren wie Reichtümer, sowohl den erneuten Entschluss wie die Kraft, ich selbst zu sein. Ich werde in allen Dingen Herr meiner Handlungen; ich sehe mich bereits als einen ganz anderen; diese Hände sind Werkzeuge des Guten; Frieden wohnt in diesem Herzen. Etwas aus der Vergangenheit überkommt mich; etwas, von dem mir an Sabbatabenden träumte, wenn die Orgel erklang; Vorahnungen, die ich hatte, wenn ich über großen, reinen Büchern weinen musste oder als unschuldiges Kind mit meiner Mutter redete. Dort liegt mein Leben; ich bin einige Jahre in der Fremde umhergeirrt, jetzt aber sehe ich den Ort meiner Bestimmung wieder vor mir liegen.«

»Sie wollen dieses Geld, glaube ich, auf der Börse gebrauchen?«, bemerkte der Gast. »Dort haben Sie aber, soviel ich weiß, schon einige Tausende verloren?«

»Ah«, sagte Markheim, »diesmal ist es aber eine ganz sichere Sache.«

»Auch diesmal«, sagte der Gast sehr ruhig, »werden Sie verlieren.«

»Aber ich setze doch nur die Hälfte dran«, rief Markheim.

»Sie werden auch die andere Hälfte verlieren«, sagte der andere.

Auf Markheims Stirn brach der Schweiß aus. »Nun, und wenn dem so wäre«, rief er. »Wenn ich es verliere, wenn ich in die Armut zurückstürze, soll ein Teil meines Wesens, und zwar der schlimmere Teil, bis zuletzt das Gute in mir verdrängen? Gut und Böse sind stark in mir und reißen mich nach verschiedenen Seiten. Ich liebe nicht nur das eine, ich liebe alles. Ich kann von großen Taten träumen, von Verzicht und Märtyrertum, und obwohl ich mich zu diesem Verbrechen erniedrigt habe, ist Mitleid mir doch nicht fremd. Ich bemitleide die Armen; wer kennt ihre Nöte besser als ich? Ich bemitleide sie und helfe ihnen; ich schätze die Liebe, liebe ein ehrliches Lachen; es ist nichts Gutes und Wahres unter der Sonne, das ich nicht von ganzem Herzen liebe. Sollten denn meine Laster allein mein Leben bestimmen und meine Tugenden brach liegen wie toter Ballast des Gehirns? Niemals; auch das Gute ist eine Quelle zur Tat.«

Allein der Gast hob warnend den Finger. »Sechsunddreißig Jahre lang haben Sie in dieser Welt gelebt«, sagte er, »durch wechselvolle Schicksale und Launen hindurch habe ich Sie ununterbrochen von Stufe zu Stufe sinken sehen. Fünfzehn Jahre sind es her, dass Sie mit einem Diebstahl begonnen haben. Noch vor drei

Jahren hätte das Wort Mord genügt, um Ihnen das Blut aus den Wangen zu treiben. Gibt es wirklich noch ein Verbrechen, eine Grausamkeit, eine gemeine Handlung, vor der Sie heute zurückschrecken? In fünf Jahren werde ich Sie auch darüber ertappen. Tiefer, immer tiefer führt Ihr Weg; und nichts außer dem Tod kann Sie aufhalten.«

»Wahr«, sagte Markheim heiser, »ich habe bis zum gewissen Grad dem Bösen nachgegeben. Aber so geht es allen, selbst die Heiligen werden durch die pure Tatsache, dass sie leben, weniger wählerisch und nehmen die Farbe ihrer Umgebung an.«

»Ich werde eine einzige schlichte Frage an Sie richten«, sagte der andere, »und aus Ihrer Antwort werde ich Ihnen Ihr moralisches Horoskop stellen. Sie sind in vielen Dingen laxer geworden; vielleicht mit Recht. Wenigstens machen es alle Menschen so. Aber das zugegeben, sind Sie in irgendeinem, wenn auch noch so geringfügigen Punkt sich selbst gegenüber strenger geworden, oder lassen Sie überall die Zügel schießen?«

»In irgendeinem Punkt?«, wiederholte Markheim in qualvoller Überlegung. »Nein«, fügte er verzweifelt hinzu, »nirgends! Überall bin ich bergab gegangen.«

»Dann«, sagte der Besucher, »dann begnügen Sie sich mit dem, was Sie sind; denn Sie werden sich niemals ändern; die Worte Ihrer Rolle auf dieser Bühne sind unwiderruflich niedergeschrieben.«

Markheim stand lange schweigend da; der Besucher war der Erste, die Pause zu unterbrechen. »Da dem so ist«, sagte er, »soll ich Ihnen das Geld zeigen?«

»Und die Gnade?«, rief Markheim.

»Haben Sie es mit der nicht auch schon versucht?«, entgegnete der andere. »Sah ich Sie nicht vor zwei, drei Jahren bei religiösen Versammlungen? Hat nicht Ihre Stimme in dem Choral am lautesten geklungen?«

»Wahr, wahr«, sagte Markheim; »ich sehe klar, wohin mich die Pflicht jetzt führt. Ich danke Ihnen aus tiefster Seele für die

Lehren, die Sie mir gegeben haben. Sie haben mir die Augen geöffnet, endlich erkenne ich mich als den, der ich bin.«

In diesem Augenblick tönte der grelle Klang einer Türglocke durchs Haus, und der Besucher änderte wie auf ein verabredetes und erwartetes Zeichen sein Benehmen.

»Das Dienstmädchen!«, rief er. »Es ist zurückgekommen, wie ich Ihnen voraussagte; jetzt gilt es, nur noch eine einzige schwierige Handlung zu vollbringen. Sie müssen sagen, dass ihr Herr erkrankt sei; Sie müssen sie hereinlassen mit zuversichtlicher, aber ernster Miene. Nur ja kein Lächeln, keine Übertreibungen, und ich garantiere für den Erfolg! Sobald das Mädchen eingetreten und die Tür verschlossen ist, wird der gleiche behände Griff, mit dem Sie sich des Händlers entledigten, auch diese letzte Gefahr aus dem Weg räumen. Dann bleibt Ihnen der ganze Abend, die ganze Nacht, wenn Sie wollen, um die Schätze dieses Hauses zu plündern und für Ihre Sicherheit zu sorgen. Es ist Hilfe, die sich Ihnen in der Maske der Gefahr nähert. Auf!«, rief er. »Auf, mein Freund! Ihr Leben hängt in der Waagschale: Auf zur Tat!«

Markheim blickte seinem Ratgeber fest ins Gesicht. »Bin ich auch verdammt, Böses zu tun«, sagte er, »so bleibt mir doch eine Tür zur Freiheit offen – ich kann mich jederzeit der Kraft des Handelns begeben. Ist mein Leben von Übel, so kann ich es doch niederlegen. Erliege ich auch, wie Sie sagen, der geringsten Versuchung, so kann ich doch in einen Bereich jenseits aller Versuchung fliehen. Meine Liebe zum Guten ist zur Unfruchtbarkeit verdammt; wohlan, es sei! Mir bleibt ja noch der Hass des Bösen, und aus ihm kann ich, das werden Sie zu Ihrer bitteren Enttäuschung sehen, Kraft und Mut schöpfen.«

Über die Züge des Besuchers ging eine wunderbare, lichte Verwandlung; sie verklärten sich und zerschmolzen in zärtlichem Triumph, und noch in diesem Glanz verblassten und schwanden sie vollständig dahin. Aber Markheim wartete nicht, um diese Metamorphose zu beobachten oder zu verstehen. Er öffnete die Tür und ging sehr langsam und in Gedanken versunken die Treppe hinab. Ernst und gemessen schritt seine Vergangenheit vor ihm her. Er sah sie, wie sie wirklich war, hässlich und quälend wie ein Traum, willkürlich und ungesetzlich wie ein Straßenkampf – eine einzige Niederlage. Das Leben, so wie er es jetzt sah, lockte ihn nicht mehr; am jenseitigen Ufer jedoch gewahrte er für sein Lebensschiff einen stillen Ankerplatz. Im Gang blieb er stehen und blickte in den Laden hinein, wo immer noch über der Leiche die Kerze brannte. Es war seltsam still. Gedanken an den Toten drangen im Schauen auf ihn ein. Und dann zerriss der ungeduldige Lärm der Glocke abermals das Schweigen.

Er trat dem Mädchen auf der Schwelle mit einer Art Lächeln entgegen.

»Sie tun gut daran, zur Polizei zu gehen«, sagte er, »ich habe Ihren Herrn ermordet.«

John Nicholson, der Pechvogel

Erstes Kapitel

in welchem John den Wind sät

John Varey Nicholson war dumm; indessen spreizen Dümmere als er sich jetzt im Parlament und preisen sich selber als die Urheber ihrer Auszeichnung. Er hatte schon als Knabe eine Anlage gehabt, fett zu werden, und neigte dazu, die Oberfläche des Lebens lustig und leicht zu nehmen; und vielleicht war diese Geistesanlage die erste Ursache seiner Missgeschicke. Abgesehen von dieser Andeutung, schweigt die Philosophie über seinen Lebenslauf, und der Aberglaube tritt auf mit der bequemeren Erklärung, dass die Götter ihn nicht lieb hatten.

Sein Vater – dieser eisenfeste alte Herr – hatte sich schon vor langer Zeit auf den hohen Thron der »Disruption Principles« gesetzt. Was das für Prinzipien sind – und trotz ihrem grimmigen Namen sind es ganz unschuldige Prinzipien –, das würde keine noch so wortreiche Erklärung dem gewöhnlichen englischen Durchschnittsverstand begreiflich machen; aber für einen Schotten erweisen sie sich oft als salbungsvoll nahrhaft, und Mr Nicholson fand in ihnen die Milch der Löwen. Um die Zeit, wenn die Kirchenvorsteher in Edinburgh zu ihren Jahresversammlungen sich treffen, sah man ihn in Gesellschaft verschiedener Geistlicher mit roten Köpfen den »Hügel« herabsteigen: Sie sehr wortreich, er nur orakelhafte Kopfbewegungen, kurze Verneigungen und das strenge Schauspiel seiner vorgestreckten Oberlippe zu der Unterhaltung beitragend. Die Namen Candlish und Begg kamen oft bei diesen Gesprächen vor, gelegentlich beschäftigten sich die Reden mit dem Residuary Establishment und den Taten eines gewissen Lee. Ein Fremdling in dem abgeschlossenen kleinen theologischen Königreich Schottland hätte zuhören können und würde buchstäblich kein Wort verstanden haben. Und Mr Nicholson – der kein Dummkopf war – wusste dies und war darüber wütend. Er wusste, dass es draußen eine große Welt gab, für die die Disruption Principles wie das Geschnatter von Baumaffen waren; die Zeitung brachte ihm erkältende Ahnungen davon; er hatte Engländer getroffen, die ihn leichthin gefragt hatten, ob er nicht zur Schottischen Kirche gehöre, und die sich dann für seine Beleuchtung dieser interessanten Frage nicht sehr interessiert hatten. Es war eine böse, wilde, aufrührerische Welt, die in Gleichgültigkeit versunken war. Und wenn er in sein eigenes Haus am Randolph Crescent (Südseite) eintrat und die Tür hinter sich schloss, dann schwoll sein Herz von einem Gefühl der Sicherheit. Hier wenigstens war eine Zitadelle, die für Abtrünnige zur Rechten oder Radikale zur Linken uneinnehmbar war. Hier war eine Familie, in der die Gebete täglich zur selben Stunde stattfanden, in der die Bücher, die zum Lesen am Sabbat ausgewählt wurden, makellos waren; in der ein Gast, der zu irgendeiner falschen Meinung hingeneigt hätte, sofort wäre zurechtgewiesen worden; und über welcher die ganze Woche und besonders dicht an Sonntagen ein Schweigen herrschte, das seinem Ohr angenehm war, und ein Trübsinn, den er behaglich fand.

Mrs Nicholson war mit etwa dreißig Jahren gestorben und hatte ihm drei Kinder hinterlassen: eine Tochter, die zwei Jahre, und einen Sohn, der ungefähr acht Jahre jünger war als John; dazu John selber, den unglücklichen Träger eines Namens, der in der englischen Geschichte verrufen ist. Die Tochter, Maria, war ein gutes Mädchen – pflichteifrig, fromm, schwerfällig, aber so leicht zu erschrecken, dass es ganz gefährlich war, sie anzureden.

»Ich glaube, darüber möchte ich lieber nicht sprechen, bitte«, pflegte sie zu sagen, sodass auch der Kühnste schweigen musste, weil er sah, dass es ihr unverkennbar peinlich war.

Dies galt von jedem Thema – Anzug, Vergnügungen, Moral, auch Politik, bei welcher aber die Formel etwas anders lautete, nämlich: »Mein Papa denkt anders darüber!« – und sogar Religion, außer wenn dieses Thema mit einem besonders winselnden Tonfall berührt wurde.

Der jüngere Bruder, Alexander, war kränklich, klug, ein Freund von Lesen und Zeichnen und voll von satirischen Bemerkungen.

In ihrer Mitte stelle man sich nun das natürliche, unbeholfene, unintelligente und lustige Tier John vor. Ungeheuer artig im Vergleich mit anderen Jungen, obgleich nicht annähernd den Ansprüchen des Hauses am Randolph Crescent entsprechend; voll von einer tölpelhaften Zärtlichkeit, voll von Liebkosungen, die niemals sehr warm aufgenommen wurden; voll von plötzlichem und lautem Gelächter, das in diesem stillen Haus wie etwas Verfluchtes klang.

Mr Nicholson selber besaß eine große Anlage zum Humor – Humor von der schottischen Art: verstandesmäßig, sich mit der Beobachtung der Menschen beschäftigend. Sein eigener Charakter zum Beispiel – wenn er ihn hätte an einem andern beobachten können – wäre für ihn ein seltener Leckerbissen gewesen; aber seines Sohnes albernes Gewieher wegen eines zerbrochenen Tellers und dessen alberne, beinahe leichtsinnige Bemerkungen waren ihm peinlich als Anzeichen eines schwachen Geistes.

Außerhalb der Familie hatte John sich schon in frühen Jahren – ungefähr so wie ein Hund hinter einem Marquis herlaufen mag – an die Schritte Alan Houstons geheftet. Das war ein Bursche, ungefähr ein Jahr älter als er, faul, ein bisschen wild. Erbe eines guten Vermögens, das sich noch in den Händen eines strengen Vormunds befand, und so königsmäßig mit sich selbst zufrieden, dass er Johns Ergebenheit als etwas Selbstverständliches hinnahm. Diese Freundschaft war für Mr Nicholson bittere Galle; sie führte seinen Sohn aus dem Haus, und er war ein eifersüchtiger Vater; sie hielt ihn von der Kanzlei fern, und er war ein gestrenger Lehrherr; und endlich war Mr Nicholson ehrgeizig in Bezug auf seine Familie – für welche und die Disruption Principles er ausschließlich lebte –, und es war ihm ein verhasster Anblick, seinen Sohn neben einem faulen Bummler die zweite Geige spielen zu sehen. Nach einigem Zögern befahl er, die Freundschaft solle aufhören – ein unvornehmer Befehl, obgleich er anscheinend durch prophetischen Geist eingegeben war. John sagte nichts und setzte sich heimlich über den Befehl hinweg.

John war beinahe neunzehn, da wurde er eines Tages früher als gewöhnlich aus seines Vaters Kanzlei freigelassen, wo er die praktische Handhabung des Gesetzes studierte. Es war Sonnabend, und abgesehen davon, dass er ungefähr vierhundert Pfund Sterling in seiner Tasche hatte, die er bei der Bank der Britischen Linnengesellschaft einzahlen sollte, hatte er den ganzen Nachmittag zu seiner freien Verfügung. Er ging durch die Princes Street und freute sich des milden Sonnenscheins und der kleinen Brise Ostwindes, die die Flaggen auf jener Terrasse von Palästen flattern und die grünen Bäume im Park sich biegen ließ. Die Regimentskapelle spielte drunten im Tal unter dem Schloss; und als die Pfeifer einsetzten, hörte er ihre wilden Klänge mit stürmischer fließendem Blut. Irgendetwas entfernt Kriegerisches erwachte in ihm, und er dachte an Miss Mackenzie, die er am Abend beim Essen treffen sollte.

Nun ist nicht zu leugnen, dass er auf dem nächsten Weg hätte nach der Bank gehen sollen; aber gerade auf diesem Weg war das Billardzimmer des Gasthofs, wo Alan beinah sicher zu finden war, und die Versuchung war zu stark. Er ging in das Billardzimmer und wurde gleich bei seinem Eintritt von dem Freund begrüßt, der das Queue in der Hand hielt.

»Nicholson«, sagte er, »du musst mir bis Montag ein Pfund oder zwei pumpen.«

»Da bist du gerade an den Rechten gekommen!«, antwortete John. »Ich habe zwei Pence in der Tasche.«

»Unsinn, du kannst ja was beschaffen. Geh zu deinem Schneider und pump ihn an; alle Schneider tun das. Oder ich will dir was sagen: Versetze deine Uhr.«

»O ja – das wäre gerade so was!«, rief John. »Und mein Vater?«

»Was wird der davon wissen? Er zieht dir doch nicht nachts die Uhr auf – oder?«

Worauf John in das seinem Vater so unangenehme Gelächter ausbrach.

»Nein, im Ernst: Ich bin in der Patsche«, fuhr der Versucher fort. »Ich habe etwas Geld an einen Herrn hier verloren. Ich gebe es dir heute Abend wieder, und du kannst das Pfand am Montag wieder auslösen. Komm! Es ist doch schließlich nur eine kleine Gefälligkeit. Ich würde ganz gewiss viel mehr für dich tun.«

Worauf John sich aufmachte und seine goldene Uhr unter dem falschen Namen John Froggs, Pleasance 85, versetzte. Aber die Ängstlichkeit, die ihn vor der Tür einer so zweideutigen Höhle – einer Pfandleihe – überkam, und die erforderliche Anstrengung, das Pseudonym zu erfinden (das ihm aber aus irgendeinem Grund durchaus zu dieser Sache zu gehören schien), hatten mehr Zeit in Anspruch genommen, als er geglaubt hatte – und als er mit der Beute nach dem Billardsaal zurückkam, hatte die Bank schon ihre Tore geschlossen.

Dies gab ihm einen bösen Stoß. »Eine geschäftliche Angelegenheit vernachlässigt!« Er hörte im Geist diese Worte von der schneidenden Stimme seines Vaters gesprochen und zitterte – und dann schlug er sich den Gedanken aus dem Kopf. Denn schließlich – wer brauchte es zu erfahren? Er musste eben die vierhundert Pfund bis zum Montag bei sich tragen, dann konnte er seine Versäumnis heimlich wiedergutmachen; und mittlerweile hatte er seinen freien Nachmittag, konnte auf dem Wandsofa des Billardsaals sitzen, seine Pfeife rauchen, ein Pint Ale schlürfen und die bescheidenen Wonnen der Bewunderung so recht nach Herzenslust auskosten.

Kein Mensch kann so bewundern wie ein Jüngling. Von allen Leidenschaften und Freuden der Jugend ist Bewunderung die am weitesten verbreitete und am wenigsten verfälschte; und jeder Blitz aus Alans schwarzen Augen; jeder Blick auf seinen Lockenkopf; jede anmutige Handbewegung, jede ungezwungene Haltung, die er in der Ruhe einnahm, wenn er darauf wartete, wieder an den Stoß zu kommen – ja sogar seine Hemdsärmel und Manschettenknöpfe wurden von John in einer strahlenden Glorie gesehen. Er fühlte sich selber wertvoll durch den Besitz dieses königlichen Freundes, streichelte in sich diesen Gedanken und schwamm in lauen, himmelblauen Lüften; seine eigenen Mängel waren überwundene Schwierigkeiten – Dinge, mit denen er sich sogar brüsten konnte. Nur wenn er an Miss Mackenzie dachte, fiel auf seine Seele ein Schatten von Bedauern; diese junge Dame verdiente etwas Besseres als den hässlichen John Nicholson, den seine alten Schulkameraden noch immer bei seinem Spitznamen »Dickchen« riefen. Und er hatte das Gefühl: Wenn er mit einer solchen sorglosen Anmut mit Alan ein Queue einkreiden oder auf den nächsten Stoß warten könnte – dann könnte er sich dem Gegenstand seiner Schwärmerei mit einem weniger niederdrückenden Gefühl von Minderwertigkeit nähern.

Bevor sie sich trennten, machte ihm Alan einen höchst aufregenden Vorschlag: Er würde diese Nacht gegen zwölf Uhr bei Colette sein, sagte er.

Warum sollte John nicht dort hinkommen und sich sein Geld holen?

Zu Colette zu gehen – das hieß allerdings Leben sehen! Es war unrecht; es verstieß gegen die Gesetze; es war ein, wenn auch etwas schmutziges, Abenteuer! Wenn es bekannt wurde, war es gerade so eine Heldentat, die einen jungen Mann bei den ernsthafteren Menschen endgültig um alle Achtung brachte, ihn aber in den Augen der stürmischen Jugend mächtig hob. Übrigens war »Colette« keineswegs eine Lasterhöhle; eine solche Bezeichnung anzuwenden, wäre eine ungeheuerliche Übertreibung gewesen; und wenn es eine Sünde war, dort hinzugehen, so war es eine Sünde, die sich nur auf den Stadtbezirk erstreckte und gegen die Gemeindeordnung verstieß. Colette – ich weiß nicht genau, ob ich den Namen richtig schreibe, denn ich stand niemals in brieflichem Verkehr mit diesem gastlichen Ausländer – Colette war ganz einfach ein Speisewirt, der keine polizeiliche Erlaubnis hatte, aber Soupers nach elf Uhr abends gab, um welche Zeit alle Edinburgher Gaststätten geschlossen werden. Wenn man zu einem Klub gehörte, konnte man um dieselbe Stunde ein viel besseres Abendessen bekommen, ohne auch nur um ein Jota an öffentlicher Achtung zu verlieren. Aber wenn man kein Klubmitglied war und Hunger hatte oder wenn man eine Neigung zu Geselligkeit nach Eintritt der Polizeistunde hatte, dann war Colette der Rettungshafen. Man wurde sehr schlecht verpflegt. Die Gesellschaft bestand nicht aus Angehörigen des Senats oder der Kirche; indessen war jenes einzige Mal, als ich den Gesetzen meines Landes ins Gesicht schlug, meinen guten Ruf in meine beiden Hände nahm und mich in dieses gefährliche Speisehaus wagte, der jüngere Nachwuchs der Rechtsanwaltschaft sehr zahlreich vertreten. Und Colettes Gäste, von einem aufregenden Bewusstsein erfüllt, dass sie unrecht taten und dass »die zweihändige Maschine«, nämlich der Schutzmann vor der Tür stand, waren vielleicht zu etwas fieberhaften Ausschreitungen aufgelegt. Aber das Lokal war in keiner Weise sehr schlimm, und es erscheint mir jetzt, über den Zwischenraum der Jahre hinüber, etwas sonderbar, wie es zu einem gefährlichen Ruf gekommen sein mag.

Genau in demselben Geist, wie jemand über einen Plan debattiert, das Matterhorn zu besteigen oder Afrika zu durchqueren, erwog John Alans Vorschlag und nahm ihn mit ungeheurer Kühnheit an. Als er heimging, wogten die Gedanken an diesen Ausflug von den sicheren Stätten des Lebens in eine wilde, gefährliche Gegend in seinem Innern und kämpften in seiner Fantasie mit dem Bild der Miss Mackenzie – unangebrachte und doch freundliche Gedanken; denn bedeutete jeder von ihnen, dass er seine Vorsätze ganz ungewöhnlicherweise um einen Pflock zurückzustecken hatte? Lockte ihn nicht jeder und warnte ihn zugleich, zu seinem besseren Selbst zurückzukehren?

Der Widerstreit dieser beiden Erwägungen regte ihn jedenfalls mehr als gewöhnlich auf; und als er nach Hause kam, vergaß er ganz und gar die vierhundert Pfund in der Innentasche seines Überziehers und hängte diesen samt seinem reichen Inhalt an den für ihn bestimmten Haken des Kleiderständers; und hiermit besiegelte er sein Schicksal.

Zweites Kapitel

in welchem John den Sturm erntet

Ungefähr um halb elf Uhr hatte John das große Glück, Miss Mackenzie seinen Arm zu bieten und sie nach Hause zu bringen. Die Nacht war kühl und sternenhell; auf dem ganzen Weg nach Osten zu raschelten die Bäume der verschiedenen Gärten und sahen schwarz aus. Als sie über die Steinrinne von Leith Walk schritten, versetzte ein Windstoß die Flammen der Straßenlaternen in eine zitternde Bewegung; und als sie schließlich oben bei der Royal Terrace ankamen, wo Kapitän Mackenzie wohnte, wehte ihnen eine starke salzige Seebrise in die Gesichter. Diese Einzelheiten jenes Gangs blieben in Johns Gedächtnis eingeschrieben, denn er hatte sie besonders stark unter dem Berühren ihrer leichten Hand, die auf seinem Arm lag, empfunden; und über die nächtliche Stadt hinweg sah sein geistiges Auge ein Bild des hell erleuchteten Wohnzimmers daheim, wo er mit Flora geplaudert hatte, und seines Vaters, der vom anderen Ende des Zimmers mit einem freundlichen und ironischen Lächeln auf sie gesehen hatte. John hatte die Bedeutung dieses Lächelns verstanden, das einem Fremden vielleicht entgangen wäre: Mr Nicholson hatte die Verliebtheit seines Sohnes mit einer Befriedigung bemerkt, die eine kleine Beimischung von Humor hatte; und wenn auch sein Lächeln ein bisschen geringschätzig war, so lag doch auch Zustimmung darin.

Vor der Haustür des Kapitäns streckte das Mädchen mit einem gewissen Nachdruck die Hand aus, und John nahm sie und behielt sie ein bisschen länger, als üblich ist, und sagte: »Gute Nacht, Flora, Liebling!«, und bekam sofort eine große Angst ob seiner Dreistigkeit; aber sie lachte nur, lief die Stufen hinauf und zog die Hausglocke; und während sie darauf wartete, dass die Tür geöffnet würde, drückte sie sich in das Portal hinein und sprach von dort aus mit ihm, wie von einem befestigten Stützpunkt aus. Sie hatte einen gestrickten Schal über den Haaren; ihre blauen Hochlandaugen fingen das Licht der nahen Straßenlaterne und funkelten; und als die Tür geöffnet wurde und sich hinter ihr schloss, fühlte John sich entsetzlich einsam.

Von Zärtlichkeit durchglüht, ging er die Terrace entlang zurück, und als er an die Greenside-Kirche kam, blieb er voll Ungewissheit stehen. Über den Kamm des Calton-Hügels zu seiner Linken führte der Weg zu Colette, wo Alan bald auf seine Ankunft warten würde, wohin er aber jetzt ebenso wenig hätte gehen mögen, wie er freiwillig in einen Sumpf gegangen wäre: Der leise Druck dieser Mädchenhand, die auf seinem Ärmel geruht hatte, und das freundliche Licht in seines Vaters Augen verboten ihm dies laut. Aber gerade vor ihm lag der Weg nach Hause, und der führte nur in sein Bett – einen wenig behaglichen Platz für einen, dessen Fantasie zu lyrischer Begeisterung gesteigert war und dessen sonst nicht sehr heißes Herz sich jetzt in einem tumultuarischen Aufruhr befand. Die Höhe des Hügels, die kühle Nachtluft, die großen Denkmäler rings um ihn herum, der Anblick der Stadt zu seinen Füßen mit ihren Hügeln und Tälern und kreuz und quer laufenden Laternenreihen zogen ihn bei allem Poetischen, das in ihm war, und er wandte sich in diese

Richtung; und durch diese ganz harmlose Abweichung von seinem Weg reifte das Kornfeld seiner menschlichen Schwachheit für die Sense des Schicksals.

Auf einer Bank auf dem Hügel über Greenside saß er vielleicht eine halbe Stunde lang und sah auf die Lichter von Edinburgh herab und zu den Lichtern am Himmel empor. Wundervoll waren die Entschlüsse, die er fasste, schön und freundlich waren die Bilder künftigen Lebens, die an ihm vorüberzogen. Er sprach den Namen Flora in so vielfältigen rührenden und dramatischen Betonungen vor sich hin, dass er schließlich ganz und gar in Zärtlichkeit zerfloss und laut hätte singen mögen. Gerade in diesem Augenblick traf ein gewisses Knistern in seinem Überzieher sein Ohr. Er fuhr mit der Hand in die Tasche, zog den Umschlag mit den Banknoten hervor und saß ganz verblüfft da. Der Calton-Hügel war zu jener Zeit nächtlicher Weile übel berüchtigt; und mit vierhundert Pfund, die ihm nicht gehörten, dort auf einer Bank zu sitzen, war nicht eben weise. Er sah sich um. Ein Stückchen seitwärts von ihm saß ein Mann mit einem sehr schäbigen Hut und betrachtete ihn offenbar; von der anderen Seite her kam ein zweiter Nachtschwärmer ganz gemächlich näher heran. Auf sprang John. Der Umschlag fiel aus seiner Hand; er bückte sich, ihn aufzuheben, und in demselben Augenblick rannten die beiden Kerle heran und warfen sich auf ihn.

Kurz darauf stand er wieder auf seinen Füßen, sehr zerprügelt und gerüttelt – ohne ein Geldtäschchen, das genau eine Pennyfreimarke enthielt, ein leinenes Taschentuch und die Hauptsache: den Umschlag mit den vierhundert Pfund. Hier stand nun ein Jüngling, den auf dem Höhepunkt verliebter Begeisterung ein Schlag getroffen hatte, der zu scharf war, um ihn allein zu ertragen; und wenige Hundert Meter davon entfernt saß sein bester Freund beim Nachtessen – ja, und erwartete ihn sogar. Lag es nicht in der menschlichen Natur, dass er dorthin ging? Er ging, um Mitgefühl zu suchen – um jenes schnurrige Ding zu suchen, das wir alle nötig zu haben glauben, wenn wir in einer Klemme sind, und das wir übereingekommen sind, »Rat« zu nennen. Außerdem ging er mit unbestimmten, aber ziemlich glänzenden Erwartungen, Hilfe zu finden. Alan war reich oder würde es doch sein, sobald er mündig wurde. Mit einem Federstrich konnte er vielleicht sein Missgeschick wiedergutmachen und so das gefürchtete Gespräch mit dem alten Mr Nicholson abwenden – das Gespräch, vor dem John bei dem Gedanken daran zurückschauderte, wie die Hand vor dem Feuer zurückzuckt.

Dicht unter dem Calton-Hügel läuft eine schmale Gasse entlang, halb Straße, halb Landweg. Der Kopf dieser Straße liegt dem Tor des Gefängnisses gegenüber; ihr Schwanz reicht in die sonnenlosen Spelunkengassen von Low Calton herab. Auf der einen Seite wird sie von den Klippen des Hügels überragt, auf der anderen von einem alten Friedhof. Zwischen diesen beiden läuft die Straße in einer Schlucht entlang, bei Nacht spärlich erleuchtet, bei Tage spärlich begangen und jenseits der Gräberstätte von schmutzigen, zweideutigen Häusern eingefasst. Eines von diesen war das Haus Colettes, und an dessen Tür klopfte jetzt unser unglückseliger John, um Einlass zu finden. Es war für ihn eine böse Stunde, als er die misstrauischen Fragen des unvorschriftsmäßigen Gastgebers zu dessen Zufriedenheit beantwortete; es war eine böse Stunde, als er in das etwas unappetitliche Innere eintrat. Alan war freilich da; er saß in einem von zischenden Gasflammen beleuchteten Raum, vor einem schmutzigen Tischtuch, auf welchem ein gemeines Garküchenessen stand, und in der Gesellschaft mehrerer bezechter jüngerer Rechtsbeflissener. Aber Alan war ebenfalls nicht nüchtern; er hatte bei einem Pferderennen tausend Pfund verloren, hatte die Nachricht davon beim Dinner erhalten, und war jetzt dabei, in Ermangelung jeglicher Mittel, aus dieser Klemme herauszukommen, die Erinnerung an seine Not zu ertränken. Er sollte John helfen! Das war ja ganz unmöglich; er konnte sich selber nicht helfen.

»Wenn du ein Biest von einem Vater hast«, sagte er, »so kann ich dir sagen: Ich habe ein Vieh von einem Vormund.«

»Ich lasse nicht meinen Vater ein Biest nennen!«, rief John mit klopfendem Herzen – denn er fühlte, dass er das letzte heile Glied der Kette, die ihn ans Leben band, aufs Spiel setzte.

Aber Alan war ganz gemütlich und sagte:

»Schön, schön, alter Junge! Höchst respektabler Mann, dein Vater.«

Und er stellte seinen Kumpanen seinen Freund als »des alten Dingerich Nicholsons Sohn« vor.

John saß da in stummer Verzweiflung. Colettes moderige Tapeten und befleckte Tischtücher und hässliche Essgeschirre sah er wie in einem schweren Traum. Und dann auf einmal kam ein Klopfen und ein eiliges Getrampel: Die Polizei, die auf dem Calton-Hügel in so bedauerlicher Weise abwesend gewesen war, erschien auf der Bildfläche; und die ganze Gesellschaft, die mit dem Weinglas in der Hand »flagrante delicto« ertappt worden war, wurde verhaftet und nach der Polizeiwache geschleppt, wo sie sämtlich in gebührender Form aufgefordert wurden, in der bevorstehenden Gerichtsverhandlung gegen den Schwerverbrecher Colette wegen verbotenen Ausschanks geistiger Getränke zu erscheinen.

Eine sehr bekümmerte und sehr nüchtern gewordene Gesellschaft verließ die Polizeiwache.

Die unbestimmte Furcht vor der öffentlichen Meinung beherrschte sie alle; aber Einzelne von ihnen hatten noch ihre eigenen, ganz besonderen Ängste auf dem Herzen: Alan hatte Furcht vor seinem Vormund, den er ohnehin schon genug gereizt hatte. Einer von den jungen Leuten war der Sohn eines Landgeistlichen, ein anderer der eines Richters; John, der Unglücklichste von allen, hatte David Nicholson zum Vater, und der bloße Gedanke, diesem aus einem so skandalösen Anlass gegenüberzutreten, machte ihn körperlich krank.

Sie standen eine Weile unter den Strebepfeilern von Saint Giles und hielten Rat; von dort begaben sie sich in die Wohnung eines von ihnen in North Castle Street, wo sie übrigens –

nebenbei bemerkt – ebenso gut hätten essen und viel besser hätten trinken können als in dem gefährlichen Paradies, aus welchem sie vertrieben worden waren. Dort besprachen sie bei einem Glas, in das sozusagen ihre Tränen hineinliefen, was sie in ihrer Lage zu tun hätten. Jeder Einzelne setzte auseinander, dass für ihn seine ganze Existenz vernichtet wäre, wenn die Sache ihren Fortgang nähme und er als Zeuge erschiene. Es war bemerkenswert, was für glänzende Aussichten gerade in diesem Augenblick jedem Einzelnen von der kleinen Gesellschaft von Jünglingen sich eröffneten und welch eine fromme Rücksichtnahme auf die Gefühle ihrer Angehörigen in ihnen allen aufwallte. Außerdem befand sich jeder Einzelne in einer merkwürdigen Geldlosigkeit. Nicht einer konnte seinen Anteil an der Geldbuße aufbringen; jeder Einzelne sprach die wundergläubige Hoffnung aus, dass jeder von den anderen – der Reihe nach – gerade der rechte Mann wäre, die Sache zu übernehmen und das Fehlende beizutragen. Der eine sprach vom hohen Ross herab: Seinen Anteil könnte er nicht zahlen; wenn es zu einer Gerichtsverhandlung käme, würde er durchbrennen; er hätte stets gefühlt, dass der Englische Gerichtshof der richtige Wirkungskreis für ihn wäre. Ein anderer ergoss sich in rührenden Einzelheiten bezüglich seiner Familie, und kein Mensch hörte auf ihn. Inmitten dieses stürmischen Wettstreits von Armut und Knauserei saß John wie betäubt und dachte über den berghohen Haufen seiner Missgeschicke nach.

Schließlich gab jeder sein Wort, dass er ebenso offen wie seine Kameraden die Hilfe seiner Familie anrufen wolle, und dann brach die ganze Gesellschaft unglücklicher junger Esel auf und ging die Haustreppe hinunter. Die Straßen lagen wie ausgestorben rings um sie herum, die Laternen brannten mit verblasstem Schein in dem Tageslicht, die Vögel stimmten ihre Kehlen im Laub der Stadtgärten, und in dem Grau des Frühlingsmorgens ging ein jeder seines Wegs mit gesenktem Haupt und hallenden Schritten.

Am Randolph Crescent waren die Krähen schon wach; aber die Fenster des Hauses sahen, diskret verhängt, auf die Rückkehr des verlorenen Sohnes hernieder. John hatte einen Hausschlüssel – ein Vorrecht, das ihm erst ganz neuerdings verliehen worden war. Heute war es das erste Mal, dass er ihn benutzte – und ach, mit was für einem beschämenden Gefühl seiner Unwürdigkeit steckte er ihn jetzt in das wohl geölte Schloss und trat in diese Hochburg der Wohlanständigkeit ein!

Alles schlief; das Gas in der Halle hatte man, heruntergedreht, schwach brennen lassen, um ihm beim Nachhausekommen zu leuchten; eine Totenstille herrschte, eine entsetzliche Stille, die nur von dem tiefen Ticken der großen Standuhr unterbrochen wurde. Er drehte das Gas aus und setzte sich auf einen Stuhl in der Halle, wartete und zählte die Minuten und sehnte sich nach einem Menschenantlitz – nach irgendeinem!

Aber als er endlich die Weckuhr im Kellergeschoss rasseln hörte und als die Dienerschaft sich unten rührte, verlor er sofort jeden Mut und floh in sein Schlafzimmer, wo er sich auf das Bett warf.

Drittes Kapitel

in welchem John das Erntefest feiert

Kurz nach dem Frühstück, zu welchem er mit einem hochtragischen Gesichtsausdruck erschien, suchte John seinen Vater auf, der wie immer am Sabbatmorgen in seinem Zimmer saß, wahrscheinlich religiösen Betrachtungen hingegeben. Der alte Herr sah mit jenem säuerlichen, fragenden Ausdruck auf, der beinahe wie ein Lächeln aussah und in der Wirkung so verschieden davon war.

»Dies ist eine Stunde, in der ich nicht gestört zu werden liebe«, sagte er.

»Ich weiß es«, antwortete John; »aber ich habe – ich möchte – ich habe etwas Fürchterliches angerichtet«, brach er schließlich los und wandte sich dem Fenster zu.

Mr Nicholson saß eine ziemliche Zeit schweigend da, während sein unglücklicher Sohn die Pfähle in dem hinteren Rasenplatz ansah und eine gewisse gelbe Katze beobachtete, die auf der Gartenmauer hockte. Verzweiflung saß John im Nacken, wie er so hinausstarrte, und er wütete innerlich bei dem Gedanken an die grässliche Reihe seiner Missetaten und an die schneeweiße Unschuld, die hinter ihm lag.

»Hm«, sagte der Vater endlich, mit sichtlicher Anstrengung, aber in sehr ruhigem Ton, »was ist es?«

»Maclean gab mir vierhundert Pfund, um sie auf die Bank zu bringen, Vater«, begann John; »und es tut mir furchtbar leid, dir sagen zu müssen, dass sie mir geraubt worden sind!«

»Geraubt?«, rief der alte Nicholson mit einem merklichen Anschwellen der Stimme. »Geraubt? Bedenke wohl, was du sagst, John!«

»Ich kann nichts anderes sagen, Vater; sie wurden mir ganz einfach geraubt«, sagte John in seiner Verzweiflung weinerlich.

»Und wo und wann trug dieses außerordentliche Ereignis sich zu?«, forschte der Vater.

»Auf dem Calton-Hügel, diese Nacht ungefähr um zwölf Uhr.«

»Auf dem Calton-Hügel?«, wiederholte der alte Herr. »Und was machtest du da zu solcher Nachtzeit?«

»Nichts, Vater.«

Der alte Herr zog den Atem ein und fragte scharf:

»Und wie kam das Geld in deine Hand um zwölf Uhr nachts?«

»Ich hatte den Auftrag nicht ausgeführt«, sagte John schnell, um einer weiteren Frage zuvorzukommen; und dann: »Ich hatte ihn reinweg vergessen.«

»Na, das ist eine höchst eigentümliche Geschichte. Hast du dich mit der Polizei in Verbindung gesetzt?«

»Das hab ich«, antwortete der arme John, und das Blut schoss ihm ins Gesicht. »Sie denken, sie kennen die Kerls, die es taten. Das Geld wird jedenfalls wieder herbeigeschafft werden – wenn es weiter nichts ist«, sagte er mit einer verzweifelten Gleichgültigkeit, die sein Vater als Leichtsinn auslegte, die aber nur dem Bewusstsein entsprang, dass viel Schlimmeres noch kommen musste.

»Wurde dir auch deiner Mutter goldene Uhr abgenommen?«, fragte der alte Mr Nicholson weiter.

»Oh, die Uhr – mit der ist alles in Ordnung!«, rief John. »Wenigstens – ich wollte auf die Uhr gerade zu sprechen kommen – die Sache ist die, ich schäme mich, es sagen zu müssen: Ich … ich hatte die Uhr vorher versetzt. Hier ist der Pfandschein; den fanden die Strolche nicht; die Uhr kann wieder ausgelöst werden; Pfänder werden nicht verkauft.«

Diese Sätze stieß der Junge keuchend hervor, einen nach dem anderen – wie Notschüsse einer Schiffskanone. Aber bei dem letzten Wort, das in diesem würdevollen Zimmer wie ein Fluch klang, fiel das Herz ihm in die Hose. Er sagte nichts mehr, und ein fürchterliches Schweigen herrschte zwischen Vater und Sohn.

Der alte Herr brach es, indem er den Pfandschein aufnahm und las:

»John Froggs, Pleasance fünfundachtzig.«

Dann wandte er sich zu John und schrie mit einem kurzen Aufflackern von Ärger und Ekel:

»Wer ist John Froggs?«

»Niemand. Es war bloß so ein Name.«

»Ein falscher Name!«, sagte sein Vater bedeutungsvoll.

»Oh! Ich denke, so schlimm ist es wohl nicht«, sagte der Schuldige; »es ist eine bloße Form; sie tun es ja alle; der Mann schien es auch zu verstehen – wir lachten noch recht sehr über den Namen –«

Er stockte plötzlich, denn er sah, wie sein Vater bei der Vorstellung dieser Szene zusammenzuckte, wie einer, der einen körperlichen Schmerz verspürt. Und wieder herrschte Schweigen.

»Ich glaube nicht«, sagte der alte Nicholson endlich, »dass ich ein knauseriger Vater bin. Ich habe dir niemals ohne Grund Geld verweigert, das du zu einem vernünftigen Zweck brauchtest; du konntest jederzeit zu mir kommen und deine Wünsche äußern. Und jetzt finde ich, dass du jeden Anstand und alles natürliche Gefühl vergessen hast; du verpfändetest – verpfändetest! – die Uhr deiner Mutter. Du musst eine Versuchung gehabt haben; ich will dir zu Ehren annehmen, dass es eine starke Versuchung war. Wozu brauchtest du dieses Geld?«

»Das möchte ich dir lieber nicht sagen, Vater«, sagte John. »Du würdest dich nur ärgern.«

»Ich will dieses Gefasel nicht!«, rief sein Vater. »Diese unaufrichtigen Antworten müssen jetzt ein Ende haben. Wozu brauchtest du dieses Geld?«

»Um es Houston zu leihen, Vater«, sagte John.

»Ich meinte, ich hätte dir verboten, mit dem jungen Mann zu sprechen?«

»Jawohl, Vater; aber ich traf ihn zufällig.«

»Wo?«, lautete die fürchterliche Frage.

Und: »In einem Billardsaal«, lautete die Antwort, die das Urteil besiegelte.

So hatte Johns erstes Abweichen von der Wahrheit sofortige Strafe herbeigeführt! Niemals würde er einen Billardsaal aus einem anderen Grund betreten haben, als um Alan zu sehen; aber er hatte seinen Ungehorsam bemänteln wollen, und jetzt war es offenbar, dass er aus eigenem, freiem Antrieb in solchen unreputierlichen Lokalen verkehrte.

Wieder verdaute Mr Nicholson schweigend die üble Kunde; und als John einen verstohlenen Blick auf seines Vaters Gesicht warf, sah er mit Betrübnis die Anzeichen eines tiefen Schmerzes.

»Nun«, sagte der alte Herr endlich, »ich kann es nicht leugnen, ich bin tief gebeugt. Heute Morgen stand ich als ein glücklicher Mensch auf, wie die Welt das nennt – glücklich wenigstens über einen Sohn, auf den ich leidlich stolz sein zu können glaubte …«

Es ging über Menschennatur, dies noch länger auszuhalten, und John unterbrach ihn beinahe kreischend:

»Oh! Oh! Das ist noch nicht alles, es ist noch nicht das Schlimmste – es ist gar nichts! Wie konnte ich denken, dass du stolz auf mich wärest? Oh! Ich wollte, ja, ich wollte, ich hätte das gewusst! Aber du sagtest immer, ich sei eine Schande für die Familie! Das Fürchterliche kommt erst: Wir wurden diese Nacht alle arretiert und wir müssen Colettes Geldstrafe bezahlen – jeder von uns sechs seinen Anteil –, oder wir müssen alle als Zeugen auftreten – es handelt sich um verbotenen Ausschank geistiger Getränke. Ich musste ihnen schwören, es dir zu sagen – aber ich«, schrie er und brach in Tränen aus, »ich wollte bloß, ich wäre tot!«

Und er fiel vor einem Stuhl auf seine Knie und verbarg sein Antlitz.

Ob sein Vater noch etwas sagte, ob er noch lange im Zimmer blieb oder sofort hinausging – davon weiß die Weltgeschichte nichts zu melden.

Eine grässliche Unruhe in Leib und Seele; laute Seufzer; abgerissene, zerflatternde Gedanken, bald des Unwillens, bald der Reue; unwillkürliche sinnliche Wahrnehmungen: von dem Geruch der Pferdehaare in dem Stuhlpolster, vom Geläute der Kirchenglocken, die über die ganze Stadt hin tönten, von dem harten Fußboden, der seine Knie schmerzen machte, von dem salzigen Geschmack der Tränen, die ihm in den Mund liefen – wie lange dies dauerte, weiß ich nicht; ich will von den schmerzerfüllten Augenblicken nichts weiter sagen; mehr als ich hier gesagt habe, wusste John Nicholson selber von der ganzen Gotteswelt nicht.

Als er endlich, wie von einer Springfeder aufgeschnellt, plötzlich wieder zu klarem Bewusstsein kam und sich sogar ziemlich gefasst fühlte, da hatten gerade die Glocken ausgeläutet, und die Sabbatstille wurde nur noch durch eilige Schritte verspäteter Kirchgänger gestört. Nach der Uhr über dem Kamin wie auch nach diesen noch deutlicher sprechenden Anzeichen hatte der Gottesdienst noch nicht lange begonnen; und wenn Vater Nicholson wirklich in die Kirche gegangen war, konnte der unglückselige Sünder annehmen, dass fast zwei Stunden eines verhältnismäßig weniger entsetzlichen Unglücks vor ihm lagen. Aber wenn sein Vater zurückkam, war unfehlbar der höchste Grad wieder da. Das wusste er – das sagten ihm jede zusammenzuckende Fiber in seinem Körper und das plötzliche Schwindelgefühl in seinem Hirn, das ihn bei dem bloßen Gedanken an dieses Unglück erfasste.

Anderthalb Stunden, vielleicht eindreiviertel Stunden, wenn der Pastor langatmig war – dann würde wieder die Folter beginnen, vor der er sogar in dem dumpfen Weh des Augenblicks zurückschrak wie vor Feuer.

Er sah wie in einer Vision den Familienkirchenstuhl, die Sitzpolster, die Bibeln, die Gesangbücher – Maria mit ihrem Riechfläschchen, seinen Vater mit der Brille auf der Nase, mit kritisch aufmerksamem Gesicht. Und plötzlich packte ihn eine Entrüstung, die nicht unberechtigt war. Es war unmenschlich, zur Kirche zu gehen und einen Sünder in schwebender Pein zu lassen – ohne Bestrafung, ohne Vergebung! Und in dem Augenblick, da die Urteilskraft in ihm erwachte, wurde die fromme Verehrung seines Vaters gemindert, aber die Angst vor dem Vater wuchs nur; und diese beiden Strähne des Fühlens zogen ihn in dieselbe Richtung.

Und plötzlich kam über ihn eine wahnsinnige Angst, sein Vater hätte ihn eingesperrt. Dies Gefühl hatte keinen vernünftigen Grund; es war wahrscheinlich nicht mehr als eine Erinnerung an ähnliche unglückliche Augenblicke während seiner Kinderzeit, denn des Vaters Zimmer war stets der Ort gewesen, wo Gericht gehalten und Strafe vollstreckt wurde; aber dieser Gedanke traf seine Seele so scharf, dass er sofort nach der Tür gehen musste, um festzustellen, dass er unbegründet war.

Im Gehen stieß er an eine Schublade des Schreibtischs, die offen gelassen war. Es war die Geldschublade – ein Zeichen, wie verstört sein Vater gewesen war. Die Geldschublade – vielleicht ein Fingerzeig der Vorsehung! Wer will das entscheiden, da sogar Gottesgelehrte über Vorsehung und Versuchung verschiedener Meinung sind? Oder wer, der ruhig in seiner eigenen Gartenlaube sitzt, will Gericht halten über das Tun eines armen gehetzten Hundes, der eine Angst hat wie ein Sklave, sich empört wie ein Sklave, genau wie John Nicholson an eben diesem Sonntag sich ängstigte und sich empörte?

Seine Hand war in der Schublade, beinahe bevor sein Geist die Hoffnung begriff, die er daraus entnehmen konnte. Er hob sich auf die Höhe seiner neuen Situation, setzte sich auf seines Vaters Stuhl und schrieb auf seines Vaters Löschblattunterlage den folgenden kläglichen Verteidigungs- und Abschiedsbrief:

Brief Anfang

Mein lieber Vater – ich habe das Geld genommen, aber ich will es zurückzahlen, sobald ich dazu imstande bin. Du wirst niemals wieder etwas von mir hören. Ich habe es in keiner Weise böse gemeint; darum hoffe ich, Du wirst versuchen, mir zu verzeihen. Ich wünschte, Du möchtest Alexander und Maria von mir Lebewohl sagen – aber nicht, wenn es Dir nicht recht ist. Ich konnte nicht warten, bis Du wiederkamst – wirklich nicht. Bitte versuche, mir zu vergeben. Dein Dich liebender Sohn

John Nicholson

Brief Ende

Nachdem er die Münzen eingesteckt und den Brief geschrieben hatte, konnte er nicht zu früh vom Schauplatz dieser Missetaten verschwinden. Er erinnerte sich, dass sein Vater einmal wegen eines leichten Unwohlseins mitten im zweiten Choral aus der Kirche fortgegangen und heimgekommen war. Darum durfte John nicht einmal einen zweiten Anzug zusammenpacken. So wie er war, schlüpfte er aus der Tür des Vaterhauses heraus, und da stand er in dem kühlen Frühlingssonnenschein, in der kühlen Frühlingsluft und in der tiefen Sonntagsstille der Stadt, die das Krächzen der Krähen ihn umso deutlicher empfinden ließ. Keine Menschenseele war am Randolph Crescent, keine Menschenseele in der Queensferry Street. Diese Einsamkeit im Freien und das Gefühl, dass er entronnen war, gaben John wieder Mut; und in einem leidenschaftlichen Gefühl von Abschiednehmen wagte er sogar die Gasse hinaufzugehen und stand eine Weile, ein seltsamer Peri an den Toren eines seltsamen Paradieses, am westlichen Ende der St. George's Church. Drinnen sangen sie; und ein eigentümlicher Zufall fügte es, dass es die Melodie von »Saint George, Edinburgh« war, wonach die Kirche den Namen trägt – der erste Choral, der in dem Chor dieser Kirche gesungen worden war. »Wer ist dieser König der Ehren?«, sangen die Stimmen drinnen; und John hatte dabei ein Gefühl, wie wenn hiermit für ihn alle christlichen Gebräuche aufhörten, denn von nun an sollte er ein Wilder sein wie Ismael, sollte sein Leben in der Fremde, heimatlos und unter gottlosen Menschen verbringen.

So wandte er seiner Heimatstadt den Rücken – nicht weil ihn Abenteuerlust trieb, sondern aus reiner Untröstlichkeit und Verzweiflung – und machte sich zu Fuß auf den Weg nach Kalifornien, zunächst aber nach Glasgow.

Viertes Kapitel

Die zweite Aussaat

Es ist nicht meine Aufgabe, John Nicholsons Abenteuer, deren viele waren, zu erzählen, sondern einfach seine augenblicklicheren Missgeschicke, deren mehr waren, als er wünschte, und vom menschlichen Standpunkt aus mehr, als er verdiente. Wie er nach Kalifornien kam; wie er beschwindelt, bestohlen, geprügelt wurde und hungern musste; wie er zuletzt von mitleidigen Menschen aufgenommen wurde, durch sie wieder etwas von seinem Selbstgefühl zurückerhielt und wie er als Buchhalter bei einer Bank in San Francisco ankam – das würde zu langwierig zu erzählen sein. Auch trugen diese Erlebnisse nicht die Marke des besonderen Nicholson'schen Schicksals; denn sie waren nicht anders, als viele Tausende anderer junger Abenteurer an denselben Tagen und Orten sie erlebten. Nachdem er aber einmal den Posten bei der Bank erhalten hatte, gelangte er für eine gewisse Zeit in äußerst glückliche Umstände. Dies muss ich näher erklären, da diese glücklichen Umstände nur einen Umweg zu neuem Missgeschick bildeten.

Er hatte das Glück, in einem »Billigen Keller«, wie der technische Ausdruck lautet, einen jungen Mann kennenzulernen und mithilfe seines Monatsgehalts, das er bei sich hatte, den neuen Bekannten aus einer Lage zu erretten, die für den Augenblick Schande und für die Zukunft eine mögliche Gefahr bedeutete. Dieser junge Mann war der Neffe eines der Magnaten von Nob Hill, die die Börse von San Francisco befingern – nicht viel anders, als bescheidene Abenteurer bei uns zu Hause in einem Parkwinkel zu sehen sind, wie sie den einfachen Kunstgriff mit »Erbse und Fingerhut« zu handhaben wissen: nämlich zu ihrem eigenen Vorteil und zur Entmutigung der Spielwut des Publikums.

So stand es in seiner Macht – und da er von dankbarem Gemüt war, so lag es auch in seinem Wunsch –, John auf den Weg zum Reichtum zu bringen. Und ohne Denken oder Mühen, ohne auch nur etwas von dem Spiel zu verstehen, das er spielte, sondern durch einfaches Kaufen und Verkaufen dessen, wovon man ihm sagte, er solle es kaufen oder verkaufen, sah John, ein Spielzeug des Glücks, sich plötzlich im Besitz von elf- bis zwölftausend Pfund Sterling oder, wie er es rechnete, von mehr als sechzigtausend Dollar.

Warum er diesen Reichtum zu erlangen verdient hatte, das war ein Problem, das seine Philosophie ihm ebenso wenig lösen konnte wie das Problem, warum er früher zu Hause Schande geerntet hatte. Gewiss war er in seiner Stellung bei der Bank fleißig gewesen, aber nicht fleißiger als der Kassierer, der sieben kleine Kinder hatte und mit dem es sichtlich bergab ging. Auch war der Schritt, der zu diesem Glück geführt hatte – ein Besuch in einem »Billigen Keller« mit einem Monatsgehalt in der Tasche –, keine Handlung von so überirdischer Tugendhaftigkeit oder auch nur Weisheit, dass sie die Gunst der Götter zu verdienen schien. Vielleicht fühlte er dies, oder vielleicht verspürte er einen Schwindel wie Menschen auf einer Wellenschaukel – jetzt himmelhoch, jetzt höllentief – trotz ängstlichen Anklammerns; oder vielleicht fürchtete er, heimtückische Menschen möchten den Ursprung seines Vermögens in der Führung seines Kassenbuchs bei der Bank argwöhnen – genug, er blieb auf seinem Posten als Buchhalter, sagte von seinen neuen Verhältnissen kein Wort und trug sein Geld zu einer anderen Bank in einer anderen Stadtgegend. Diese Heimlichkeit, so unschuldig sie zu sein scheint, war der erste Schritt zu der zweiten Tragikomödie in Johns Dasein.

Während der ganzen Zeit hatte er niemals nach Hause geschrieben. War es Misstrauen oder Scham oder auch ein bisschen Ärger oder reine Saumseligkeit, oder weil er (wie wir gesehen haben) kein Geschick zum Briefschreiben hatte oder weil es (wie ich manchmal anzunehmen versucht bin) in der Menschennatur ein Gesetz gibt, das junge Leute, welche sonst durchaus keine Biester sind, davon abhält, diese einfache Handlung der Pietät zu erfüllen – kurz und gut, Monate und Jahre waren verflossen, und John hatte niemals geschrieben. Die Gewohnheit des Nichtschreibens war eigentlich schon in ihm eingewurzelt, bevor er sein Vermögen gewann, und nur die Schwierigkeit, dieses lange Schweigen zu brechen, hielt ihn davon zurück, sofort das Geld zurückzuzahlen, das er gestohlen oder – wie er es zu nennen vorzog – geborgt hatte. Vergeblich saß er vor einem Briefbogen und wartete auf eine Eingebung der

Muse; diese himmlische Nymphe flüsterte ihm nur die Worte »Mein lieber Vater« zu und blieb dann hartnäckig stumm. Und dann knitterte John plötzlich den Briefbogen zusammen und beschloss, das Geld persönlich nach Hause zu bringen, sobald er »eine gute Gelegenheit« hätte. Und dieses nicht zu verteidigende Zögern war der zweite Schritt, der ihn in die Schlingen des Schicksals hineinführte.

Zehn Jahre waren vergangen, und John war bald dreißig. Er hatte die Versprechungen seiner Knabenjahre gehalten und war jetzt von einer behaglichen Körperfülle, die sich der Korpulenz näherte; er hatte angenehme Züge, gutmütige Augen, ein liebenswürdiges Benehmen, ein stets bereites Lachen, einen langen, sandgelben Backenbart, einen Anflug von amerikanischem Akzent, großes Verständnis für die amerikanische Art von Spaßhaftigkeit und eine gewisse Ähnlichkeit mit einer allerhöchsten Persönlichkeit, deren Namen ich nicht nennen will. So sah äußerlich der Mann aus, wie man ihn in der Gesellschaft sehen konnte. Inwendig war er trotz seines stattlichen Leibs und seines höchst männlichen Backenbarts mehr eine alte Jungfer als ein Mann von neunundzwanzig Jahren.

Als er eines Tages, und zwar war es der Tag vor dem Beginn seines vierzehntägigen Urlaubs, die Market Street hinunterbummelte, fiel sein Blick zufällig auf einige Eisenbahnplakate, und rein zum Zeitvertreib rechnete er sich aus, dass er zum Weihnachtsfest zu Hause sein könnte, wenn er am nächsten Morgen abreiste. Eine drängende Fantasie erfüllte ihn mit Wünschen, und in einem Augenblick entschloss er sich zu reisen.

Er hatte noch viel zu tun: seinen Koffer zu packen; einen Kreditbrief bei der Bank zu nehmen, deren reicher Kunde er war; gewisse Geschäfte für die andere Bank durchzuführen, bei der er ein bescheidener Angestellter war. Und wie nun einmal die menschliche Natur ist, so kam es, dass von allen diesen Geschäften gerade das letzte vernachlässigt wurde. Die Nacht fand ihn nicht nur mit eigenem Geld ausgerüstet, sondern wieder einmal (wie bei jener früheren Gelegenheit) mit einer beträchtlichen Summe fremden Geldes beladen.

Nun wohnte zufällig in demselben Kosthaus wie John ein Mitangestellter von ihm, ein ehrlicher Mann, aber mit einer sogenannten Schwäche für geistige Getränke, die übrigens in diesem Fall eine »Stärke« hätte genannt werden können, denn das Opfer war schon seit Wochen ohne die geringste Unterbrechung ständig betrunken gewesen. Diesem Kollegen vertraute der unglückselige John einen Brief mit Wertpapieren an, den er an den Geschäftsführer der Bank überschrieben hatte. Freilich kam es ihm dabei vor, wie wenn er an seinem Treuhänder eine gewisse Verschwommenheit der Augen und Schwerfälligkeit der Zunge bemerkte – aber er war zu voll von Hoffnungen, um sich aufhalten zu lassen, brachte die warnende Stimme in seiner Brust zum Schweigen und übergab mit einer und derselben Handbewegung das Geld dem Buchhalter und sich selber den Händen des Schicksals.

Ich verweile, selbst auf die Gefahr hin, langweilig zu werden, bei Johns winzigsten Irrtümern, da sein Fall dem Moralisten so große Rätsel aufgibt; aber wir sind jetzt mit diesen fertig, das Verzeichnis ist geschlossen; der Leser hat das Schlimmste von unserem armen Helden gehört, und ich überlasse es ihm, selber darüber zu urteilen, ob jener Trunkenbold oder ob John am meisten Schuld hatte.

Wir haben jetzt das Schauspiel eines Menschen zu verfolgen, der weiter nichts als ein Spielball des Unglücks war, dessen unverdiente Missgeschicke selbst ein Humorist nicht ohne Mitleid und ein Philosoph nicht ohne Unruhe ansehen kann.

In derselben Nacht betrank der Buchhalter sich so sackstrippenmäßig, dass selbst seine besten Freunde darüber erstaunt waren. Er wurde schleunigst aus dem Kosthaus an die Luft befördert; gab seinen Koffer bei einer ihm völlig unbekannten Frau ab, die nicht einmal seinen Namen deutlich verstand; irrte umher, er wusste selber nicht, wo, und wurde schließlich in ein

Krankenhaus in Sacramento eingeliefert. Hier lag der verbummelte Kerl, unter der undurchdringlichen Anonymität seiner Bettnummer verborgen, noch einige weitere Tage, ohne von irgendetwas eine Ahnung zu haben, besonders aber nicht davon, dass die Polizei ihn suchte. Zwei Monate waren gekommen und gegangen, bevor der in der Genesung befindliche Kranke des Hospitals in Sacramento als Kirkman, der aus San Francisco verschwundene Buchhalter, festgestellt wurde; und dann vergingen auch noch weitere zwei Wochen, bis die ihm vollständig unbekannte Frau aufgestöbert und sein Koffer zur Stelle geschafft werden konnte, worauf Johns Brief endlich mit unerbrochenem Siegel und unverletztem Inhalt zu seiner Bestimmung gelangte.

Unterdessen war John in seinen Urlaub gefahren, ohne der Bankleitung ein Wort zu sagen – das war nicht in der Ordnung; und mit ihm war eine gewisse Summe Geldes verschwunden – und das war zu arg, um bemäntelt zu werden. Aber man wusste, dass er bummelig war, und glaubte, dass er ehrlich sei; außerdem hatte der Geschäftsführer ihn gern; und so wurde wenig gesagt, wenn auch gewiss mancherlei gedacht, bis die vierzehn Tage zu Ende waren und der Augenblick da war, wo John hätte wieder erscheinen sollen. Dann begann allerdings die Sache finster auszusehen; und als nun Nachforschungen angestellt wurden und man entdeckte, dass der vermögenslose Buchhalter viele Tausend Dollar angesammelt und dieses Geld heimlich bei einer Konkurrenzbank niedergelegt hatte, da verließen ihn auch die standhaftesten von seinen Freunden, die Bücher wurden nach früheren, kunstvollen Fälschungen durchsucht, und obgleich keine entdeckt wurden, so war man doch allgemein überzeugt, dass die Bank einen Verlust erlitten haben müsse. Der Telegraf wurde in Bewegung gesetzt, und der Geschäftsfreund der Bank in Edinburgh, wohin John, wie man wusste, sich beträchtliche Summen hatte überweisen lassen, erhielt den Auftrag, sich mit der Polizei in Verbindung zu setzen.

Nun war dieser Geschäftsfreund der kalifornischen Bank zugleich ein Freund des alten Mr Nicholson; die Geschichte von Johns bösem Verschwinden aus Edinburgh war ihm wohl bekannt; er reimte sich eins mit dem anderen zusammen und eilte, die erste Nachricht von diesem Skandal nicht der Polizei, sondern seinem Freund zu überbringen. Der alte Herr hatte seinen Sohn längst als einen Toten angesehen; Johns Platz hatte ein anderer eingenommen; die Erinnerung an seine Verfehlungen war zu einem jener alten Schmerzen geworden, die allerdings gelegentlich wieder aufwachen, die wir aber stets durch eine Willensanstrengung verscheuchen können. Dass nun der längst Verlorene zu neuer Schande wiederauferstand, war doppelt bitter.

»Macewen«, sagte der alte Mann, »die Sache muss, wenn möglich, vertuscht werden. Wenn ich Ihnen einen Scheck über diese Summe gebe, deren Fehlen die Bank bestimmt festgestellt hat, könnten Sie es dann auf sich nehmen, die Geschichte ruhen zu lassen?«

»Das will ich tun«, sagte Macewen. »Ich will die Verantwortung dafür auf mich nehmen.«

»Sie verstehen«, fuhr der alte Mr Nicholson fort, mit fester Betonung, aber mit aschgrauen Lippen, »ich tue das um meiner Familie willen, nicht für den unglücklichen jungen Mann. Sollte es sich herausstellen, dass der andere Verdacht richtig ist und dass er große Summen unterschlagen hat, dann muss er auf seinem Bett so liegen, wie er es sich gemacht hat.«

Dann sah er mit einem Kopfnicken und eigentümlichem Lächeln zu Macewen auf und sagte: »Leben Sie wohl« – und Macewen bemerkte, dass der Fall zu schwer war, um den alten Mann trösten zu können; er empfahl sich und dankte auf seinem Heimweg Gott, dass er keine Kinder hatte.

Fünftes Kapitel

Die Heimkehr des Verlorenen Sohns

Kurz nach zwölf Uhr mittags am Weihnachtsabend hatte John seinen Koffer bei der Gepäckaufbewahrungsstelle aufgegeben und betrat nun die Princes Street mit einer wundervoll geschwellten Seele, wie ein Mensch, der sich der Erfüllung lang gehegter Sehnsüchte freut. Er war wieder daheim – inkognito und reich. Nach wenigen Augenblicken konnte er dank seinem Hausschlüssel, den er auf allen seinen Irrfahrten pietätvoll aufbewahrt hatte, sein Vaterhaus betreten; er würde das geborgte Geld auf den Tisch werfen; es würde eine Aussöhnung geben, deren Einzelheiten er sich bereits häufig zurechtgelegt hatte; und er sah sich im Lauf des nächsten Monats freudig willkommen geheißen in vielen stattlichen Häusern, bei vielen langweiligen Essgesellschaften; sah sich an der Unterhaltung teilnehmen mit der Freiheit des weit gereisten Mannes; hörte sich über die Gesetze der Finanzkunst mit der Autorität des erfolgreichen Besitzers von Wertpapieren reden. Aber dieses Programm durfte nicht vor dem Abend ausgeführt werden – nicht früher als unmittelbar vor dem Essen; aber zu dieser Mahlzeit würde die versammelte Familie sich in rosiger Stimmung niedersetzen, und der beste Wein – der neuzeitliche Ersatz für das gemästete Kalb – würde zu Ehren der Heimkehr des Verlorenen Sohnes fließen.

Mittlerweile ging er durch bekannte Straßen; lustige Erinnerungen drangen auf ihn ein, auch traurige, aber beide mit der gleichen überraschenden Stärke. Die scharfe Frostluft; die niedrig am Himmel stehende rosenrote Wintersonne, das Schloss, das ihn wie einen alten Bekannten begrüßte; die Namen von Freunden auf Türschildern; der Anblick von Freunden, die er auf den Straßen zu erkennen glaubte, denen er aber sorgfältig auswich; der angenehme, singende Tonfall der nordbritischen Mundart; die Kuppel von St. George, die ihn an seine letzten zerknirschten Augenblicke in dem Gässchen und an jenen »König der Ehren« erinnerte, dessen Name seither stets in dem traurigsten Winkel seines Gedächtnisses widergeklungen hatte; und die Rinnsteine, in denen er Eislaufen gelernt hatte; und der Laden, wo er seine Schlittschuhe gekauft hatte; und die Steine, auf die er getreten war; und die eisernen Geländer, an denen entlangrasselnd er auf seinem Schulweg das kleine Viertel aufgeschreckt hatte – und alle diese tausendundeine namenlosen Einzelheiten, die das Auge sieht, ohne sie zu bemerken, die das Gedächtnis aufbewahrt, ohne davon etwas zu wissen, und die, alle zusammengenommen, für uns das Aussehen des Ortes ausmachen, den wir »Heimat« nennen: Alle diese Einzelheiten bestürmten ihn, wie er so dahinschritt, mit Entzücken und Trauer.

Sein erster Besuch galt Houston, der ein Haus an der Regent Terrace hatte, worin früher seine Tante gewohnt hatte. Die Tür wurde – zu seiner Überraschung – nur so weit geöffnet, wie die Sperrkette es zuließ, und eine Stimme fragte ihn von drinnen, was er wünsche.

»Ich möchte Mr Houston sprechen – Mr Alan Houston«, sagte er.

»Und wer sind Sie?«

Das ist ja sehr merkwürdig, dachte John, dann aber nannte er laut seinen Namen.

»Doch nicht der junge Mr John?«, rief die Stimme, unverkennbar mit freundlicherer Betonung.

»Genau derselbe!«, sagte John.

Hierauf entfernte der alte Haushofmeister seine Schutzvorrichtungen, wobei er nur bemerkte: »Ich dachte, es wäre der Mann.«

Aber sein Herr war nicht da; er hielt sich, wie es schien, in seinem Haus in Murrayfield auf; und obwohl der alte Diener sich sehr gefreut haben würde, wenn er Platz genommen und alles Neue erzählt hätte, suchte John eilig wieder fortzukommen, da die Nachricht ihn eigentümlich kühl berührte. Aber als sich die

Tür wieder hinter ihm geschlossen hatte, bedauerte er sehr, dass er sich nicht nach »dem Mann« erkundigt hatte.

Mehr Besuche hatte er ja nicht zu machen, bevor er seinen Vater gesehen und zu Hause alles in Ordnung gebracht hatte. Alan war die einzige überhaupt mögliche Ausnahme gewesen, und John hatte keine Zeit, den weiten Weg nach Murrayfield hinaus zu machen. Aber hier war er nun einmal bei Regent Terrace; nichts konnte ihn hindern, um den Hügel herumzugehen und sich von außen Mackenzies Haus anzusehen. Unterwegs rechnete er sich aus, dass Flora jetzt ungefähr ebenso alt wie er sein müsste; es läge also durchaus innerhalb des Bereichs der Möglichkeit, dass sie verheiratet wäre; aber diesen schimpflichen Gedanken verdammte er sofort.

Ja, da war allerdings das Haus; aber die Tür war von anderer Farbe; und was war das? Zwei Türschilder? Er trat näher heran; das obere Schild trug mit würdevoller Einfachheit nur das Wort »Proudfoot«; das untere Schild war wortreicher und belehrte den Vorübergehenden, dass hier zugleich die Behausung von »Mr J. A. Dunlop Proudfoot, Advokat« sei. Die Proudfoots mussten reich sein; denn kein Advokat konnte erwarten, in einer so entlegenen Stadtgegend viel zu tun zu bekommen; und John hasste sie wegen ihres Reichtums und wegen ihres Namens und weil sie dieses Haus durch ihre Gegenwart entweihten. Er erinnerte sich eines Proudfoot, den er in seiner Schulzeit gesehen, nicht gekannt hatte: einen kleinen, käseweißen Bengel, den verächtlichen Angehörigen einer niedrigeren Schulklasse. Konnte diese Missgeburt so hoch gestiegen sein, dass er jetzt ein Advokat war und in dem Geburtshaus Floras, an der Stätte von Johns zärtlichsten Erinnerungen wohnte? Das Gefühl von Kälte, das ihn zum ersten Mal gepackt hatte, als er Houstons Abwesenheit erfuhr, wurde stärker und schmerzte ihn innerlich. Wie er so vor der Tür dieses ihm fremd gewordenen Hauses stand und nach Osten und Westen über das menschenleere Pflaster der Royal Terrace hinsah, wo sich keine Katze rührte, da packte ihn für einen Augenblick ein Gefühl der Einsamkeit und Trostlosigkeit an der Kehle, und er wünschte, er wäre in San Francisco.

Und dann kam ihm in den Sinn, dass die Figur, die er jetzt machte, mit seiner vornehmen Stattlichkeit, dem gelben Backenbart, dem Geld in seiner Börse, der ausgezeichneten Zigarre, die er in diesem Augenblick anzündete, doch in einem sehr tröstlichen Gegensatz stände zu einem gewissen zu wahnsinniger Verzweiflung getriebenen Jungen, der an einem gewissen Frühlingssonntag vor zehn Jahren, in der stillen Stunde der Kirchzeit, sich aus dieser Stadt geschlichen hatte und auf der Straße nach Glasgow davongelaufen war. Angesichts solcher Veränderungen war es ruchlos, an der Freundlichkeit der Glücksgöttin zu zweifeln. Alles würde noch gut werden: Die Mackenzies würden aufgefunden werden; Flora würde jünger und lieblicher und freundlicher sein denn je; Alan würde aufgefunden werden und würde solche Fortschritte im guten Betragen gemacht haben, dass er einerseits ein geschätzter Freund des alten Mr Nicholson geworden wäre, andererseits genau so ein gemütlicher Mensch geblieben wäre, wie Johns Kameraden sein mussten, wenn sie ihm gefallen sollten. Und so machte sich denn John wieder einmal daran, die entzückende Zukunft im Voraus zu genießen: sein erstes Erscheinen im Familienkirchenstuhl; seinen ersten Besuch bei Onkel Greig, der sich für ein so großes Finanzgenie hielt und dessen blöde Edinburgher Augen John durch die strahlende Helligkeit des Westens zu blenden gedachte; und noch eine Menge Einzelheiten einer beispiellosen Verwandlungsszene, in denen er allen Edinburghern einen stattlichen, erfolgreichen Geschäftsherrn in den Schuhen des ausgelachten Flüchtlings zeigen würde.

Die Stunde rückte heran, zu der sein Vater von der Kanzlei nach Hause gekommen sein musste und daher der Verlorene Sohn aufzutreten hatte. Er schlenderte nach Westen zu durch die Albany Street, der roten Glut des Sonnenuntergangs entgegen, mit einem ihm selber nicht ganz deutlichen Gefühl von Vergnügen darüber, dass er in dieser kalten Luft und in dem dunkelblauen Dämmerlicht dahinging, aus welchem die Straßenlaternen wie Sterne strahlten. Aber unterwegs sollte ihm noch eine dritte Enttäuschung beschieden sein.

An der Ecke der Pitt Street stand er still, um eine frische Zigarre anzuzünden; als er dies tat, warf das Zündholz ein helles Licht auf sein Gesicht, und ein Herr, etwa von dem gleichen Alter mit ihm, blieb bei seinem Anblick stehen.

»Ich denke, Ihr Name muss Nicholson sein«, sagte der Fremde.

Es war zu spät, eine Erkennungsszene zu vermeiden; außerdem kam kaum noch etwas darauf an, da John jetzt unmittelbar auf dem Weg nach seinem Vaterhaus war, und er ließ daher seinen Gefühlen freien Lauf und rief: »Herrje! Beatson!«, und schüttelte dem alten Kumpan herzlich die Hand; sein Händedruck schien ihm kaum auf die gleiche Weise erwidert zu werden, und Beatson sagte:

»So? Bist du wieder da? Wo bist du denn die ganze Zeit über gewesen?«

»In den Staaten – Kalifornien. Na, ich hab mir ein hübsches bisschen verdient, und plötzlich fiel mir ein, es wäre ein großartiger Gedanke, zu Weihnachten nach Hause zu kommen.«

»Aha! Na, ich hoffe, wir werden dich mal sehen, da du jetzt wieder hier bist.«

»Oh, das denke ich«, sagte John, etwas abgekühlt.

»Na, bis dann«, sagte Beatson zum Schluss, schüttelte ihm wieder die Hand und ging.

Es war eine schmerzhafte erste Erfahrung. Es hatte keinen Zweck, sich gegen Tatsachen zu verschließen: Hier war John wieder zu Hause, und Beatson, sein alter Beatson – machte sich nicht einen Pfifferling daraus. Er rief sich seinen alten Beatson aus der Vergangenheit zurück – diesen lustigen, freundschaftlichen Jungen – und ihre gemeinsamen Abenteuer und Missetaten: die Fensterscheibe in dem Haus am India Place, die sie mit dem Katapult zerschossen hatten, die Erkletterung des Schlossfelsens und so manches andere unschätzbare Band der Freundschaft – und sein Schmerz wegen dieses überraschenden Benehmens wurde noch tiefer.

Na, schließlich konnte ein Mensch sich ja bloß auf seine eigene Familie verlassen; er dachte an das Sprichwort, dass Blut dicker als Wasser ist; und das schließliche Ergebnis dieses Zusammentreffens war, dass er mit zärtlicheren und weicheren Gefühlen vor der Schwelle seines Vaterhauses ankam.

Es war Nacht geworden; das Fenster über der Haustür leuchtete hell; die beiden Fenster des Esszimmers, wo jetzt der Tisch gedeckt wurde, und die drei Fenster des Wohnzimmers, wo Maria jetzt sitzen und auf das Essen warten würde, schimmerten in sanftem Schein mit ihren gelben Vorhängen. Es war wie eine Vision aus der Vergangenheit. Während dieser ganzen Zeit seiner Abwesenheit war das Leben Schritt für Schritt weitergegangen: Zu den gewohnten Stunden waren Feuer und Gas angezündet, waren die Mahlzeiten angerichtet worden. Zur gewohnten Stunde auch war die Glocke dreimal ertönt, die Familie zum Gebet zu rufen. Und bei diesem Gedanken durchzuckte ihn ein Bedauern wegen seiner Unwürdigkeit: Er dachte an die Dinge, die gut waren und die er vernachlässigt hatte, und an die Dinge, die böse waren und die er geliebt hatte; und mit einem Gebet auf den Lippen ging er die Stufen hinan und steckte den Schlüssel in das Schlüsselloch.

Er trat in die erleuchtete Halle, schloss leise die Tür hinter sich und stand in Verwunderung festgebannt. Keine Überraschung wegen seltsamer Veränderungen hätte so stark sein können wie die Überraschung, dass alles ihm vollkommen vertraut war. Da war Chalmers Büste dicht am Treppengeländer; da lag die Kleiderbürste an ihrem gewöhnlichen Ort; und dort, am Kleiderständer, hingen Hüte und Röcke, die sicherlich dieselben sein mussten, deren er sich noch erinnerte. Zehn Jahre entschwanden aus seinem Leben, wie einem eine Nadel aus den Fingern gleiten mag; und das Weltmeer und die Berge und die Minen, das

Menschengedränge in den Straßen von San Francisco mit den Rassen der ganzen Welt und sein eigenes Glück und seine eigene Schande wurden für diesen einen Augenblick Gestaltung eines Traums, der vorüber war.

Er nahm seinen Hut ab und ging mechanisch an den Kleiderständer und fand da eine kleine Veränderung, die für ihn eine große war. Der Nagel, der von seiner Kindheit an sein Nagel gewesen war, auf den er seine Mütze geworfen hatte, wenn er von der Schule nach Hause gekommen war, und seinen ersten Hut, wenn er mit schnellen Schritten aus dem Kolleg oder der Kanzlei heimkam – sein Nagel war besetzt.

Meinen Nagel hätten sie wohl auch respektieren können!, dachte er, und er empfand etwas wie eine Kränkung, und dann auf einmal fiel ihm ein, dass er hier ein Eindringling war, dass er sich in einem fremden Haus befand, in das er sich beinahe wie ein Einbrecher eingeschlichen hatte und wo man ihn jeden Augenblick wie einen solchen behandeln konnte.

Er schritt sofort, den Hut noch in der Hand, zu der Tür seines Vaters, öffnete sie und trat ein.

Mr Nicholson saß an derselben Stelle, in derselben Haltung wie an jenem letzten Sonntagmorgen; nur war er älter und grauer und ernster; und als er jetzt aufblickte und in das Auge seines Sohnes sah, da kam plötzlich eine seltsame Erregung in sein Antlitz, das sich mit einer dunklen Röte überzog.

»Vater«, sagte John herzhaft, ja sogar lustig, denn dies war ein Augenblick, auf den er sich seit langer Zeit vorbereitet hatte, »Vater, hier bin ich, und hier ist das Geld, das ich dir wegnahm. Ich bin zurückgekommen, um dich um deine Vergebung zu bitten und über Weihnachten bei dir und den Kindern zu bleiben.«

»Behalte dein Geld«, sagte der Vater, »und geh!«

»Vater!«, schrie John. »Um Gottes willen, empfange mich nicht auf solche Weise! Ich kam, um –«

»Versteh mich!«, unterbrach Mr Nicholson ihn. »Du bist nicht mein Sohn, und vor Gottes Angesicht wasche ich meine Hände!

Ein Letztes will ich dir sagen; eine Warnung will ich dir geben: Es ist alles entdeckt und du wirst wegen deiner Verbrechen verfolgt; wenn du noch in Freiheit bist, verdankst du das nur mir; aber ich habe alles getan, was ich zu tun gedenke; und von diesem Augenblick an würde ich nicht einen Finger rühren – nicht einen Finger –, um dich vor dem Galgen zu retten! Und nun«, sagte er mit leiser Stimme, aber mit absoluter Autorität und mit einer einzigen, aber bedeutsamen Bewegung seines Zeigefingers, »und nun – geh!«

Sechstes Kapitel

Das Haus in Murrayfield

Wie John den Abend verbrachte, in welcher stürmischen Geistesverwirrung, unter welchen Ausbrüchen von Zorn und unter welchen Zusammenbrüchen in kränklicher Schwäche, wie er durch die Straßen rannte und in Wirtshäuser einkehrte – das zu berichten, hätte wenig Zweck.

Seine elende Stimmung wurde zwar nicht noch elender, aber auch in keiner Weise besser; denn je mehr Kummer und Unwillen abnahmen, desto mehr bemächtigte sich an deren Stelle eine große Furcht aller seiner Gedanken. Anfangs lagen seines Vaters drohende Worte gleichsam in einem sicheren Schubfach seines Gedächtnisses und harrten ihrer Stunde. Anfangs war John ganz und gar verschmähte Liebe und geknickte Hoffnung; dann aber reckte die misshandelte Eitelkeit wieder ihr Haupt empor, trotz zwanzig klaffenden Wunden: Und er verstieß seinen Vater, wie dieser seinen Sohn verstoßen hatte, und sagte sich von seinem Vater los, wie dieser sich von seinem Sohn losgesagt hatte.

Was war denn dieser regelmäßige Lebenswandel, dass John ihn hätte bewundern sollen? Was waren diese nach dem Pendelschlag der Uhr abgemessenen Tugenden, denen die Liebe fehlte? Güte war der Prüfstein, Güte war das Ziel und die Seele von allem, und mit einem solchen Maßstab gemessen, war der verstoßene reuige Sünder – der jetzt sehr geschwind seine Sorgen und seinen Verstand in einem Glas nach dem anderen ertränkte – ein Geschöpf von liebenswürdigerer Sittlichkeit als sein selbstgerechter Vater.

Ja, er war der bessere Mensch! Das fühlte er, von diesem Bewusstsein war er durchglüht, und in einen Ausschank an der Ecke von Howard Place eintretend – wohin ihn seine Wanderung auf irgendeine Weise geführt hatte –, trank er auf seine eigene Tugend ein Glas, vielleicht das vierte, seitdem er verstoßen worden war. Er wusste es nicht genau, denn was kümmerte es ihn, was er tat oder wohin er ging? Und in dem allgemeinen Zusammenbruch seiner Nerven merkte er nichts davon, dass er anfing, schwer betrunken zu werden. Es ist sogar die Frage, ob er von dem Whisky wirklich betrunken wurde oder ob nicht anfangs der Whisky sogar ihn ernüchterte. Denn gerade in dem Augenblick, als er dieses Glas hinunterstürzte, tauchten seines Vaters rätselhafte und drohende Worte aus ihrem Versteck in seinem Gedächtnis auf, und er bekam einen Schreck, wie wenn ihm plötzlich jemand eine Hand auf die Schulter gelegt hätte. »Verbrechen – verfolgt – der Galgen!« Das waren üble Worte, die einem Unschuldigen vielleicht noch übler in den Ohren klangen; wenn er infolge irgendeines gerichtlichen Irrtums in Verdacht stand – welchen Umfang konnte der noch annehmen? Wer sollte da Grenzen setzen? John ganz gewiss nicht; er glaubte nicht an die Macht der Unschuld; seine eigenen traurigen Erfahrungen wiesen in ganz andere Richtungen. Sobald seine Furcht einmal erweckt war, wuchs sie mit jeder Stunde und jagte ihn durch die Straßen der Stadt.

Es war vielleicht nahe an neun Uhr abends; er hatte seit dem Frühstück nichts gegessen, hatte eine ganze Menge getrunken und war von der Gemütsbewegung erschöpft. Da fiel ihm plötzlich Houston ein. Der Mann war nicht nur sein Freund, sondern sein Haus war auch eine Zufluchtsstätte. Die Gefahr, die ihn bedrohte, war so unbestimmt, dass er weder wusste, was er fürchten sollte, noch, von welcher Seite her er sie erwarten sollte; aber so viel schien ihm wenigstens unleugbar zu sein, dass ein Privathaus sicherer für ihn sei als ein öffentliches Wirtshaus. Infolge dieser Überlegungen begab er sich sofort nach dem Bahnhof, nicht ohne innere Angst, als er in das helle Licht der elektrischen Bogenlampen trat; dann ließ er sich von der Gepäckaufbewahrungsstelle seinen Handkoffer herausgeben, und es dauerte nicht lange, so fuhr er in einer Droschke die Glasgow Road entlang. Der Übergang aus der Bewegung in die Ruhe, vom Laufen zum Sitzen, der Anblick der Laternen, deren flimmerndes Licht hinter ihm verschwand, der Geruch von nassem, faulendem Stroh, der dem Wagen anhaftete, dies alles erweckte in ihm abwechselnde Empfindungen: Bald kam ihm ein klares Bewusstsein seiner Lage, bald dagegen war ihm sterbensübel.

Ich habe zu viel getrunken, sagte er bei sich selber; ich muss sofort zu Bett gehen und schlafen.

Und er dankte dem Himmel für die Schläfrigkeit, die in Wellen über sein Bewusstsein strömte.

Aus einem dieser Augenblicke von Halbschlaf wurde er aufgeweckt, indem die Droschke hielt; er stieg aus und sah sich an einem richtigen Landweg: Die letzte Laterne der Vorstadt leuchtete in einiger Entfernung unter ihm, und die hohen Mauern eines Gartens stiegen in der Dunkelheit vor ihm auf. Die »Lodge« – wie der Landsitz genannt wurde – lag sehr einsam. Nach Süden zu befand sich allerdings noch ein anderes Haus, das aber von einem so großen Garten umgeben war, dass es sich außer Rufweite befand; auf den drei anderen Seiten erstreckte freies Feld sich bis zu den Wäldern von Corstorphine Hill oder bis zu den Höhlen von Ravelston oder nach dem Tal des Leith hinunter. Der Eindruck der Abgeschlossenheit wurde noch durch die große Höhe der Gartenmauern verstärkt, die an ein Kloster erinnerten und, wie John in früheren Tagen ausprobiert hatte, für die Kletterkünste eines Schuljungen unersteigbar waren. Die Laterne der Droschke warf einen schwachen Schein auf die Pforte und auf den nicht sehr glänzenden Handgriff der Klingel.

»Soll ich für Sie klingeln?«, sagte der Kutscher, der von seinem Bock heruntergeklettert war und seine Arme kreuzweise über der Brust zusammenschlug, um sich in der bitterkalten Nacht zu erwärmen.

»Ja, bitte, tun Sie das«, sagte John und strich sich mit der Hand über die Stirn, denn er hatte wieder einen Anfall von Übelkeit.

Der Mann zog am Griff, und das Läuten der Glocke antwortete aus der Tiefe des Gartens; er wiederholte dies zwei- oder dreimal in entsprechenden Zwischenräumen; in das tiefe, kalte Schweigen der Winternacht fielen die Klänge scharf und dünn.

»Erwartet er Sie?«, fragte der Kutscher mit einem Ausdruck vertraulicher Teilnahme, wie man sie von seinem roten Portweingesicht wohl erwarten konnte; und als John diese Frage verneint hatte, fuhr der Mann fort:

»Na, wenn ich Ihnen einen Rat geben soll, dann wollen wir man gleich wieder umkehren. Und das ist ein uneigennütziger Rat, verstehen Sie, denn mein Stall ist an der Glasgow Road, ganz hier in der Nähe.«

»Die Dienstboten müssen doch das Klingeln hören!«, sagte John.

»Keine Spur! Er hat gar keine Dienstboten hier draußen, Herr! Die sind alle im Stadthaus. Ich fahre ihn oft; es ist 'ne richtige Einsiedelei hier draußen.«

»Lassen Sie mich mal klingeln!«, rief John; und er zog wie ein Wahnsinniger an der Glocke.

Das Läuten war noch nicht verhallt, da hörten sie Schritte auf dem Kiesweg, und eine eigentümlich ärgerliche Stimme schrie ihnen durch die Pforte zu:

»Wer sind Sie? Und was wollen Sie?«

»Alan!«, rief John. »Ich bin's! ›Dickchen‹ – John, weißt du wohl? Ich bin gerade zurückgekommen und will bei dir wohnen.«

Eine Zeit lang schwieg er nun; dann wurde die Pforte geöffnet.

»Heben Sie den Koffer herunter«, sagte John zum Kutscher.

»Lassen Sie das man bleiben!«, rief Alan; und dann sagte er zu John: »Komm einen Augenblick hier herein; ich muss dir was sagen.«

John trat in den Garten ein, die Pforte wurde hinter ihm geschlossen. Eine Kerze stand auf dem Kiesweg und flatterte im Wind. Sie warf ein unsicheres Licht auf die Gebüsche und auf Alans Gesicht, und der Schatten seiner Gestalt bewegte sich hinter ihm hin und her. Alles Übrige lag in undurchdringlicher Finsternis, und die Gedanken in Johns wirrem Kopf schwankten wie der Schatten seines Freundes. Aber selbst in diesem Zustand fiel es ihm auf, dass Alan bleich war und dass seine Stimme, als er jetzt sprach, unnatürlich klang.

»Was bringt dich heute Nacht hier zu mir hinaus?«, begann er. »Ich möchte, weiß Gott, nicht, dass du mich für unfreundlich hältst; aber ich kann dich nicht aufnehmen, Nicholson, ich kann es nicht!«

»Alan – du musst es einfach! Du weißt nicht, in welcher Klemme ich bin: Mein Alter Herr hat mir die Tür gezeigt, und in einem Gasthof darf ich mich nicht sehen lassen, weil sie hinter mir her sind – wegen Mordes oder sonst was!«

»Wegen was?«, schrie Alan, zusammenfahrend.

»Wegen Mordes, glaube ich.«

»Wegen Mordes!«, wiederholte Alan und strich sich mit der Hand über die Augen. »Was sagtest du vorhin?«

»Ich sagte dir, sie seien hinter mir her«, sagte John. »Ich bin eines Mordes angeklagt, soviel ich mir zusammenreimen kann; ich habe wirklich einen schrecklichen Tag gehabt, Alan, und ich kann doch nicht in einer solchen Nacht auf der Straße schlafen – zumal ich einen Koffer bei mir habe!«

»Pst!«, sagte Alan, den Kopf zur Seite neigend; und dann fragte er: »Hörtest du nichts?«

»Nein«, sagte John, dem sich seines Freundes Angst mitteilte, er wusste selber nicht, warum. »Nein, ich hörte nichts. Warum fragst du?« Und dann, als er keine Antwort erhielt, fing er wieder zu bitten an:

»Aber höre, Alan! Du musst mich einfach bei dir aufnehmen; ich will sofort zu Bett gehen, wenn du irgendwas zu tun hast. Ich habe, scheint's, zu viel getrunken; es hatte mir so einen Stoß gegeben; ich würde dich nicht abweisen, Alan, wenn du in solchem Unglück wärst.«

»Nein?«, erwiderte Alan. »Dann will ich es auch nicht tun. Komm mit, wir wollen deinen Koffer holen.«

Der Kutscher wurde bezahlt und fuhr davon, den langen, laternenbeleuchteten Berg hinab, und die beiden Freunde standen auf dem Fußgängerweg neben dem Koffer, bis das letzte Rumpeln der Räder von der Stille verschlungen war. Es kam John vor, wie wenn Alan sich erleichtert fühlte, als der Wagen fortgefahren war; und ihm selber, der nicht zu kritischen Beobachtungen aufgelegt war, war ebenso zumute.

Als es wieder ganz still war, lud Alan sich den Koffer auf die Schultern, trug ihn in den Garten und verschloss und verriegelte die Pforte; dann schien er wieder ganz in seine Gedanken versunken zu sein, denn er stand da, die Hand immer noch am Schlüssel, bis Johns Finger in der Kälte zu frieren begannen.

»Warum stehen wir hier?«, fragte John.

»Hä?«, fragte Alan geistesabwesend.

»Aber, Mensch! Du bist ja, scheint's, gar nicht mehr derselbe!«

»Nein, ich bin nicht mehr derselbe«, sagte Alan, und er setzte sich auf den Koffer und vergrub sein Gesicht in den Händen.

John stand neben ihm; er schwankte leise und sah um sich her auf die schwankenden Schatten, das flimmernde Licht der Kerze und die ruhig funkelnden Sterne über ihm, bis die Kälte der windstillen Nacht ihm durch die Kleider an die Haut drang.

Obwohl sein Verstand umnebelt war, begann er, sich zu wundern.

»Höre! Lass uns doch ins Haus gehen«, sagte er endlich.

»Ja; lass uns ins Haus gehen«, wiederholte Alan.

Und er stand sofort auf, nahm den Koffer wieder auf die Achsel, die Kerze in die andere Hand, und ging auf die Lodge zu. Diese war ein langes, niedriges Gebäude, ganz von Schlingpflanzen umrankt; abgesehen von ein paar Lichtstreifen, die aus den Läden des Esszimmers hervordrangen, lag es in tiefer Dunkelheit und in Schweigen.

In der Halle zündete Alan eine zweite Kerze an, gab sie John, öffnete die Tür zu einem Schlafzimmer und sagte:

»Hier! Geh zu Bett. Kümmere dich nicht um mich, John. Es wird dir leid um mich tun, wenn du alles weißt.«

»Halt! Noch einen Augenblick! Ich bin von all dem Herumstehen so kalt geworden. Lass uns für eine Minute ins Esszimmer gehen. Bloß ein einziges Glas, um mich zu erwärmen, Alan!«

Auf dem Tisch in der Halle standen auf einem Teller ein Glas und eine Flasche Whisky. Offenbar war die Flasche eben erst geöffnet werden; denn Pfropfen und Pfropfenzieher lagen daneben.

»Nimm das!«, rief Alan, gab John Glas und Flasche und schob dann beinahe unhöflich seinen Freund in das Schlafzimmer, dessen Tür er hinter ihm zumachte.

John stand ganz verblüfft da; dann nahm er die Flasche und bemerkte zu seiner weiteren Verwunderung, dass sie beinahe halb leer war. Drei oder vier große Gläser fehlten darin. Alan musste eine Flasche Whisky entkorkt und drei oder vier Gläser hintereinander hinuntergestürzt haben, ohne sich dabei hinzusetzen, denn in der Halle war kein Stuhl. Diese Menge Whisky hatte er in seinem eigenen Haus in dieser bitterkalten Winternacht in dem kahlen Flur getrunken! Dies erklärte vollständig sein sonderbares Benehmen, dachte John bei sich selber, als er sich einen Grog mischte. Der arme Alan! Er war betrunken; und wie schrecklich war das Trinken! Alan musste ein Sklave seiner

Trunksucht sein, dass er den Whisky so ganz einsam, in einem so unbehaglichen Raum trank! Ein Mensch, der Whisky trank, wenn er allein war – ausgenommen aus Gesundheitsrücksichten, wie John es jetzt tat –, ein solcher Mensch war vollkommen verloren.

Er trank das Glas aus und fühlte sich noch etwas mehr benebelt, aber auch wärmer. Es war eine harte Arbeit für ihn, seinen Koffer aufzumachen und seine Nachtsachen herauszuholen, und bevor er völlig ausgezogen war, fing ihn wieder an zu frieren.

»Na, bloß noch einen Tropfen! Es hat ja keinen Zweck, krank zu werden, wenn man außerdem noch all die anderen Sorgen hat.«

Und dann versank er sofort in einen traumlosen Schlaf.

Als John erwachte, war es heller Tag. Die blasse Wintersonne stand schon am Himmel; aber seine Uhr war stehen geblieben, er wusste also nicht, wie spät es geworden war. Es muss zehn Uhr sein, dachte er bei sich, sprang aus dem Bett und zog sich schnell an, wobei unangenehme Gedanken ihn bestürmten. Aber er litt jetzt weniger an Furcht als an Kummer, und in seinen Kummer mischten sich scharfe Gewissensbisse. Ihn hatte allerdings ein grausamer Schlag getroffen, es war aber nur die Strafe für alte Missetaten. Er jedoch hatte sich aufgelehnt und neue Sünde auf sich geladen! Die Rute war geschwungen worden, ihn zu züchtigen, und er hatte in die strafenden Finger gebissen! Sein Vater hatte recht: John war das geworden, was sein Vater vorausgesagt hatte; John war kein Gast für ein Haus anständiger Menschen, war kein passender Gesellschafter für die Kinder anständiger Leute. Und wäre ein noch deutlicheres Zeichen nötig gewesen, so hatte er hier den Fall mit seinem alten Freund. John war kein Trinker, obgleich er ab und zu einmal das rechte Maß überschritt; und die Vorstellung, wie Houston unvermischten Branntwein am Tisch in seiner Halle trank, erfüllte John mit einem Gefühl, das an Ekel grenzte. Es war ihm unangenehm, dass er seinen alten Freund gleich wiedersehen musste.

Er hätte wünschen mögen, dass er nicht zu ihm gegangen wäre. Und doch – wohin hätte er sich denn in diesem Augenblick sonst wenden können?

Diese Gedanken beschäftigten ihn, während er sich anzog, und begleiteten ihn in den Flur des Hauses. Die Tür nach dem Garten stand auf; zweifellos war Alan in den Garten gegangen, und John tat dasselbe, was sein Freund, wie er annahm, getan hatte. Der Boden war so hart wie Eisen, der Frost immer noch streng; als er an einen Stechpalmenbusch streifte, fielen glitzernde Eiszapfen klirrend zu Boden, und wohin er ging, folgte ihm ein Schwarm munterer Spatzen. Es war ein richtiges Weihnachtswetter, woran Kinder ihre Lust gehabt hätten. Dies war der Tag, an dem die Familie beisammensitzt – der Tag, auf den er sich so lange gefreut hatte – er hatte gedacht, an diesem Morgen werde er in seinem alten Bett am Randolph Crescent aufwachen, ausgesöhnt mit allen Menschen, um den Fußstapfen seiner Jugend nachzugehen. Und hier lief er nun einsam durch die Baumgänge eines winterkahlen Gartens, von Gedanken der Reue erfüllt!

Und dies brachte ihn auf einen Gedanken: Warum war er allein? Und wo war Alan? Der Gedanke an den Feiertag, an die Glückwünsche, die man an solchen Tagen darzubringen pflegt, erweckten in ihm aufs Neue die Sehnsucht nach seinem Freund, und er begann, nach ihm zu rufen. Als seine Stimme wieder verklungen war, merkte er erst, wie tief das Schweigen war, das ihn umgab. Das Zwitschern der Spatzen und das Knirschen seiner Schritte auf dem gefrorenen Schnee waren die einzigen Laute. In der völlig windstillen Luft fühlte er sich wie verzaubert, und die Stille drückte ihn wie eine schwere Last und erfüllte seine Seele mit einem schaudernden Gefühl der Einsamkeit.

Mit schnellen Schritten durcheilte er den ganzen Garten, in Zwischenräumen nach seinem Freund rufend, aber nicht mehr mit überlauter Stimme. Als er ihn in den immergrünen Buchsbaumgängen nicht fand, ging er schließlich in das Haus zurück.

Die Stille, die dieses umgab, schien ihm noch tiefer geworden zu sein. Die Tür stand immer noch offen; die Fensterläden waren noch geschlossen; aus den Schornsteinen stieg kein Rauchwölkchen in die klare Luft empor; nirgends das leiseste Geräusch von jener Bewegung, die vielleicht mehr dem geistigen Ohr als dem körperlichen wahrnehmbar ist und durch die ein Haus die Anwesenheit menschlicher Wesen verrät. Aber Alan musste doch da sein – wahrscheinlich im Schlaf des Trinkers befangen, der nichts von der Wiederkehr des Tages gemerkt hatte, der nicht wusste, dass das heilige Weihnachtsfest da war, und nicht an den Freund dachte, den er so kalt empfangen hatte und jetzt in so schnöder Weise vernachlässigte. Johns Abscheu verdoppelte sich bei dem Gedanken hieran; aber sein Hunger begann, stärker zu werden als seine Abneigung; und wollte er Frühstück haben, so musste er den Schläfer finden und wecken.

Er machte die Runde durch alle Schlafzimmer. Sie waren sämtlich von außen verschlossen und trugen alle Merkmale, dass sie seit langer Zeit nicht benutzt worden waren. Endlich kam er in Alans Schlafzimmer; dieses war offenbar benutzt: Es war voll von Kleidern, allerlei Nippsachen, Briefen, Büchern und Gegenständen, wie ein einsam lebender Mann sie zu seiner Bequemlichkeit braucht. Im Kamin war ein Feuer angezündet gewesen, aber es war längst ausgebrannt, und die Asche war schon kalt. Das Bett war gemacht, aber Alan hatte nicht darin geschlafen.

Umso schlimmer also! Alan musste unter den Tisch gefallen sein und lag jetzt ohne Zweifel wie ein Tier auf dem Fußboden des Esszimmers! Das Esszimmer war ein sehr langer Raum, zu welchem ein Korridor führte. John fand ihn daher, als er eintrat, fast finster und musste sich mit vorgestreckten Händen zum Fenster tasten, wobei er mehrere Male gegen Möbel stieß. Plötzlich strauchelte er und fiel der Länge nach über einen auf dem Fußboden liegenden Körper. Er hatte dies erwartet, und trotzdem bekam er einen Schreck; unwillkürlich aber wunderte er sich darüber, dass der Betrunkene bei dieser unsanften Berührung nicht einmal ein Stöhnen von sich gab. Es war schon früher vorgekommen, dass Menschen sich zu Tode getrunken hatten – ein scheußliches, gemeines Ende, das John bei dem bloßen Gedanken mit Schauder erfüllte. Wie? Wenn nun Alan tot wäre, das wäre ein Weihnachtstag!

Inzwischen war John wieder aufgestanden, hatte den Fensterladen erreicht, stieß diesen auf und erblickte wieder das gesegnete Licht des Tages.

Selbst in diesem Licht sah das Zimmer unbehaglich aus. Die Stühle standen überall herum, einer war umgefallen; das Tischtuch, das zum Essen ausgebreitet gewesen zu sein schien, war auf der einen Seite heruntergezerrt und einige von den Schüsseln waren auf den Fußboden gefallen. Hinter dem Tisch lag der Trunkenbold, immer noch unbeweglich; nur der eine Fuß von ihm war für John sichtbar.

Aber jetzt, da das Zimmer im Licht lag, schien das Ärgste vorüber zu sein. Es war eine widerwärtige Sache, aber doch nicht mehr als eben widerwärtig, und so begann John ohne besonders ängstliche Gedanken, um den Tisch herumzugehen. Es war sein letzter verhältnismäßig ruhiger Augenblick an diesem Tag! Kaum war er um die Tischecke gebogen, kaum war sein Blick auf den Körper gefallen, so stieß er einen halb erstickten, atemlosen Schrei aus und stürzte aus dem Zimmer und aus dem Haus hinaus.

Der Mensch, der auf dem Boden lag, war nicht Alan, sondern ein ziemlich hochbejahrter Mann mit ernstem Gesicht und eisengrauen Locken; und es war kein Betrunkener, denn der Körper lag in einer schwarzen Blutlache und die offenen Augen starrten nach der Zimmerdecke hinauf.

Auf und ab lief John vor der Tür. Die außerordentliche Schärfe der Winterluft wirkte belebend auf seine Nerven und kräftigte sie schnell. Während er immer noch rastlos hin und her lief, begannen die Bilder klarer zu werden und länger in seiner Fantasie zu haften. Und dann war er wieder imstande zu denken, und die entsetzliche Gefahr seiner Lage wurde ihm klar und er blieb wie festgewurzelt stehen.

Er griff sich an die Stirn, starrte auf den Kies des Gartenwegs und stückte zusammen, was er wusste und was er argwöhnte. Alan hatte irgendjemanden ermordet: möglicherweise »den Mann«, gegen welchen der alte Bediente die Tür des Hauses an der Regent Terrace mit der Kette versichert hatte; möglicherweise einen anderen – jedenfalls hatte er irgendeinen ermordet: eine menschliche Seele, deren vergossenes Blut auf dem Fußboden lag und deren Tötung den Mörder mit dem Tode bedrohte. Dies war der Grund, weshalb er den Whisky auf dem Flur getrunken hatte; weshalb er John nicht hatte aufnehmen wollen; weshalb er sich so seltsam benommen und so wirr geredet hatte. Deshalb war er aufgefahren, als John das Wort »Mord« gesprochen hatte. Deshalb stand er und horchte, saß er auf dem Koffer und bedeckte seine Augen, gestern in der schwarzen Nacht. Und jetzt war er auf und davon – war feige geflohen. Und der Erbe aller seiner Ängste und Gefahren – war John.

Lass mich denken, lass mich denken!, sagte er laut, ungeduldig, ja beinahe flehend, wie wenn irgendein Mensch ihn unbarmherzig unterbrochen hätte. Seine Gedanken waren in solcher Unordnung – tausend Winke und Hoffnungen und Drohungen und Schrecken summten ihm in den Ohren; ihm war zumute, wie wenn er in einem furchtbaren Menschengedränge eingekeilt wäre – ratlos, wie er herauskommen sollte. Wie sollte er daran denken – er, der keinen Gedanken überflüssig hatte! –, dass er selber der Urheber und zugleich der Schauplatz aller dieser Verwirrung war? In Stunden der Prüfung lösen sich die Fugen der menschlichen Natur, und es tritt Anarchie ein.

Es war klar, er durfte nicht länger bleiben, wo er war; denn hier war ein neuer Justizirrtum in der Bildung begriffen. Aber nicht so klar war, wohin er gehen sollte; denn der alte Justizirrtum, unbestimmt wie eine Wolke, füllte allem Anschein nach die ganze bewohnbare Welt. Welcher Art der Verdacht auch sein mochte, er erwartete ihn in seiner ganzen Größe in Edinburgh; entstanden musste er in San Francisco sein; ohne Zweifel stand er wie ein Drache auf der Wacht vor der Bank, wo er seinen Kreditbrief einkassieren sollte. Sicherlich erwartete er ihn auch noch an vielen anderen Orten – und wer konnte sagen, an welchem Ort er nicht im Hinterhalt lag?

Nein, er konnte nicht sagen, wohin er gehen sollte; mit diesen nicht zu beantwortenden Fragen durfte er keine Zeit verlieren. Er musste auf den Anfang zurückgehen. Es war klar, er durfte nicht bleiben, wo er war. Ferner war klar, dass er nicht fliehen durfte, wie er jetzt war; denn er konnte seinen Koffer nicht tragen, und wenn er mit Zurücklassung des Koffers floh, geriet er immer tiefer in den Sumpf. Er musste das Haus, wie es lag und stand, verlassen, musste einen Wagen suchen und dann zurückkehren – zurückkehren, nachdem er fort gewesen war? Wieder das Haus betreten? Hatte er dazu den Mut?

Und gerade wie er darüber nachdachte, bemerkte er einen Fleck an seiner Hose, ungefähr eine Handbreit vom Stiefel entfernt; er bückte sich und berührte den Fleck mit seinem Finger. Der Finger wurde rot gefärbt: Es war Blut. Mit Ekel und Grausen und Furcht starrte er auf seinen Finger, und die neue Empfindung war so stark, dass er sofort zu handeln begann.

Er reinigte seinen Finger im Schnee, ging in das Haus zurück, schlich sich leise an die Tür des Esszimmers, machte sie zu und drehte den Schlüssel herum. Da atmete er ein wenig freier; denn hier war wenigstens eine eichene Schranke zwischen ihm und dem, wovor er Angst hatte.

Dann eilte er in sein Zimmer, streifte die blutbefleckten Hosen ab, die seinen Augen wie ein Verbindungsglied mit dem Galgen erschienen, schleuderte sie in eine Ecke, zog ein anderes Paar Hosen an, stopfte in atemloser Eile seine Nachtsachen in den Koffer, schloss diesen zu, schwang ihn mit einer Kraftanstrengung auf die Schulter und trat dann mit einer aufatmenden Erleichterung wieder in die freie Luft hinaus.

Der Koffer war von solider kalifornischer Arbeit und keineswegs federleicht; er hatte dem athletischen Alan Mühe gemacht – John wurde von dem Gewicht beinahe erdrückt, und dichter Schweiß brach ihm aus. Zweimal musste er ihn auf den Boden setzen, bevor er die Pforte erreichte; und als er so weit gekommen war, musste er sich auf eine Ecke des Koffers setzen, wie Alan es in der vorigen Nacht getan hatte.

Hier saß er nun eine Weile und keuchte; aber sein Denkvermögen war jetzt bedeutend klarer: Da der Koffer unmittelbar bei der Pforte stand, war Johns Verbindung mit der Mordstätte wenigstens zum Teil unterbrochen, und der Kutscher brauchte nicht über die Gartenmauer hinaus vorzudringen. Es war wunderbar, wie dieser Gedanke ihn erleichterte; denn in seinen Augen war das Haus ein Ort, der beim flüchtigsten Anblick Verdacht erregen musste, wie wenn schon die Fenster »Mord« geschrien hätten.

Aber die Streiche des Schicksals wollten ihm keine Atempause gönnen. Wie er so dasaß, im Schatten der Gartenmauer nach Luft rang und auf die Spatzen sah, die um ihn herumhüpften, fiel sein Auge zufällig auf den Verschluss der Pforte; und bei dem Anblick sprang er auf die Füße: Es war ein Federschnappschloss; sowie die Pforte geschlossen wurde, schnappte der Riegel ein, und ohne Schlüssel konnte man von außen nicht in den Garten gelangen!

Er sah, dass er zwischen zwei unangenehmen und gefährlichen Möglichkeiten zu wählen hatte: Entweder musste er die Pforte schließen und seinen Koffer draußen auf die Straße setzen, wo er jedem Vorüberkommenden auffallen musste. Oder er musste die Tür offen stehen lassen, sodass jeder spitzbübische Strolch oder irgendein an dem Feiertag herumlungernder Schuljunge eindringen und über das grausige Geheimnis stolpern konnte. Er war schließlich geneigt, die zweite Möglichkeit als die weniger verzweifelte zu wählen; aber zuerst musste er sich versichern, dass er unbeobachtet war. Er spähte hinaus und sah die lange Straße hinunter; sie lag wie ausgestorben da. Er ging bis an die Ecke des Nebenweges, der von Dean her einmündete; auch von dorther rührte sich kein Mensch. Offenbar war jetzt oder nie der Augenblick für ihn da, und er schloss die Tür so weit, wie er's tun durfte, legte ein Steinchen in den Spalt und lief bergab, um eine Droschke zu suchen.

Halbwegs nach der Stadt zu öffnete sich ein Torweg, und ein Trupp von Kindern, in fröhlichster Weihnachtslust, strömte jubelnd heraus; hinter ihnen ging die lächelnde Mutter.

Und heute ist Weihnachtstag!, dachte John, und in tragischer Bitterkeit des Herzens hätte er laut lachen mögen.

Siebtes Kapitel

Eine Tragikomödie in einer Droschke

Donaldsons Hospital gegenüber bemerkte John zu seiner Freude eine Droschke, wenn auch in weiter Entfernung; und er hatte das Glück, durch vieles Rufen und Armschwenken sich dem Kutscher bemerkbar zu machen. Er hielt es tatsächlich für ein Glück; denn er konnte es kaum erwarten, für immer mit der Lodge fertig zu sein, und je weiter er gehen musste, um eine Droschke zu finden, desto größer wurde die Aussicht der an und für sich unvermeidlichen Entdeckung innerhalb dieser Frist, sodass er bei seiner Rückkehr vielleicht den Garten voll von empörten Nachbarn finden würde. Als nun aber der Wagen heranfuhr, erkannte er zu seinem Kummer den Portweingesicht-Kutscher vom Abend vorher. Unwillkürlich musste er denken: Wieder ein neues Glied im Justizirrtum.

Der Kutscher dagegen war sehr erfreut, wieder einen so freigebigen Fahrgast erwischt zu haben; und da er – wie der Leser bereits bemerkt haben wird – ein Mann von gemütlichem, um nicht zu sagen, vertraulichem Wesen war, so begann er sofort ein freundschaftliches Gespräch über allerlei Gegenstände: das Wetter; den hohen Feiertag – der ihm besonders in dem Licht eines Tages reichlicher Trinkgelder erschien; den angenehmen Zufall, der ihm wieder einen so angenehmen Kunden zugeführt hätte; sowie darüber, dass John offenbar die vorige Nacht »auf dem Bummel« gewesen sei, wie er das zu nennen beliebte.

»Und grässlich schlecht sehen Sie heute aus, Sir, das muss ich sagen!«, fuhr er fort. »Sie sollten einen nehmen, wenn ich Ihnen raten darf – Besseres könnten Sie gar nicht tun; und da ja heut Weihnacht ist, so will ich nicht sagen«, setzte er mit einem väterlichen Lächeln hinzu, »dass ich nicht ganz gerne selber einen mit nehmen möchte.«

John wurde übel zumute, als er diese Worte hörte; indessen sagte er in leichtem Ton, der nur etwas kümmerlich herauskam:

»Ich will Ihnen ein Glas bezahlen, wenn wir fertig sind, und bis dahin kriegen Sie keinen Tropfen. Erst das Geschäft und dann das Vergnügen.«

Dieses Versprechen bewog den Rosselenker, auf seinen Bock zu klettern und mit einer unangenehmen Gemächlichkeit bis zur Gartenpforte der Lodge zu fahren. Bis jetzt waren noch keine Anzeichen irgendwelcher öffentlichen Erregung zu spüren oder zu bemerken; nur zwei Männer standen nicht weit davon ab in einem Gespräch begriffen; als John sie von ferne erblickte, schlug das Herz ihm laut. Er hätte sich seine Angst sparen können, denn die beiden waren mit einem Streit über theologische Fragen beschäftigt: Mit verlängerten Oberlippen und aufzählenden Fingern behandelten sie den Gegenstand ihrer Meinungsverschiedenheit und achteten nicht im Geringsten auf John.

Aber der Kutscher erwies sich als ein Dorn in seinem Fleisch: Alle Bemühungen Johns, ihn auf seinem Bock ruhig zu halten, waren vergeblich; er musste durchaus herunterklettern, seine Bemerkungen über das Steinchen in der Türspalte machen, dessen Anbringung nach seiner Meinung ein sinnreich erdachtes, aber unsicheres Aushilfsmittel war, John beim Tragen des Koffers helfen und diese Beschäftigung mit einem Schwall von Worten, besonders aber von Fragen beleben, deren Inhalt ich in Folgendem zusammenfasse:

»Er ist wohl nicht selber hier, nein? Na, er ist ein sonderbarer Herr – was man so sagt: meschugge, vielleicht kennen Sie den Ausdruck. Hat viel Verdruss mit seinen Pächtern, sagt man. Habe die Familie seit Jahren gefahren. War mit meiner Droschke bei seines Vaters Hochzeit. Na, wie heißen Sie denn wohl? Ich sollte Ihr Gesicht kennen! Baigrey, sagen Sie? Da waren Baigreys in der Gegend von Gilmerton; sind Sie wohl einer von der Familie? Dann gehört der Koffer wohl einem Freund von Ihnen, denke ich mir. Warum? Weil der Name, der darauf steht, Nucholson heißt! Oh, wenn Sie's eilig haben, das ist eine andere Sache. Waverley Bridge? Wollen Sie verreisen?«

So schwatzte und fragte der gute alte Kerl und ängstigte unseren armen John. Aber auch dies hatte ein Ende, wie alles Unangenehme unter der Sonne; und schließlich begann das Opfer der Umstände, in der Richtung auf den Bahnhof Waverley Bridge zu rumpeln. Während der Fahrt saß er mit hochgezogenen Wagenfenstern in der Kälte und dem muffigen Geruch seiner Droschke und warf Seitenblicke auf die sonntäglich stille Stadt, die geschlossenen Kaufläden, die Menschen auf den Bürgersteigen – ungefähr so, wie einer, der zum Galgen nach Tyburn fährt, die Menge betrachtet, die zusammenströmt, um ihn hängen zu sehen.

Als sie am Bahnhof ankamen, fasste er wieder etwas Mut: Er war glücklich bei einem neuen Abschnitt seiner Flucht angelangt – er begann, das offene blaue Meer zu erblicken. Er rief einen Packträger heran und hieß ihn den Koffer nach der Aufbewahrungsstelle bringen – nicht dass er die Absicht gehabt hätte, sich noch länger auf dem Bahnhof aufzuhalten; im Gegenteil, Flucht, augenblickliche Flucht war sein einziger Gedanke, ganz einerlei wohin! Aber er hatte beschlossen, den Kutscher abzufertigen, bevor er ein Reiseziel nannte oder überhaupt wählte; auf diese Weise konnte er vielleicht die Hinzufügung eines neuen Gliedes zu der Kette des Justizirrtums verhindern. So hatte er sich es schlau ausgedacht, und als er jetzt mit dem einen Fuß auf dem Pflaster und mit dem anderen noch auf dem Trittbrett der Droschke stand, beeilte er sich, seinen Plan auszuführen, und fuhr schleunigst mit der Hand in seine Hosentasche.

Es war nichts darin!

O ja; diesmal war er zu tadeln. Er hätte nicht gedankenlos sein sollen, und als er seine befleckten Hosen wegwarf, hätte er nicht mit ihnen zugleich auch seine Börse wegwerfen sollen. Aber war sein Fehler auch noch so schwer, was war er im Vergleich mit der Strafe! Der Leser mache sich eine Vorstellung von seiner neuen Lage, denn mir fehlen die Worte, sie auszumalen; er stelle sich vor, dass John dazu verdammt war, in jenes Haus zurückzukehren, an das nur zu denken seine Seele schauderte, und sich noch einmal der Gefahr der Verhaftung an der Mordstätte selbst auszusetzen; er stelle sich vor, wie er nicht von der muffigen Droschke und dem gemütlichen Kutscher loskommen konnte. John fluchte innerlich auf den Kutscher, und dann fiel ihm ein, dass er seinen Koffer nicht aus den Augen lassen dürfte; denn wenn er in Aufbewahrung genommen war, konnte er ihn vorläufig nicht wieder erreichen; er drehte sich daher um, um den Gepäckträger zurückzurufen. Aber seine Überlegungen, so kurz sie ihm erschienen waren, mussten ihn doch länger in Anspruch genommen haben, als er geglaubt hatte, und gerade in diesem Augenblick kam der Mann schon wieder mit der Quittung in der Hand.

Na, das war also entschieden; er hatte seinen Koffer ebenfalls verloren; denn das Sixpencestück, mit welchem er das Chausseegeld nach Murrayfield bezahlt hatte, hatte er aus seiner Westentasche genommen; und wenn er nicht noch einmal auf der Fahrt nach dem Mordhaus Glück hatte, lag sein Koffer im Gepäckraum auf ewige Zeit verpfändet, weil er den Penny für die Auslösung nicht aufzubringen vermochte. Und dann fiel ihm ein, dass er auch dem Packträger etwas geben musste, der erwartungsvoll vor ihm stand und auf dessen Lippen bereits Worte der Dankbarkeit schwebten.

John stöberte in seinen Taschen nach rechts und nach links; er fand eine Münze – betete zu Gott, es möchte ein Sovereign sein – zog sie heraus, erblickte einen halben Penny und reichte diesen dem Träger. Der Mann machte ein langes Gesicht. »Das ist ja nur ein halber Penny.« Offenbar stimmte eine solche Münze nicht zu den Anstandsbegriffen eines Bahnhofpackträgers.

»Ich weiß es«, sagte John kläglich.

Aber nun fand der Packträger seine Menschenwürde wieder!

»Danke, Sir«, sagte er und machte Miene, ihm das schäbige Trinkgeld zurückzugeben. Aber John seinerseits wollte das Geldstück nicht nehmen, und während sie noch darum stritten, wer musste sich einmischen? Der Kutscher!

»Nanu, Mr Baigrey!«, rief er. »Sie haben gewiss vergessen, was für ein Tag heute ist!«

»Ich sage Ihnen, ich habe kein Kleingeld!«, rief John.

»Na«, sagte der Kutscher, »und wenn auch nicht. Ich gäbe an einem solchen Tag einem Mann lieber einen Schilling, als dass ich ihn mit einem lächerlichen Kupferling abspeiste. Das hätte ich nicht von Ihnen gedacht, Mr Baigrey!«

»Ich heiße nicht Baigrey!«, brach John in einem kindischen Ärger und Zorn los.

»Sie haben mir selber gesagt, Sie hießen so«, sagte der Kutscher.

»Das weiß ich; aber was zum Teufel noch mal ging Sie das an? Welches Recht hatten Sie, mich danach zu fragen?«, rief der Unglückselige.

»Na, denn schön!«, sagte der Kutscher. »Ich kenne meinen Platz; wenn Sie man Ihren kennen – wenn Sie man Ihren kennen!«, wiederholte er wie ein Mensch, der sich zu schweren

Zweifeln berechtigt fühlt; und dann brummte er eine Reihe von Donnerwettern vor sich hin.

Oh! Hätte John doch dieses Ungeheuer ablohnen können, das, wie er jetzt deutlich, aber leider zu spät bemerkte, seine Weihnachtsfeier sehr früh am Morgen begonnen hatte! Aber kein Hoffnungsstrahl leuchtete dem Unglücklichen; da stand er ohne Hilfe und Helfer: sein Koffer an dem einen Ort unter Verschluss, sein Geld an einem anderen Ort in einen Winkel geworfen und von einem Leichnam bewacht! Er selber, dem alles darauf ankam, sich zu verbergen, der Zielpunkt aller Augen beim Bahnhof! Und wie wenn dies noch nicht genug Missgeschick gewesen wäre, hatte er es jetzt auch noch mit dem Vieh von einem Kutscher verdorben, an den seine Armut ihn wie mit einer Kette fesselte. Ja, wie er sich trübselig vorhielt: Er hatte es mit dem Zeugen verdorben, der ihn vielleicht an den Galgen bringen oder auch retten konnte!

Es war keine Zeit mehr zu verlieren; er durfte nicht länger mehr an diesem öffentlichen Ort die Zeit vertrödeln; er musste das Versehen sofort wiedergutmachen – entweder durch würdevolle Haltung oder durch einige versöhnende Worte. Eine Spur von Mannhaftigkeit, die zum Glück noch in ihm übrig geblieben war, veranlasste ihn, sich für die Erstere zu entscheiden. Er setzte seinen Fuß wieder auf das Trittbrett und sagte:

»Nichts mehr davon! Fahren Sie wieder dahin, von wo wir kamen!«

Er hatte es absichtlich vermieden, das Ziel der Fahrt zu nennen, denn es hatte sich inzwischen schon ein ganzer Trupp von Bahnhofsleuten um die Droschke versammelt; er dachte immer daran, dass er vielleicht vor Gericht erscheinen müsste, und war daher bemüht, alles zu vermeiden, was übereinstimmende Zeugenaussagen herbeiführen könnte. Aber wieder einmal machte der verhängnisvolle Wagenlenker ihm seinen Plan zuschanden.

»Wieder nach der Lodge hinaus?«, rief er in schrillen Tönen des Protestes.

»Fahren Sie sofort los!«, brüllte John und schlug die Wagentür wieder zu, sodass der alte Klapperkasten schwankte und klirrte.

Und so zuckelte die Droschke durch die weihnachtlichen Straßen hindurch; der Fahrgast drinnen in einer schwarzen Verzweiflung, die an Bewusstlosigkeit grenzte, der Kutscher auf dem Bock an der erlittenen Zurückweisung und an der Zweifelhaftigkeit seines Kunden herumkauend. Ich möchte indessen nicht, dass hierdurch ein Vergleich der beiden miteinander angedeutet werden sollte: Johns Lage ließ sich überhaupt nicht mit einer anderen vergleichen. Indessen verdient auch der Kutscher das Mitgefühl aller berechtigt; denn er war ein Mann von natürlicher Freundlichkeit des Herzens und mit einem hohen Gefühl persönlicher Würde, und dieses war durch reichlich genossene Getränke in diesem Augenblick besonders hoch gesteigert; und seine Freundlichkeiten waren in grober Weise und noch dazu vor anderen Leuten zurückgewiesen worden! Darum rechnete er im Fahren alles erlittene Unrecht zusammen und dürstete nach Mitgefühl und Getränk. Nun traf es sich, dass er einen Freund hatte, einen Schenkwirt in Queensferry Street; und er dachte, von diesem könnte er vielleicht in Anbetracht des hohen Feiertags einen Gratisschluck bekommen. Queensferry Street liegt zwar nicht an dem geraden Weg nach Murrayfield; aber dorthin führt auch der Seitenweg über die Berge durch das Leithtal und am Kirchhof von Dean vorbei; und Queensferry Street liegt am Weg nach diesem Seitenweg. Da nun sein Gaul stumm war – was hinderte den Kutscher, den Seitenweg zu wählen und unterwegs bei seinem Freund vorzusprechen? Hiermit war die Frage entschieden, und der bereits etwas besänftigte Kutscher lenkte sein Rösslein nach rechts ab.

Unterdessen saß John zusammengesunken in der Droschke, das Kinn auf der Brust, im Herzen bange Erwartung. Der muffige Geruch des Wagens und eine gewisse bleischwere Kälte an seinen Füßen waren die einzigen schwachen Wahrnehmungen, die seine Sinne halb unbewusst machten; alles andere war in einem ungeheuren drückenden Gefühl von Unglück und körperlicher Schwäche verschwunden. Es war bald Mittag – seit zweiundzwanzig Stunden hatte er keinen Bissen gegessen; in der Zwischenzeit hatte er Folterqualen von Sorge und Unruhe erlitten und war halb betrunken gewesen. Man konnte zwar nicht sagen, dass er schlief; aber als die Droschke hielt und der Kutscher seinen Kopf zum Fenster hereinstreckte, mussten seine Gedanken aus einer bodenlos tiefen Leere wach gerufen werden.

»Wenn Sie denn keinen Schluck ausgeben wollen«, sagte der alte Kutscher mit wahlberechtigter Strenge in Ton und Benehmen, »so werden Sie doch nichts dagegen haben, dass ich mir auf meine eigene Rechnung einen leiste?«

»Ja – nein – tun Sie, was Sie wollen«, antwortete John; und dann, als er seinen Quälgeist die Treppe hinaufsteigen und in den Whiskyausschank eintreten sah, hatte er ein Gefühl, wie wenn diese Umgebung ihm schon seit langer Zeit vertraut sein müsste. Plötzlich wurde er ganz wach, fuhr empor und starrte die Fenster der Schnapsbude an. Ja, er kannte sie; aber wann hatte er sie gesehen und unter welchen Umständen? Es war wohl schon lange her; und dann, als er einen Blick durch die vordere Glasscheibe der Droschke warf, die bis dahin der Kutscher verdeckt hatte, sah er die Baumwipfel des Krähengenistes am Randolph Crescent. Er war dicht bei seinem Vaterhaus – bei dem Haus, wo er um diese Stunde in dem altvertrauten Wohnzimmer in behaglichem Geplauder sitzen zu dürfen geglaubt hatte; und stattdessen –!

Sein erster Gedanke war, sich zurückzuwerfen – sein zweiter, das Gesicht in den Händen zu verbergen. So saß er, während der Kutscher dem Wirt und der Wirt dem Kutscher zutrank und beide die Angelegenheiten der Nation einer kritischen Betrachtung unterzogen; so saß er immer noch, als sein Herr und Meister endlich geruhte, zu seinem Wagen zurückzukehren und bergab, dem Lynedoch Place zu, weiterzufahren. Und als er am Ende von seines Vaters Straße vorüberfuhr, warf er einen Blick durch seine Finger hindurch und sah einen Doktorwagen vor der Tür halten.

Na ja, ganz recht!, dachte er; wahrscheinlich habe ich meinen Vater getötet! Und heute ist Weihnachtstag!

Wenn der alte Mr Nicholson starb, musste er dieselbe Straße entlang die letzte Fahrt zum Grab machen; und diese Straße entlang war sein Weib vor Jahren ihm vorausgefahren; und desgleichen so mancher andere hoch angesehene Bürger, mit dem geziemenden Leichengepränge und mit stattlichem Gefolge von Trauerkutschen. Und wohin anders fuhr denn jetzt John selber in dieser eiskalten, muffig riechenden Droschke mit der Strohmatte und den geflickten Polstern, mit den Fensterscheiben, an denen sein Atem zu Eisblumen gefror?

Dieser Gedanke regte seine Einbildungskraft an, und sie begann, viele tausend Bilder zu schaffen – bunte, wechselnde Bilder wie in einem Kaleidoskop. Er sah sich als rotbäckigen Knaben mit einem dicken Schal um den Hals auf dem gefrorenen Rinnstein schlittern; dann wieder als weinenden, von tiefer Trauer erfüllten kleinen Jungen in schwarzem Anzug und mit schwarzem Flor an Arm und Hut in der Trauerkutsche diesen selben Berg herunterfahren, hinter dem Sarg seiner Mutter; dann wieder machte seine Fantasie einen großen Sprung in die Zukunft hinein: Da stand er ganz allein in dem trüben Tageslicht, um ihn herum hüpften die Sperlinge auf der Schwelle, und drinnen starrte der Tote zur Zimmerdecke empor; plötzlich wechselte das Bild: Um ihn herum drängten sich Nachbarn mit weißen Gesichtern und aufgeregt gestikulierenden Händen, und der Arzt schob sie zur Seite und schraubte im Laufen sein Stethoskop zusammen, und der Schutzmann stand neben der Leiche und schüttelte sein weises Haupt. Und dann sah er sich selber in seiner Droschke bei diesen Menschen eintreffen, hörte sich schwächliche Erklärungen stottern und fühlte die Hand des Schutzmanns auf seiner Schulter. O Himmel! Wie wünschte er jetzt, er hätte mehr Mut gehabt! Wie verachtete er sich selbst, weil er von dieser schrecklichen Stätte entflohen war, als alles ruhig und still war, und jetzt kläglich dorthin zurückkehrte, wo sie von Rächern wimmelte! Eine starke Aufregung vermag selbst dem Stumpfsinnigsten die Einbildungskraft zu schärfen. Und als er jetzt daran dachte, was wahrscheinlich am Ende dieser elenden Fahrt seiner harrte, da sah John – John, der sonst fast nichts sah, noch weniger etwas im Gedächtnis behielt und überhaupt nichts zu beschreiben imstande war – da sah John mit seinem geistigen Auge den Garten der Lodge vor sich wie auf einem Plan: Er lief in diesem Garten hin und her und fütterte seine Ängste; er sah die Stechpalmenbüsche, die Schneestreifen, die Wege, auf denen er Alan gesucht hatte, die hohen klostermäßigen Mauern, die geschlossene Pforte – was? War die Pforte geschlossen? Ha, richtig! Er hatte sie ja geschlossen! Und hatte damit sein Geld, die Möglichkeit der Flucht, sein zukünftiges Leben eingeschlossen – hatte sie eingeschlossen mit diesen seinen eigenen Händen, und kein Mensch konnte jetzt die Pforte öffnen! Er hörte das Schloss einschnappen mit einem Krach, wie wenn etwas in seinem Gehirn zerspränge, und saß wie erstarrt und staunte.

Und dann wachte er wieder auf, und Angst zog ihm das Herz zusammen. Jetzt hatte er keine Zeit, müßig zu sein, er musste sich aufraffen und handeln, er musste denken! Wenn diese lächerliche Fahrt zu Ende war, wenn sie wieder vor der Pforte der Lodge hielten, dann würde nichts anderes übrig bleiben, als die Droschke umkehren zu lassen und wieder in die Stadt zurückzurumpeln. Wozu also überhaupt so weit fahren; warum noch einen weiteren Verdachtsgrund in diese ohnehin schon so verdächtige Sache hineinbringen? Warum nicht sofort umkehren? Umkehren – das war leicht gesagt. Aber wohin? Er hatte nirgends eine Stätte, wohin er jetzt gehen konnte; niemals konnte er – er sah es in blutroten Buchstaben vor seinem Auge geschrieben – niemals konnte er die Droschke bezahlen; diese Droschke behielt er für immer auf dem Hals. Oh, diese Droschke! Seine

Seele brannte vor Sehnsucht und sein Herz schmerzte von dem Wunsch, diese Droschke los zu sein. Er vergaß alle anderen Sorgen. Erst musste er diesen übel duftenden Kasten loswerden und das Vieh von einem Kutscher, der ihn lenkte; dies war das Allererste! Wenigstens das musste er fertigbringen, und zwar sofort! Und gerade in diesem Augenblick hielt der Wagen ganz plötzlich und sein Verfolger klopfte an die vordere Fensterscheibe. John ließ sie herab und sah auf dem Portweingesicht ein Leuchten des Triumphs.

»Nu weiß ich, wer Sie sind!«, schrie die heisere Stimme. »Nu erinnere ich Sie: Sie sind ein Nucholson. Ich fuhr Sie nach Hermiston zu einer Weihnachtsgesellschaft, und bei der Rückfahrt saßen Sie auf dem Bock, und ich ließ Sie fahren.«

Es war Tatsache. John kannte den Mann; sie hatten sich sogar befreundet. Jetzt erinnerte er sich: Sein Feind war ein sehr gutmütiger Kerl – ja sogar unendlich gutmütig gegen einen Jungen gewesen; warum sollte er nicht auch dem Mann gegenüber gutmütig sein? Warum sollte er sich nicht an die bessere Natur in dem Mann wenden? Er griff nach der neuen Hoffnung und rief, wie wenn er ganz entzückt wäre, und seine Stimme klang ihm falsch in die eigenen Ohren:

»Herrje noch mal! Das taten Sie ja! Na, wenn das so ist, dann habe ich Ihnen was zu sagen. Ich denke, ich will mal aussteigen. Wo sind wir denn überhaupt?«

Der Kutscher hatte seine Chausseegeldquittung geschwenkt, als sie bei dem Einnehmer an der Nebenstelle vorbeifuhren, und sie befanden sich in diesem Augenblick auf der höchsten und einsamsten Stelle der Seitenstraße. Zur Linken stand eine Reihe von Bäumen; zur Rechten erstreckten sich kahle Sturzäcker in Wellen nach der Queensferry Road hinunter; gerade vor ihnen streckte Corstorphine Hill seine beschneiten dunklen Wälder zum Himmel empor. John sah rund um sich herum und schlürfte die reine Luft wie Wein ein; dann kehrten seine Augen zu dem Kutschergesicht zurück. Der Mann saß ganz lustig auf seinem Bock und erwartete Johns Mitteilung mit einer pfiffigen Miene, wie wenn er auf ein gutes Trinkgeld hoffte.

Die Züge dieses Gesichtes waren schwer zu lesen: Trinken hatte sie so aufgedunsen gemacht, Trinken hatte sie mit Farben bemalt, die von ziegelrot zu maulbeerblau gingen. Die kleinen grauen Äuglein zwinkerten, die Lippen bewegten sich in gieriger Erwartung; Gier war seine beherrschende Leidenschaft, und wenn auch einige Gutmütigkeit, eine gewisse echte Freundlichkeit, etwas wirklich Menschliches in dem alten Trunkenbold war, so war jetzt seine Geldgier so von Hoffnung entflammt, dass alle anderen Züge seines Charakters übertäubt waren. Wie er so dasaß, war er die Verkörperung gieriger Erwartung.

John verlor wieder den Mut. Er hatte schon den Mund geöffnet, aber er stand da und sagte nichts. Er untersuchte den Wasserstand seines Muts, und der Boden war trocken. Er tastete in seinem Wortschatz, und er war leer. Ein Teufel der Stummheit hielt ihn an der Gurgel gepackt, und ein Teufel der Angst plapperte ihm in die Ohren. Und plötzlich, ohne ein Wort zu sagen, und auch ohne ein klares Bewusstsein von dem, was er tat, und ohne einen bestimmten Willen, drehte John sich auf dem Absatz herum, sprang über den Wall am Weg und rannte aus Leibeskräften über den Sturzacker davon.

Er war noch nicht weit gekommen, er war noch nicht über die Mitte des ersten Ackers hinaus, da donnerte es ihm durch das Hirn: Dummkopf! Du hast ja deine Uhr!

Es gab ihm einen Stoß; er blieb stehen, kehrte um und ging ein paar Schritte auf die Droschke zu. Der Kutscher stand am Wall, schwang seine Peitsche mit purpurrotem Gesicht und brüllte wie ein Stier. Und John sah (oder dachte), dass er die letzte Möglichkeit verpasst hatte. Keine Uhr würde jetzt den Ärger des Mannes besänftigen; jetzt würde er auch seine Rache haben wollen! John wird mit ihm zur Polizei müssen; er müsste seine Geschichte erzählen, sein Geheimnis enthüllen – die Wogen seines Schicksals würden über ihm zusammenschlagen, und es wäre aus für immer.

Er stieß einen tiefen Seufzer aus, und als der Kutscher endlich zu einem Entschluss kam und über den Wall zu klettern begann, machte sein durchgebrannter Kunde sich wieder auf die Beine und verschwand über die nächsten Äcker.

Achtes Kapitel

Ein merkwürdiges Beispiel von der Nützlichkeit eines Hausschlüssels

Wohin er zuerst rannte, hat John niemals gewusst; auch nicht, wie lange Zeit vergangen war, als er sich auf dem Feldweg in der Nähe des Pförtnerhauses von Ravelston fand. Da stand er an der Gartenmauer; seine Lunge arbeitete wie ein Blasebalg; die Beine waren ihm schwer wie Blei; in seinen Gedanken hatte er nur einen einzigen Wunsch – sich hinzulegen und von keinem Menschen gesehen zu werden. Er erinnerte sich der dichten Gebüsche an dem Fischteich, der früher ein Steinbruch gewesen war; dies war ein einsamer Winkel der Welt, wo er sicherlich ein Versteck finden konnte, bis es dunkel würde. Dorthin ging er den Feldweg hinunter; und als er ankam, o weh! Er hatte den Frost vergessen, und die Eisdecke des Teichs wimmelte von Schlittschuh laufenden jungen Leuten, und die Gebüsche ringsum wimmelten von Zuschauern. Er sah ebenfalls eine Weile zu. Da war ein großes anmutiges Mädchen, das Hand in Hand mit einem jungen Mann lief, den sie vielleicht etwas unvorsichtig mit ihren hellen Augen ansah; und es war sonderbar, mit welchem Ärger John sie betrachtete. Er hätte laut fluchen mögen; er hätte wie ein abgewiesener Landstreicher seine Fäuste schütteln und seine Galle in stundenlanges Schimpfen ergießen mögen – so dachte er wenigstens; und im nächsten Augenblick blutete ihm das Herz um dies Mädchen.

»Das arme Geschöpf – wie wenig weiß sie von der Welt!«, seufzte er. »Lass sie lustig sein, solange sie's kann!«

Aber war es möglich, dass in früheren Zeiten Flora, wenn sie ihn auf dem Braid-Teich angelächelt hatte, auf einen Zuschauer mit traurigem Herzen einen so unangenehmen, unzüchtigen Eindruck gemacht? –

Obgleich seine Denkkraft wie erstarrt war, erinnerte der Anblick des früheren Steinbruchs ihn an einen anderen Steinbruch, und er trottete nach Craigleith weiter. Im Nordwesten hatte sich ein Wind aufgemacht; die Kälte war schneidend scharf, sie trocknete ihn wie ein Feuer und seine Fingergelenke taten ihm weh. Der Wind brachte auch Wolken mit; graue, schnell segelnde Wolken, die den Himmel überzogen und die Erde in eine trübe Dämmerung hüllten. Er kletterte unter den mit Haselsträuchern bestandenen Schutthaufen herum, die den Kessel des Steinbruchs umgeben, und legte sich platt auf die Steine. Der Wind blies dicht über die Erde hin, die Steine waren scharf und eiskalt, die kahlen Haselsträucher winselten, wenn der Wind durch sie hindurchfuhr; und bald war die Nachmittagsluft voll von jenen seltsamen, pfeifenden Tönen, die die Vorboten von Schneefall sind. Schmerzen und Elendsgefühle machten John ungeduldig, dass er keinen anderen Gedanken hatte als den Wunsch, es möchte anders sein. Bald wälzte er sich auf seinem harten Lager, und wenn die scharfen Kiesel sich in sein Fleisch eindrückten, machte ihm dies beinahe Vergnügen; bald kroch er bis an den Rand der tiefen Grube und blickte hinunter, und ihm wurde schwindlig vor den Augen. Er sah die Krümmungen der in die Tiefe führenden Fahrstraße, die steilen Felswände, die Büsche in den Spalten des Gesteins, die Schneetupfen hier und dort, und ganz unten in der Tiefe den großen Kran, der in der Entfernung ganz klein aussah. Hier war ohne Frage eine Möglichkeit, eine Ende zu machen. Aber ein solches Ende war doch nicht recht nach seinem Geschmack.

Und plötzlich kam es ihm zum Bewusstsein, dass er hungrig war. Ja, stärker als die Martern der Kälte, stärker als die Qualen der Verzweiflung erwachte in ihm eine ungeheure Sehnsucht, irgendetwas zu essen – einerlei was, einerlei wie! Dieser Gedanke rüttelte ihn auf. Wie wäre es, wenn er seine Uhr versetzte? Aber nein, am Weihnachtstag – heute war ja Weihnachtstag! – waren natürlich alle Pfandleihen geschlossen. Wenn er nun in das Wirtshaus ginge, ganz dicht in der Nähe bei Blackhall, und seine Uhr, die zehn Pfund wert war, als Bezahlung für etwas Brot und Käse anböte? Es wäre zu auffallend gewesen – die guten Leute hätten ihn entweder hinausgeworfen oder ihn nur eingelassen, um die Polizei zu holen. Er drehte seine Taschen um, eine nach der anderen: ein paar Trambahnfahrkarten von San Francisco, eine Zigarre, eine leere Zündholzschachtel, der Schlüssel zu seinem Vaterhaus, ein Taschentuch mit einem ganz schwachen Parfümgeruch, nein, Geld konnte er auf keinen von diesen Gegenständen bekommen. Es war nichts anderes zu machen, als zu hungern; und wenn er sogar verhungerte – was kam schließlich darauf an? Auch dies war eine Ausgangstür.

Er kroch unter den Büschen herum; der Wind traf ihn wie mit Peitschenhieben; seine Kleider schienen so dünn wie Papier zu sein, seine Glieder schmerzten ihn, die Haut auf den Knochen schnurrte zusammen, er hatte eine Vision von einem Rindviehtrieb, den er einmal in Kalifornien mitgemacht hatte: Er sah das ausgetrocknete Flussbett mit der einzigen Schlammpfütze, an deren Rand die Vaqueros das Lager aufgeschlagen hatten. Strahlende Sonne über dem Ganzen, das große Holzfeuer loderte, am hölzernen Bratspieß bräunten sich die Rindfleischstücke und dampften. Wie warm war es, wie köstlich duftete der Braten! Und dann fielen ihm wieder seine mannigfaltigen Unglücksfälle ein, und er presste sein Gesicht in den Grund und wälzte sich auf der Erde im Gefühl seiner Schande und Scham. Dann wieder trat er in Franks Speisewirtschaft in Montgomery Street in San Francisco, er hatte ein Pfannengemüse mit Rehrippchen bestellt, ein Gericht, das er unvernünftig gern aß, und wie er nun dasaß und wartete, brachte Munroe, der gute Kellner, ihm einen Whiskypunsch; er sah die Erdbeeren auf dem köstlichen Getränk schwimmen, er hörte die Eisstückchen um die Strohhalme herum gegeneinanderstoßen. Und dann erwachte er wieder zum Bewusstsein seines grässlichen Geschicks: fand sich zusammengekauert in einem zugigen Loch unter Steinbruchmüllhaufen hocken, dicke Finsternis rund um ihn herum, und feine Schneeflocken wirbelten rings wie Papierschnipsel, und in dem Schütteln seines von der Kälte gepackten Leibs klapperten die Zähne.

Wir haben John bisher nur stets in sehr stürmischen Lagen gesehen; wir sahen ihn indolent, dann wieder verzweifelt, weit über seine mittelmäßigen Anlagen hinaus auf die Prüfung gestellt – von dem Alltags-John, einem lustigen, regelrechten, keineswegs verschwenderischen Menschen haben wir nichts gesehen; es mag daher vielleicht den Leser überraschen, jetzt zu erfahren, dass John ängstlich auf die Erhaltung seiner Gesundheit bedacht war. Dieser Lieblingsgedanke erwachte jetzt in ihm: Wenn er hier sitzen bliebe und an der Kälte stürbe, davon hätte er auch verdammt wenig; dann noch lieber in der Zelle einer Polizeiwache sitzen und es auf eine Gerichtsverhandlung ankommen lassen – immer noch besser als die erbärmliche Gewissheit, dass er noch vor dem nächsten Tauwetter an einem Grabenrand oder ein bisschen später im gasbeleuchteten Saal eines Krankenhauses sterben würde.

Mit schmerzenden Beinen stand er auf und stolperte zwischen den Müllhaufen herum – bald nach dieser, bald nach jener Richtung, aber immer wieder kam er an den gähnenden Kraterschlund des Steinbruchs; oder vielleicht bildete er sich das nur ein, denn die Finsternis verdichtete sich immer mehr, die Schneeflocken wurden immer dicker, und er bewegte sich wie ein Blinder und mit der Angst eines Blinden. Schließlich kletterte er über einen Zaun, in der Meinung, auf die Landstraße zu kommen, und sah sich stattdessen zwischen den eisenharten Furchen eines gefrorenen Sturzackers, der dem Anschein nach sich endlos, so weit wie eine ganze Grafschaft erstreckte. Dann wieder war er in einem Wald und stieß auf junges Stangenholz; und dann wieder sah er ein Haus mit vielen hell erleuchteten Fenstern, Weihnachtskutschen warteten vor der Tür, und Weihnachtskutscher – denn Weihnachten ist zweischneidig – bekamen schnell eine Kapuze von Schnee. Vor diesem Lichtblick menschlicher Fröhlichkeit entfloh er wie Kain: Steuerlos wanderte er in der Nacht – achtlos, wohin er käme; fiel und lag und stand wieder auf und wanderte weiter; und zuletzt, wie in einem Märchenspiel, stand er wieder in dem hell erleuchteten Schlund der Stadt und starrte eine Laterne an, welcher der Schnee bereits eine spitze Nachtmütze aufgesetzt hatte. Es kam jetzt dick vom Himmel herunter, ein wahrer Schneesturm; und während er noch dastand und die Laterne anblinzelte, waren seine Füße schon in Schnee vergraben. Eine unbestimmte Erinnerung stieg aus der Vergangenheit vor ihm auf: eine Straßenlaterne mit einer Schneekrone und einer dicken Schneelage auf der Wetterseite, vom Sturm mit Klagetönen umheult, und er selber vor dieser Laterne stehend und sie anblickend, gerade wie in diesem Augenblick; aber die Kälte hatte seine Denkkraft zu hart mitgenommen, und sein Gedächtnis konnte ihm nicht sagen, wann das gewesen und wie es weitergegangen war.

Der nächste Augenblick, den er im Bewusstsein hatte, war der Anblick der Dean Bridge; aber ob er John Nicholson, der Angestellte eines Bankhauses in Kalifornien war oder irgendein früherer John, Schreiber in seines Vaters Kanzlei, das hatte er jetzt reinweg vergessen. Wieder ein erinnerungsleerer Zeitraum – und dann steckte er seinen Schlüssel in das Schlüsselloch von seines Vaters Haustür.

Stunden mussten vergangen sein. Ob mit dem Hocken auf den kalten Steinen oder mit dem Umherirren über die Felder und durch den Schnee – das war mehr, als er sagen konnte; aber

Stunden waren verstrichen. Der kleine Zeiger der Standuhr in der Halle war dicht bei der zwölf; eine niedrig gedrehte Gasflamme warf Schatten an die Wände; und die Tür zum Hinterzimmer – seines Vaters Zimmer – stand offen und entsandte ein warmes Licht. Dies alles war seltsam zu so später Stunde: Die Lichter hätten ausgelöscht, die Türen verschlossen sein, die braven Bürgersleute hätten ruhig in ihren Betten liegen sollen. Er lehnte sich gegen den Tisch in der Halle und wunderte sich über die Unregelmäßigkeit; und er wunderte sich darüber, dass er selber da war; und in der wärmeren Luft des Hauses taute er auf und verspürte wieder Hunger.

Die Uhr ließ das Schnarren hören, das dem Stundenschlag vorangeht; in fünf Minuten würde der Weihnachtstag zu den Tagen der Vergangenheit zählen. Weihnacht! Was für ein Weihnachtsfest! Na ja, warten hatte keinen Zweck: Wenn sie ihn wieder hinauswerfen wollten, geschah das am besten sofort. Und er ging nach der Tür des Hinterzimmers und trat ein.

Aha – er war also wirklich verrückt, wie er schon längst geglaubt hatte.

Hier, in seines Vaters Zimmer, um Mitternacht, prasselte ein Feuer im Kamin, brannte das Gas! Die Papiere, die geheiligten Papiere – die anzurühren ein Verbrechen war! – waren vom Arbeitstisch heruntergenommen und auf dem Fußboden aufgestapelt; über den Arbeitstisch war ein Leintuch gebreitet und ein Abendessen stand darauf angerichtet; und auf seines Vaters Stuhl saß eine weibliche Person, wie eine Nonne gekleidet, und aß. Als er in der Türöffnung erschien, stand die Nonne auf, stieß einen leisen Schrei aus und starrte ihn an. Sie war eine große Frau, stark, ruhig, etwas männlich; aus ihren Gesichtszügen sprachen Mut und gesunde Vernunft; und als John sie wieder anstarrte, tauchte in seinem Gedächtnis eine schwache Ähnlichkeit auf – wie wenn uns eine Melodie verfolgt und doch nicht deutlich werden will.

»Oh! Es ist John!«, rief die Nonne.

»Ich muss verrückt sein«, sagte John, ohne es zu wissen, König Lear zitierend; »aber, auf mein Wort, ich glaube, Sie sind Flora!«

»Natürlich bin ich das«, antwortete sie.

Und doch ist es ganz und gar nicht Flora, dachte John; Flora war schlank und schüchtern und wurde leicht rot und hatte feucht glänzende Augen; und hatte Flora solch eine Edinburgher Aussprache? Aber von allen diesen Dingen sagte er nichts, und das war vielleicht auch ebenso gut. Er sagte bloß:

»Aber warum sind Sie denn eine Nonne?«

»Was für ein Unsinn!«, rief Flora. »Ich bin Krankenpflegerin und bin hier, um Ihre Schwester zu pflegen, der übrigens, unter uns gesagt, herzlich wenig fehlt. Aber hierum handelt es sich nicht. Die Frage ist: Wie kommen Sie hierher? Und schämen Sie sich nicht, sich hier zu zeigen?«

»Flora«, sagte John in einem Grabeston, »ich habe seit drei Tagen überhaupt nichts gegessen oder wenigstens – ich weiß überhaupt nicht, was für ein Tag es ist; aber jedenfalls hab ich einen rasenden Hunger!«

»Sie unglücklicher Mensch!«, rief sie. »Hier, setzen Sie sich und essen Sie mein Abendbrot; und ich will schnell nach oben laufen und nach meiner Kranken sehen, die übrigens zweifellos in festem Schlaf liegt – denn Maria ist eine malade imaginaire.«

Mit dieser Probe ihres Französisch, das sie nicht in Stratford-atte-Bowe, sondern in einer höheren Töchterschule am Moray Place in Edinburgh gelernt hatte, ließ sie John allein in seines Vaters Allerheiligstem. Er fiel sofort über das Essen her; und es ist anzunehmen, dass Flora ihre Patientin wach gefunden hatte und von allerlei Pflegegeschäften aufgehalten worden war, denn er hatte Zeit genug, alles vorhandene Essbare vollständig zu vertilgen und nicht nur die Teekanne zu leeren, sondern sich auch noch einmal aus einem Teekessel aufzufüllen, der behaglich über seines Vaters Kaminfeuer summte. Dann saß er satt, schläfrig, behaglich und verwirrt da; seine Missgeschicke hatte er halb und halb vergessen und dachte jetzt, nicht ohne

Bedauern, über diese unsentimentale Rückkehr zu seiner alten Liebe nach.

Hiermit war er noch beschäftigt, als die Krankenschwester geräuschlos wieder eintrat.

»Haben Sie gegessen?«, rief sie. »Dann erzählen Sie mir jetzt alles.«

Es war eine lange und – wie der Leser weiß – eine klägliche Geschichte; aber Flora hörte sie mit zusammengepressten Lippen an. Sie hielt sich bei keiner jener Betrachtungen über Menschenschicksal auf, die von Zeit zu Zeit meine eilende Feder stocken ließen. Denn Frauen wie Flora sind keine Philosophen und fassen nur das Konkrete ins Auge. Die Frauen wie Flora urteilen sehr hart über den unvollkommenen Mann.

»Sehr schön!«, sagte sie, als er fertig war. »Dann jetzt sofort auf Ihre Knie und Gott um Verzeihung gebeten!«

Und das große Kind plumpste auf die Knie und tat, wie ihm befohlen war – und das schadete ihm auch gar nichts! Aber während er mit aufrichtigem Herzen um Vergebung im Allgemeinen flehte, beschäftigte sein Verstand sich, vielleicht etwas verwundert, mit der Frage: ob die Bitte um Verzeihung nicht eigentlich von der anderen Seite ausgesprochen werden müsste. Und als er wieder aufstand, sah er erst seiner alten Liebe zweifelnd ins Gesicht; dann aber fasste er sich ein Herz, rückte mit seinem Protest heraus und sagte:

»Ich muss sagen, Flora, bei dieser ganzen Geschichte kann ich eigentlich nicht finden, dass ich sehr viel Schuld habe.«

»Wenn Sie nach Hause geschrieben hätten«, erwiderte die Dame, »so hätte es überhaupt gar keine Geschichte gegeben! Wären Sie auch nur nüchtern, wie ein vernünftiger Mensch sein muss, nach Murrayfield gekommen, so wäre das Schlimmste nicht eingetreten. Übrigens begann diese Geschichte schon vor Jahren. Sie brachten sich in Ungelegenheiten, als Ihr Vater, der ehrenwerte Mann, darüber betrübt war und sich enttäuscht fühlte, da nahmen Sie ihm das übel oder kriegten Angst und rissen vor der Strafe aus. Na, Sie haben Ihren Willen gehabt, John, und ich glaube nicht, dass Ihnen das jetzt Vergnügen macht.«

»Ich denke manchmal, dass ich ein rechter Esel bin«, seufzte John.

»Mein lieber John, das sind Sie wohl!«

Er sah sie an und sein Auge trübte sich. Ein gewisses Gefühl des Ärgers stieg in ihm auf: Dies war eine Flora, die er ablehnte; sie war hart; sie war fest in ihren Vorsätzen; ein gesetztes, reifes, unauffälliges Mädchen; einfach in ihrer Sprache, einfach im Benehmen – er hätte beinahe gesagt, von gewöhnlichem Gesicht. Und dieser Wechselbalg nannte sich mit demselben Namen wie die weiße und rote, anschmiegsame Maid von einst – die so gern gelacht, die so gern geseufzt, die die freundlichen verstohlenen Blicke geworfen hatte! Und was das Schlimmste war: Sie hatte die Oberhand über ihn, und das war – wie John wohl wusste – nicht das richtige Verhältnis der beiden Geschlechter. Darum stählte er sein Herz gegen diese Krankenpflegerin und fragte:

»Und wie kommt es, dass Sie hier sind?«

Sie erzählte ihm, sie hätte ihren Vater während seiner langen Krankheit gepflegt, und als er nun gestorben wäre und sie allein gelassen hätte, da hätte sie angefangen, andere Kranke zu pflegen, teils aus Gewohnheit, teils um auf der Welt doch zu etwas nütze zu sein, teils vielleicht auch um eine Unterhaltung zu haben.

»Über den Geschmack lässt sich nicht streiten«, sagte sie. Und sie erzählte ihm, wie sie häufig in die Häuser alter Freunde ginge, wenn das nötig wäre, und wie sie da doppelt willkommen wäre, erstens als eine alte Freundin und zweitens als eine erfahrene Krankenwärterin, der die Doktoren gern die schwersten Fälle anvertrauten.

»Dass ich jetzt wegen der armen Maria hier bin, ist allerdings die reine Komödie«, fuhr sie fort; »aber Ihr Vater nimmt sich das ewige Wehklagen zu Herzen, und ich kann ihm nicht immer seine Bitten abschlagen. Ihr Vater und ich, wir sind große Freunde; er war sehr gut zu mir, vor langer Zeit – vor zehn Jahren.«

Ein seltsamer Aufruhr erhob sich in Johns Herzen. Diese ganze Zeit hatte er nur an sich selber gedacht? Warum hatte er in all der Zeit nicht an Flora geschrieben? In reumütiger Zärtlichkeit ergriff er ihre Hand, und diese Hand blieb ruhig in der seinen liegen, dass er beinahe unruhig wurde und sich fürchtete. Eine innere Stimme sagte ihm, es sei schließlich doch seine Flora – sagte ihm das ganz ruhig, und doch durchzuckte ihn dabei ein eigentümliches Gefühl.

»Und Sie haben nicht geheiratet?«, fragte er.

»Nein, John, ich habe nicht geheiratet.«

Die Uhr in der Halle schlug zwei und erinnerte sie an die Flüchtigkeit der Zeit.

»Und jetzt«, sagte Flora, »haben Sie gegessen und sich gewärmt, und ich habe Ihre Geschichte gehört; und jetzt ist es hohe Zeit, Ihren Bruder zu rufen.«

»Oh!«, rief John, ganz niedergeschlagen. »Halten Sie das für unbedingt notwendig?«

»Ich kann Sie nicht hier im Haus behalten; ich bin ja eine Fremde. Möchten Sie wieder davonlaufen? Ich dachte, davon hätten Sie genug gehabt!«

Er beugte sein Haupt unter diesem Tadel.

Sie verachtet mich, dachte er bei sich selber, als er wieder allein saß; eigentlich war es doch ungeheuerlich, dass eine Frau einen Mann verachtete, aber das Merkwürdigste dabei war: Sie schien ihn lieb zu haben. Würde sein Bruder ihn auch verachten? Und würde sein Bruder ihn lieb haben?

Und auf einmal erschien dieser Bruder, von Flora geleitet; er blieb in der Türöffnung stehen und sah sich von Weitem den Helden dieser Geschichte an.

»Also das bist du?«, fragte er endlich.

»Ja, Alick, ich bin es – John«, erwiderte der ältere Bruder kümmerlich.

»Und wie kamst du hier herein?«, forschte der jüngere Bruder.

»Oh, ich hatte meinen Hausschlüssel.«

»Den Deubel hattest du!«, rief Alexander. »Ah, du lebtest in einer besseren Welt. Hausschlüssel gibt es jetzt nicht mehr.«

»Na ja, Vater hatte immer eine Abneigung dagegen«, seufzte John, und damit brach das Gespräch ab und die beiden Brüder musterten einander schweigend.

»Na, und was zum Henker sollen wir nun machen?«, sagte Alexander schließlich. »Ich vermute, du würdest festgesetzt werden, wenn die Behörden Wind von dir bekämen?«

»Das hängt davon ab, ob sie die Leiche gefunden haben oder nicht. Und dann ist allerdings ja auch noch der Droschkenkutscher da!«

»Bah, hol der Kuckuck die Leiche! Ich meine die andere Geschichte. Die ist ernst.«

»Meinst du das, wovon mein Vater sprach?«, fragte John. »Ich habe nicht einmal eine Ahnung, worum es sich handelt.«

»Natürlich darum, dass du deine Bank in Kalifornien bestohlen hast!«

An Floras Gesicht konnte man deutlich sehen, dass sie das erste Wort davon hörte; an Johns Gesicht aber noch deutlicher, dass er unschuldig war.

»Ich!«, rief er. »Ich hätte meine Bank bestohlen! Mein Gott! Flora, das ist zu viel; das müssen sogar Sie zugeben!«

»Soll das heißen, dass du es nicht getan hast?«, fragte Alexander.

»Ich habe mein Lebtag noch keine Menschen Seele bestohlen!«, schrie John. »Ausgenommen meinen Vater, wenn ihr das Stehlen nennen wollt; und ich brachte ihm dieses Geld zurück, hier in dieses Zimmer! Und er wollte es nicht einmal anrühren!«

»Höre mal, John! Hierüber darf es keine Missverständnisse geben! Macewen kam zum Vater und sagte ihm, eine Bank in San Francisco, bei der du angestellt gewesen seist, telegrafiere über die ganze bewohnte Erde, dass man dich am Schlafittchen packen solle – man nehme an, du habest Tausende geklemmt; absolut sicher aber sei, dass du dreihundert geklaut habest. So sagte Macewen, und ich möchte dich bitten, dir deine Antwort wohl zu überlegen. Es ist auch wohl gut, wenn ich dir sage, dass Vater die dreihundert auf der Stelle bezahlte.«

»Dreihundert?«, wiederholte John. »Dreihundert Pfund, meinst du? Das sind fünfzehnhundert Dollar. Na, dann ist es Kirkman!«, schrie er. »Gott sei Dank! Dann kann ich alles aufklären! Ich gab sie am Abend vor meiner Abreise Kirkman, um sie für mich zu bezahlen – fünfzehnhundert Dollar, mit einem Brief an den Geschäftsführer. Bilden sie sich ein, ich würde fünfzehnhundert Dollars stehlen? Wozu denn? Ich bin reich; ich kam auf eine gute Sache bei der Börse. Das ist ja der größte Blödsinn, den ich je gehört habe! Man braucht weiter nichts zu tun, als an den Geschäftsführer zu kabeln: ›Kirkman hat die fünfzehnhundert – sucht Kirkman!‹ Er war ein Kollege von mir bei der Bank und ein Hartsäufer; aber allerdings, um gerecht gegen ihn zu sein: Für so hart hätte ich ihn nicht gehalten!«

»Und was sagen Sie dazu, Alick?«, fragte Flora.

»Ich sage: Das Kabelgramm soll noch heute Nacht abgehen!«, rief Alexander energisch. »Und zwar mit bezahlter Antwort! Wenn diese Geschichte aufgeklärt werden kann – und auf mein Wort, ich glaube, das kann sie –, dann werden wir alle wieder den Kopf hochhalten können. Hier, John: Schreibe du mal die Adresse deines Bankdirektors auf, und Sie, Flora, Sie können John in mein Bett packen, für das ich diese Nacht keine Verwendung mehr habe. Ich selber sause jetzt nach dem Hauptpostamt, und von da gleich nach High Street wegen der Leiche. Die Polizei muss es ja doch erfahren, nicht wahr? Und eigentlich musste John es ihnen melden; aber ich erzähle ihnen einfach irgendeine Räubergeschichte: dass mein Bruder sehr nervös veranlagt sei und so weiter. Und dann, höre mal, John – merktest du dir den Namen des Kutschers der Droschke?«

John nannte ihm den Namen des Kutschers, den ich hier unterdrücke, da ich selber keine Gelegenheit gehabt habe, mit ihm zu fahren.

»Also«, begann Alexander, »ich spreche auf dem Rückweg bei dem Fuhrgeschäft vor und bezahle die Fahrt für dich. Auf diese Art wirst du noch vor dem Frühstück sozusagen ein nagelneuer Mensch sein.«

John brummte einen unzusammenhängenden Dank, dass sein Bruder sich so tatkräftig für ihn rührte; das machte auf ihn einen unaussprechlichen Eindruck; wenn er seine Gefühle aber nicht ausdrücken konnte, so waren sie deutlich auf seinem Gesicht zu lesen; und Alexander las sie, und diese stumme Sprache gefiel ihm besser, wie wenn sie in Worte gefasst worden wäre.

»Es ist bloß noch eins!«, rief er plötzlich. »Kabelgramme sind teuer; und du wirst unseren alten Herrn wohl noch gut genug im Gedächtnis haben, um den Stand meiner Finanzen erraten zu können.«

»Das Schlimme ist nur«, sagte John, »dass alle meine Stempel in dem verflixten Haus sind.«

»Alle deine – was?«, fragte Alexander.

»Stempel – Münzen, Geld«, erklärte John; »'s ist ein amerikanischer Ausdruck; ich fürchte, ich habe mir einen oder zwei angewöhnt.«

»Ich habe welches«, sagte Flora; »ich habe eine Pfundnote oben.«

»Meine liebe Flora«, erwiderte Alexander, »mit einer Pfundnote kommen wir nicht sehr weit; außerdem ist dies meines Vaters Sache, und ich würde mich sehr wundern, wenn Vater nicht dafür bezahlte.«

»Ich würde mich damit noch nicht an ihn wenden; ich glaube nicht, dass dies klug wäre«, warf Flora ein.

»Sie haben einen sehr unvollkommenen Begriff von meinen Hilfsquellen und überhaupt keinen Begriff von meiner Frechheit«, versetzte Alexander. »Bitte, passen Sie mal auf.«

Er schob John zur Seite, wählte unter dem Essgeschirr ein starkes Messer aus und erbrach mit überraschender Schnelligkeit seines Vaters Schublade.

»Es gibt gar nichts Leichteres, wenn man's mal versucht«, bemerkte er, als er das Geld einsackte.

»Ich wollte, Sie hätten das nicht getan!«, sagte Flora. »Sie werden das jeden Tag zu hören kriegen!«

»Oh, und ich weiß nicht«, antwortete der junge Mann; »der alte Herr ist im Grunde ein guter Mensch. Und nun, John, zeig mir mal deinen famosen Hausschlüssel! Geh zu Bett und lass dich von keinem Menschen sehen, bis ich wieder da bin. Es wird ihnen nicht auffallen, wenn du auf ihr Klopfen nicht antwortest, denn ich tue das gewöhnlich auch nicht.«

Neuntes Kapitel

in dem Mr Nicholson sich bereit erklärt, ein festes Taschengeld auszusetzen

Trotz des Grollens des Tages und des Teetrinkens in der Nacht schlief John wie früher als Kind. Er wurde davon wach, dass das Mädchen, wie wenn es vor zehn Jahren gewesen wäre, an die Tür klopfte. Die aufgehende Wintersonne malte den Osten mit roten Farben; und da das Fenster nach hinten hinaus ging, schien sie mit vielen seltsamen Farben gebrochenen Lichts in das Zimmer herein. Draußen waren die Häuser alle sauber mit Schnee gedeckt; die Gartenmauern trugen einen fußhohen Aufsatz; die Rasenflächen lagen glitzernd im Sonnenschein. Aber so seltsam der Anblick von Schnee für John nach dem jahrelangen Aufenthalt an der Bucht von San Francisco war, einen viel tieferen Eindruck machte auf ihn, was er drinnen sah. Denn Alexander hatte Johns eigenes Zimmer geerbt; es war noch die alte Tapete mit dem Blumenmuster, worin eine muntere Fantasie das Gesicht von Skinny Jim, Johns früherem Religionslehrer auf dem Gymnasium, entdecken konnte; da war die alte Kommode; da waren die Stühle – eins, zwei, drei – drei, genau wie früher. Nur der Teppich war neu, und dazu der Kram von Alexanders Kleidern und Büchern und Zeichensachen, und eine Bleistiftzeichnung an der Wand, die Johns Augen als ein Wunderwerk von künstlerischer Vollendung erschien.

So lag er und guckte und träumte – zwischen zwei Epochen seines Lebens schwebend; da kam Alexander an die Tür und gab seine Anwesenheit durch ein lautes Räuspern kund. John ließ ihn ein und sprang gleich wieder in das warme Bett zurück.

»Also, John«, sagte Alexander, »das Kabelgramm ist in deinem Namen abgeschickt, mit zwanzig bezahlten Worten für die Antwort. Ich war bei dem Fuhrgeschäft und bezahlte deine Droschke, sah sogar den alten Herrn selber und entschuldigte dich in geziemenden Worten. Er war riesig friedfertig und deutete seine Meinung an, du hättest wohl etwas getrunken gehabt. Dann klopfte ich den Macewen aus dem Schlaf, holte ihn aus dem Bett und erklärte ihm die Geschichte, während er frostklappernd in seinem Schlafrock vor mir saß. Vorher war ich schon in der High Street gewesen, wo sie von deinem Leichnam nichts gehört hatten, sodass ich zu der Meinung neige, du hast diese ganze Geschichte bloß geträumt.«

»Hol mich –«, rief John.

»Na, die Polizei weiß ja überhaupt niemals was«, stimmte Alexander ihm bei; »auf alle Fälle haben sie einen Mann hinausgeschickt, um nachzusehen und deine Hose und dein Geld in die Stadt zu bringen; dein Sündenregister ist jetzt also so ziemlich bereinigt, und ich sehe bloß noch einen einzigen Löwen auf deinem Pfad – unseren alten Herrn.«

»Du wirst sehen, er schmeißt mich wieder hinaus!«, sagte John kläglich.

»Das glaube ich nicht; jedenfalls nicht, wenn du es so machst, wie Flora und ich es verabredet haben; deine Sache ist es jetzt, dich anzuziehen, und zwar ohne dabei zu trödeln. Geht deine Uhr richtig? Schön, du hast eine Viertelstunde Zeit. Fünf Minuten vor halb musst du am Tisch sitzen, auf deinem alten Stuhl, unter Onkel Duthies Bild. Flora wird da sein, um dir zu helfen; und wir werden dann sehen, wie es kommt.«

»Wäre es nicht gescheiter, wenn ich im Bett liegen bliebe?«, sagte John.

»Wenn du deine Angelegenheiten selber besorgen willst, dann kannst du natürlich ganz einfach tun, wozu du Lust hast; aber wenn du nicht fünf Minuten vor halb auf deinem Stuhl sitzt, dann lehne ich jedenfalls die Verantwortung ab.«

Damit ging er. Er hatte etwas ärgerlich gesprochen; aber um die Wahrheit zu sagen: Er war in seinem Herzen etwas besorgt. Und wie er so über das Treppengeländer hinunterspähte, ob sein Vater käme, musste er sich Mühe geben, für das bevorstehende Zusammentreffen seine Ruhe zu bewahren.

Wenn er es gut aufnimmt, dann soll es mich freuen; aber wenn er es krummnimmt – na, dann wird es jedenfalls eine Ablenkung von der anderen Geschichte geben, und vielleicht kommt dadurch erst recht alles in Ordnung. Er ist ein verdammter Döskopf, mein Herr Bruder, aber er scheint ein anständiger Kerl zu sein.

In diesem Augenblick öffnete sich im unteren Stockwerk eine Tür mit einem gewissen Nachdruck, und Alexander sah den alten Mr Nicholson feierlich die Treppe hinuntergehen und in sein Arbeitszimmer eintreten. Alexander folgte ihm, inwendig zitternd, aber mit ruhigem Gesicht. Er klopfte an. »Herein!«, und er sah seinen Vater vor der erbrochenen Schublade stehen, auf die er mit dem Zeigefinger deutete.

»Das ist eine höchst merkwürdige Sache!«, sagte er. »Ich bin bestohlen worden!«

»Ich fürchtete schon, du würdest es merken, Vater«, sagte der Sohn; »ich habe den Tisch böse zugerichtet.«

»Du fürchtetest, ich würde es merken?«, wiederholte der alte Herr. »Was soll denn das bedeuten, bitte?«

»Dass ich ein Dieb war, Vater«, antwortete Alexander. »Ich nahm gleich das ganze Geld, damit die Dienstboten nichts in die Hände bekommen könnten; und hier ist der Rest, nebst einer Aufstellung meiner Ausgaben. Du warst ja auch schon zu Bett, und ich dachte, ich dürfte mir nicht erlauben, dich zu wecken; aber ich denke, du wirst mein Vorgehen für richtig halten, wenn du die Umstände vernommen hast. Die Sache ist nämlich so: Ich habe Grund anzunehmen, dass in Bezug auf meinen Bruder John ein grässliches Missverständnis obwaltet hat; je schneller dieses aufgeklärt werden kann, desto besser ist es für alle Beteiligten; es war eine geschäftliche Angelegenheit, Vater – und so entschloss ich mich, auf meine eigene Verantwortung ein Telegramm nach San Francisco abzuschicken. Dank meiner Fixigkeit können wir vielleicht schon heute Abend Bescheid haben. Es scheint kein Zweifel daran zu sein, Vater, dass man John fürchterlich unrecht getan hat.«

»Wann hat dies alles stattgefunden?«, fragte der Vater.

»Diese Nacht, Vater, nachdem du zu Bett gegangen warst.«

»Das ist ja höchst sonderbar; willst du allen Ernstes sagen, dass du die ganze Nacht aus gewesen bist?«

»Ganz recht, die ganze Nacht, wie du sagst, Vater. Ich war auf dem Telegrafenamt und bei der Polizei und bei Mr Macewen. Oh, ich hatte alle Hände voll zu tun!«

»Ganz gegen alle Regeln! Du denkst an keinen anderen Menschen als an dich selbst!«

»Ich sehe nicht ein, dass ich viel dazu zu gewinnen habe, indem ich meinen älteren Bruder wieder ins Haus bringe«, antwortete Alexander verschmitzt.

Die Antwort gefiel dem alten Mann; er lächelte und sagte:

»Nun schön, wir wollen nach dem Frühstück weiter darüber sprechen.«

»Es tut mir leid um den Tisch«, sagte der Sohn.

»Der Schaden am Tisch ist eine Kleinigkeit; ich mache mir nichts daraus.«

»Es ist ein neues Beispiel«, fuhr der Sohn fort, »in welche Verlegenheit ein Mensch kommen kann, wenn er kein eigenes Geld zu seiner Verfügung hat. Wenn ich ein angemessenes Taschengeld hätte wie andere junge Leute meines Alters, wäre das Aufbrechen der Schublade vollkommen unnötig gewesen.«

»Ein angemessenes Taschengeld?«, wiederholte sein Vater, und in seinem Ton lag ein Spott, der dem jungen Mann nicht viel Hoffnung ließ; denn das Thema wurde nicht zum ersten Mal behandelt. »Ich habe dir niemals Geld verweigert, das du zu einem anständigen Zweck wünschtest.«

»Gewiss, gewiss nicht!«, sagte Alexander. »Aber sieh mal: Du bist nicht immer gerade da, dass man dir etwas erklären kann. Diese Nacht –?«

»Diese Nacht hättest du mich wecken können!«, unterbrach sein Vater ihn.

»War es nicht eine ähnliche Geschichte, die damals zuerst John in die Patsche brachte?«, fragte der Sohn, indem er es geschickt vermied, näher auf die Sache einzugehen.

Aber der Vater war nicht weniger geschickt; er fragte:

»Und bitte, mein junger Herr, wie kamst du denn aus dem Haus hinaus und wieder herein?«

»Ich hatte, scheint's, vergessen, die Tür zu verschließen.«

»Hierüber habe ich nur zu oft Ursache gehabt, mich zu beklagen. Aber ich verstehe immer noch nicht ganz: Waren denn die Dienstboten deshalb aufgestanden?«

»Ich schlage vor, das alles besprechen wir ausführlich nach dem Frühstück«, antwortete Alexander. »Da schlägt es halb; wir dürfen Miss Mackenzie nicht warten lassen.«

Und mit außerordentlicher Kühnheit öffnete er die Tür.

Sogar Alexander, der – wie der Leser bemerkt haben wird – verhältnismäßig recht frei mit seinem Vater sprach, sogar Alexander hatte bisher niemals in seinem Leben gewagt, ein Gespräch nonchalant abzubrechen. Aber um die Wahrheit zu sagen: Gerade die ungeheure Masse der Frevel seines Sohnes überwältigte den alten Herrn. Er war wie der Mann mit der Apfelkarre – dies war zu viel für ihn! Dass Alexander seinen Schreibtisch verdorben, sein Geld genommen hatte, die ganze Nacht außer Haus gewesen war und dann ganz kühl dies alles zugab – das war etwas, wovon Nicholson'sche Philosophie sich nichts träumen ließ, und ging über jeden Kommentar hinaus. Die Rückgabe des übrig gebliebenen Geldes, das der alte Herr immer noch in der Hand hielt, war an sich schon eine unerhörte Unverschämtheit gewesen, die ihn wie ein Faustschlag getroffen hatte. Dann die Bemerkung über Johns erste Flucht – ein Gegenstand, den er selber absichtlich in seiner Erinnerung verhüllt ließ – denn er war ein Mann, der Wert darauf legte, niemals einen Fehler gemacht zu haben, und der, wenn er fürchtete, er hätte doch vielleicht einen gemacht, die Papiere unter Siegel legte. Angesichts aller dieser Überraschungen und unangenehmen Erinnerungen sowie ferner des ruhigen, überlegenen Benehmens seines Sohnes begann den alten Herrn Nicholson ein unbehagliches Gefühl zu beschleichen. Es kam ihm vor, wie wenn er zu tief ins Wasser gegangen wäre: Wenn er irgendetwas täte oder sagte, könnte er das vielleicht bedauern müssen. Außerdem benahm der junge Mann, worauf er selber hingedeutet hatte, sich sehr großmütig und uneigennützig. Und wenn jemandem Unrecht geschehen war – und zwar einem, der schließlich und trotz alledem doch ein Nicholson war –, so sollte das sicherlich wieder in die Richte gebracht werden.

So ungeheuerlich es nun war, dass ihm das Verhör kurz abgeschnitten wurde, so fügte der alte Herr sich doch, in Anbetracht aller Umstände; er steckte das Geld ein und folgte seinem Sohn ins Esszimmer. Während dieser paar Schritte empörte er sich noch einmal inwendig, aber wiederum, und diesmal endgültig, streckte er seine Waffen: Eine ganz leise Stimme in seiner Brust verkündigte ihm eine unumstößliche neue Gewissheit: dass er sich vor Alexander fürchtete. Das Merkwürdige dabei war, dass diese Furcht ihm angenehm war. Er war stolz auf seinen Sohn, und er durfte stolz auf ihn sein: Der Junge hatte Charakter und Verstand und wusste, was er tat.

Mit diesen Gedanken beschäftigt, betrat er das Esszimmer. Miss Mackenzie saß auf dem Ehrenplatz und machte feierliche Bewegungen mit einer Teekanne und einem Wärmer, und siehe da, es war noch eine andere Person anwesend: ein breiter, stattlicher, backenbärtiger Mann, von sehr behaglichem und anständigem Aussehen, der jetzt von seinem Stuhl aufstand, mit ausgestreckter Hand auf ihn zukam und sagte:

»Guten Morgen, Vater.«

Von dem Gefühl der Befriedigung, die unter Mr Nicholsons gestärkter Hemdbrust hohe Wellen schlug, wurde kein äußerliches Zeichen sichtbar; er wusste sofort, was er zu tun hatte. Aber in dem nächsten kurzen Augenblick übersah er im Nu ein weites Feld von Möglichkeiten in Vergangenheit und Zukunft: ob es möglich wäre, dass er in der Behandlung seines Sohnes John doch nicht ganz weise gewesen wäre; ob es möglich wäre, dass John unschuldig war; ob es möglich wäre, ein öffentliches Ärgernis zu vermeiden, wenn er John zum zweiten Mal aus dem Haus wiese, wie seine beleidigte Autorität ihm zuflüsterte; und ob es möglich wäre, dass Alexander sich offen auflehnte, wenn es zu diesem Äußersten käme.

»Hm!«, sagte der alte Mr Nicholson und legte seine Hand, schlaff und tot, in Johns Hand.

Und dann nahmen in verlegenem Schweigen alle ihre Plätze ein; und sogar die Zeitung – von der der alte Herr täglich seine Portion Ärger zu beziehen pflegte, da aus ihr die Abwärtsbewegung unserer Staatseinrichtungen hervorging – sogar die Zeitung blieb unentfaltet neben seinem Teller liegen.

Aber auf einmal kam Flora ihnen allen zu Hilfe. Sie unterbrach das Schweigen mit einer technischen Frage, indem sie sich bei John erkundigte, ob er noch ebenso wie früher so eine unvernünftige Menge Zucker nehme? Von hier war es nur noch ein kleiner Schritt zu der brennenden Frage des Tages; und in etwas zitterigen Tönen sprach sie von dem langen Zeitraum, der vergangen sei, seitdem sie zum letzten Mal dem verlorenen Sohn den Tee bereitet habe, und sprach ihm ihren Glückwunsch zu seiner Heimkehr aus. Und dann wandte sie sich zu Mr Nicholson und sprach auch ihm ihren Glückwunsch auf eine Weise aus, die seiner schlechten Laune Trotz bot; von da kam sie in eine Erzählung von Johns Missgeschicken, die sie nicht ohne ratsame Auslassungen vorbrachte. Nach und nach mischte Alexander sich ein; auch aus John brachten die beiden ab und zu ein Wort oder zwei heraus, er mochte wollen oder nicht; und diese Worte kamen so zitterig aus seinem Mund und zeugten so beredt für eine angsterfüllte Seele, dass Mr Nicholson das Herz weich wurde. Schließlich trug sogar er durch eine Frage zu dem Gespräch bei, und bevor das Frühstück zu Ende war, plauderten alle vier ganz munter.

Dann kam das Gebet, wobei die Dienstboten den Neuankömmling anstarrten, dem niemand die Tür geöffnet hatte; und nach dem Gebet kam der Augenblick, da der Zeiger der Uhr das Signal zu Mr Nicholsons Ausgehen gab. Da sagte er:

»John, natürlich wirst du hierbleiben. Sei recht behutsam, dass du Maria nicht aufregst, wenn Miss Mackenzie es für wünschenswert halten sollte, dass du sie siehst. Alexander, ich wünsche mit dir allein zu sprechen.«

Und als die beiden wieder in dem Hinterzimmer waren, sagte er:

»Du brauchst heute nicht in die Kanzlei zu kommen; du kannst zu Hause bleiben und deinen Bruder unterhalten, und ich denke, der Respekt würde erfordern, dass du einen Besuch bei Onkel Greig machst. Und dann noch, hm« – dies wurde mit einer gewissen – dürfen wir uns so ausdrücken? – Verschämtheit gesprochen – »ich bin bereit, ein festes Taschengeld zu genehmigen; und ich will Dr. Durie um Rat fragen, welcher Betrag angemessen wäre; das ist ein Mann, der in der Welt Bescheid weiß und selber Söhne hat. Und, mein schöner junger Herr, du kannst dich glücklich schätzen!«, setzte er mit einem Lächeln hinzu.

»Danke, Vater!«, sagte Alexander.

Bevor es Mittag wurde, hatte ein Geheimpolizist John sein Geld zurückgebracht; er brachte auch Neuigkeiten, die allerdings traurig genug waren, aber immerhin doch nicht so traurig, wie sie hätten sein können. Alan war in seinem Haus an der Regent Terrace gefunden worden, wo sein erschrockener alter Diener ihn bewachte. Er war vollständig wahnsinnig und war nicht ins Gefängnis, sondern in die Irrenanstalt Morningside gebracht worden. Der Ermordete war, so schien es, ein durch Gerichtsbeschluss von Haus und Hof vertriebener Pächter, der seit fast einem Jahr seinen früheren Gutsherrn mit Drohungen und Beschimpfungen verfolgt hatte; weiter war über Ursache und Einzelheiten der Tragödie nichts bekannt.

Als Mr Nicholson vom Essen in seinem Klub zurückkam, konnten sie ihm eine Depesche übergeben:

»John V. Nicholson, Randolph Crescent, Edinburgh. Kirkman ist verschwunden; Polizei sucht ihn. Alles aufgeklärt. Könnt ganz beruhigt sein. – Austin.«

Nachdem dies Telegramm ihm erklärt worden war, holte der alte Herr den Kellerschlüssel hervor und machte sich selber auf, um zwei Flaschen von dem 1820er Portwein zu holen. Onkel Greig speiste an diesem Tag bei ihnen, nebst seiner Tochter Robina, ferner, durch einen merkwürdigen Zufall, auch Mr Macewen; und die Anwesenheit dieser Fremden löste die Spannung, die sonst vielleicht noch vorhanden gewesen wäre. Bevor die Gäste sich entfernten, befand die Familie sich wieder in schöner, wenigstens äußerlicher Eintracht.

In den letzten Tagen des Aprils führte John Flora – oder richtiger gesagt: führte Flora John – zum Altar, wenn man einen Altar nennen kann, was in Wirklichkeit der Kaminsims in Mr Nicholsons Salon war, und der Reverend Dr. Durie stand auf dem Kaminteppich als Hymens Priester.

Zum letzten Mal sah ich sie, als ich kürzlich einen Besuch im Norden machte, bei einem Essen im Haus meines alten Freundes Gellatly Macbride; und nachdem wir, nach dem klassischen Ausdruck, »uns wieder zu den Damen begeben hatten«, hatte ich Gelegenheit, ein Gespräch anzuhören, das Flora mit einer anderen verheirateten Dame über ein oft behandeltes Thema, nämlich das Tabakrauchen eines Ehemanns führte.

»O ja!«, sagte sie. »Ich erlaube meinem Mann nur vier Zigarren täglich. Drei raucht er zu festgesetzten Zeiten – nämlich nach jeder Mahlzeit, wissen Sie, meine Liebe; und die vierte kann er mit irgendeinem Freund rauchen, wann er Lust hat.«

Bravo!, dachte ich bei mir selber; das ist die richtige Frau für meinen Freund John!

Das Flaschenteufelchen

Es war ein Mann von der Insel Hawaii, den ich Keawe nennen will; er lebt nämlich noch, und sein Name muss verschwiegen bleiben; aber sein Geburtsort war nicht weit von Honaunau, wo die Gebeine Keawes des Großen in einer Höhle begraben liegen. Dieser Mann war arm, ehrlich und fleißig; er konnte lesen und schreiben wie ein Schulmeister; außerdem war er ein ausgezeichneter Matrose, fuhr eine Zeit lang auf den Inseldampfern und steuerte einen Kutter an der Küste von Hamakua. Schließlich kam es Keawe in den Sinn, sich mal die große Welt und ausländische Städte anzusehen, und er heuerte auf einem Schiff an, das nach San Francisco fuhr.

Das ist eine schöne Stadt, mit einem schönen Hafen und so vielen reichen Leuten, dass man sie nicht zählen kann; und im Besonderen ist da ein Hügel, der ganz mit Palästen bedeckt ist. Nach diesem Hügel machte nun Keawe eines Tages einen Spaziergang, seine ganze Tasche voll von Geld, und besah sich mit Vergnügen die großen Häuser auf beiden Seiten,

»Was für schöne Häuser sind das!«, dachte er bei sich selber. »Und wie glücklich müssen die Leute sein, die darin wohnen und sich nicht um den morgigen Tag zu kümmern brauchen!«

Wie er so darüber nachdachte, kam er vor ein Haus, das war kleiner als die anderen, aber wunderschön und sauber wie ein Spielzeug; die Treppen vor dem Haus glänzten wie Silber, die Beete in dem Garten waren voll Blumen wie Girlanden, und die Fensterscheiben funkelten wie Diamanten. Und Keawe blieb stehen und verwunderte sich über die Herrlichkeit all dessen, was er sah.

Wie er nun so dastand, bemerkte er einen Mann, der durch ein Fenster nach ihm sah, und das Fenster war so klar, dass Keawe ihn beobachten konnte, wie man einen Fisch in einer Wasserlache auf dem Riff beobachten kann. Der Mann war schon ältlich, mit einem kahlen Kopf und einem schwarzen Bart; auf seinem Gesicht lag schwere Sorge, und er seufzte bitterlich. Und die Wahrheit ist die: Als Keawe auf den Mann drinnen und der Mann auf Keawe draußen sah, beneidete jeder von ihnen den anderen.

Auf einmal lächelte der Mann und nickte und winkte Keawe zu, er solle hereinkommen, und ging ihm an die Haustür entgegen. Und da sagte der Mann und seufzte dabei bitterlich:

»Das ist ein schönes Haus, mein Haus. Hätten Sie nicht Lust, sich mal die Zimmer anzusehen?«

So führte er denn Keawe durch das ganze Haus, vom Keller bis auf den Dachboden hinauf, und in dem Haus war nichts, das nicht in seiner Art vollendet war, und Keawe war erstaunt.

»Gewiss«, sagte Keawe, »dies ist ein schönes Haus; wenn ich in einem solchen Haus wohnte, würde ich den ganzen Tag lachen. Wie kommt es denn nun, dass Sie immer so seufzen?«

»Es ist kein Grund vorhanden«, sagte der Mann, »warum Sie nicht ein Haus haben sollten, das in allen Dingen diesem hier ähnlich ist, und sogar noch schöner, wenn Sie wünschen. Sie haben doch wohl etwas Geld bei sich, denke ich?«

»Ich habe fünfzig Dollar«, sagte Keawe, »aber ein Haus wie dies wird mehr als fünfzig Dollar kosten.«

Der Mann dachte einen Augenblick nach, wie wenn er rechnete; dann sagte er:

»Es tut mir leid, dass Sie nicht mehr haben, denn das kann Ihnen vielleicht in der Zukunft Sorgen bereiten; aber für fünfzig Dollar sollen Sie es haben.«

»Das Haus?«, fragte Keawe.

»Nein, nicht das Haus«, antwortete der Mann, »aber die Flasche; denn ich muss Ihnen sagen: Obwohl ich Ihnen so reich und glücklich erscheine, so kam all mein Glück und dieses Haus mitsamt dem Garten von ihr her, die nicht viel größer ist als eine Faust. Da ist sie.«

Und er öffnete einen Wandschrank und nahm eine rundbauchige Flasche mit einem langen Hals heraus; das Glas der Flasche war weiß wie Milch, mit schillernden Regenbogenfarben. Drinnen in der Flasche bewegte sich etwas Unbestimmtes, wie ein Schatten und ein Feuer.

»Dies ist die Flasche«, sagte der Mann; und als Keawe lachte, fuhr er fort: »Sie glauben mir nicht? Nun, dann versuchen Sie es selber mal. Sehen Sie zu, ob Sie sie zerbrechen können.«

So nahm denn Keawe die Flasche in die Hand und schmiss sie auf den Fußboden und schmiss sie immer wieder, bis er müde war; aber sie prallte von dem Fußboden ab wie ein Kinderball und blieb heil und ganz.

»Das ist ein merkwürdiges Ding«, sagte Keawe, »denn wie sie sich anfühlt und aussieht, sollte sie aus Glas sein.«

»Aus Glas ist sie«, versetzte der Mann und seufzte dabei schwerer denn je, »aber das Glas dieser Flasche wurde in den Flammen der Hölle geblasen. Ein Teufelchen wohnt darin, und das ist der Schatten, den wir da sich bewegen sehen; wenigstens denke ich mir das. Wenn irgendein Mensch diese Flasche kauft, steht ihm das Teufelchen zu Befehl; alles, was er begehrt – Liebe, Ruhm, Geld, Häuser wie dieses Haus, ja sogar eine Stadt wie diese Stadt – alles ist sein, sobald er das Wort ausspricht. Napoleon hatte diese Flasche und wurde durch sie der König der Welt; aber schließlich verkaufte er sie und stürzte. Kapitän Cook hatte diese Flasche und fand dank ihr den Weg zu so vielen Inseln; aber auch er verkaufte sie und wurde auf Hawaii erschlagen. Denn sobald sie verkauft ist, entschwindet die Macht des früheren Besitzers und der Beistand des Teufels: Und wenn einer nicht mit dem zufrieden ist, was er hat, wird es ihm übel ergehen.«

»Und doch reden Sie selber davon, dass Sie sie verkaufen wollen?«, sagte Keawe.

»Ich habe alles, was ich wünsche, und ich werde allmählich alt«, antwortete der Mann. »Ein einziges vermag das Teufelchen nicht – es kann nicht das Leben verlängern; und es wäre nicht ehrlich, es Ihnen zu verhehlen: Mit der Flasche ist ein Übelstand verbunden; denn wenn ein Mensch stirbt, bevor er sie verkauft, muss er ewiglich in der Hölle brennen.«

»Ganz gewiss ist das ein Übelstand!«, rief Keawe. »Mit dem Ding möchte ich nichts zu tun haben. Ich kann, Gott sei Dank, auch ohne ein Haus fertig werden; aber eines gibt es, womit ich ganz und gar nicht fertig werden könnte, nämlich dass ich verdammt wäre!«

»Herrje! Sie müssen nicht gleich so hastig sein!«, antwortete der Mann. »Sie haben weiter nichts zu tun, als dass Sie sich der Macht des Teufelchens mit Mäßigung bedienen und die Flasche dann an irgendeinen andern verkaufen, wie ich sie jetzt Ihnen verkaufe, und dann bis an das Ende Ihrer Tage in Behaglichkeit leben.«

»Hm, ich bemerke zweierlei«, sagte Keawe. »Die ganze Zeit seufzen Sie wie eine Jungfer, die verliebt ist – das ist das eine; und das andere ist: Sie verkaufen diese Flasche sehr billig.«

»Ich habe Ihnen schon gesagt, warum ich seufze: nämlich weil ich befürchte, dass meine Gesundheit schwach wird; und wie Sie selber sagten, zu sterben, um zum Teufel zu gehen, das ist für jeden Menschen was Schreckliches. Was nun das anbetrifft, dass ich die Flasche so billig verkaufe, so muss ich Ihnen erklären, dass mit der Flasche eine besondere Bedingung verknüpft ist. Vor langer Zeit, als der Teufel sie zuerst auf die Erde brachte, da war sie ungeheuer teuer. Zuallererst wurde sie an den Priester Johannes verkauft für viele Millionen Dollar; sie kann aber nur mit Verlust verkauft werden. Wenn Sie sie um denselben Preis verkaufen, den Sie dafür bezahlt haben, so kommt sie zu Ihnen zurück wie eine Taube in den Schlag. Infolgedessen ist der Preis in allen diesen Jahrhunderten fortwährend gesunken, und die Flasche ist jetzt merkwürdig billig. Ich selber kaufte sie von einem meiner großmächtigsten Nachbarn hier auf dem Hügel, der Preis, den ich dafür bezahlte, betrug nur neunzig Dollar. Ich könnte sie für neunundachtzig Dollar und neunundneunzig Cent verkaufen, aber nicht um einen Cent teurer, sonst würde das Ding zu mir zurückkommen. Nun sind zwei Missstände dabei. Erstens: Wenn man eine so eigenartige Flasche für achtzig und soundso viele Dollar anbietet, denken die Leute, man mache einen Scherz. Und zweitens – aber damit eilt es nicht, und ich brauche nicht näher darauf einzugehen. Nur müssen Sie dran denken, dass Sie die Flasche für gemünztes Geld verkaufen müssen.«

»Woher soll ich aber wissen, dass dies alles wahr ist?«, fragte Keawe.

»Einen kleinen Versuch können Sie sofort machen«, versetzte der Mann. »Geben Sie mir Ihre fünfzig Dollar, nehmen Sie die Flasche und wünschen Sie sich Ihre fünfzig Dollar in Ihre Tasche zurück. Wenn das nicht eintrifft, so versichere ich Ihnen mit meinem Ehrenwort, dass ich den Handel rückgängig mache und Ihnen Ihr Geld zurückzahle.«

»Sie belügen mich doch nicht?«, fragte Keawe.

Und der Mann band sich mit einem großen Eid.

»Schön, so viel will ich riskieren«, sagte Keawe, »denn das kann ja weiter nichts schaden.«

Und er bezahlte dem Mann sein Geld, und der Mann übergab ihm die Flasche.

»Flaschenteufelchen!«, sagte Keawe. »Ich wünsche meine fünfzig Dollar zurück!« Und richtig – kaum hatte er das Wort gesprochen, so war seine Tasche so schwer wie zuvor.

»Wahrhaftig! Das ist eine wundervolle Flasche!«, rief Keawe.

»Und nun guten Morgen, mein schöner Junge, und hole Sie der Teufel statt meiner!«, sagte der Mann.

»Halt!«, rief Keawe. »Ich will von diesem Unsinn nichts mehr wissen. Hier – nehmen Sie Ihre Flasche zurück!«

»Sie haben sie für weniger gekauft, als ich dafür bezahlt hatte«, antwortete der Mann und rieb sich die Hände. »Jetzt gehört sie Ihnen, und ich für meinen Teil wünsche weiter nichts, als Ihren Rücken zu sehen.«

Und damit klingelte er nach seinem chinesischen Diener und ließ Keawe die Haustür zeigen.

Als nun Keawe auf der Straße stand, seine Flasche unter dem Arm, da begann er nachzudenken.

»Wenn dies von der Flasche alles wahr ist, habe ich vielleicht ein böses Geschäft gemacht«, dachte er, »aber vielleicht hat der Mann nur einen Spaß mit mir getrieben.«

Das Erste, was er tat, war, dass er sein Geld zählte. Die Summe stimmte genau – neunundvierzig Dollar amerikanisches Geld und ein chilenischer Peso.

»Das sieht nach Wahrheit aus«, sagte Keawe zu sich selber, »nun will ich es mal an einer anderen Stelle versuchen.«

Die Straßen in jenem Stadtteil waren so rein wie ein Schiffsdeck, und obgleich es Mittag war, gingen keine Leute auf der Straße. Keawe setzte die Flasche in den Rinnstein und ging weg. Zweimal sah er sich um, und da stand jedes Mal die milchweiße, rundbauchige Flasche auf der Stelle, wo er sie hingestellt hatte. Zum dritten Mal sah er sich um, und dann bog er um eine Ecke; aber kaum hatte er das getan, da stieß etwas an seinen Ellbogen – und siehe da! Es war der lange Flaschenhals, der steil emporstand, und der runde Bauch der Flasche, der fest in der Tasche seiner Matrosenjacke steckte.

»Und das sieht auch nach Wahrheit aus!«, sagte Keawe.

Das Nächste, was er nun tat, war Folgendes: Er kaufte in einem Laden einen Pfropfenzieher und ging an einen einsamen Ort auf freiem Feld, draußen vor der Stadt. Und dort versuchte er, den Pfropfen herauszuziehen; aber sooft er die Schraube hineindrehte, kam sie wieder heraus, und der Kork war heil und ganz wie zuvor.

»Das ist ein neumodischer Pfropfen«, sagte Keawe; und auf einmal begann er zu zittern und zu schwitzen, denn er hatte Angst vor der Flasche.

Auf seinem Rückweg nach dem Hafen sah er einen Laden, worin ein Mann Muscheln und Keulen von den Südseeinseln verkaufte, dazu alte Götzenbilder, alte Münzen, chinesische und japanische Bilder und all solches Zeug, wie Seeleute es in ihren Matrosenkisten mitbringen. Und da hatte er einen Einfall. So ging er denn hinein und bot die Flasche für einhundert Dollar zum Verkauf an. Der Ladenbesitzer lachte ihn zuerst aus und bot ihm fünf. Aber allerdings – hm, es sei eine merkwürdige Flasche, solches Glas sei niemals in einer menschlichen Glashütte geblasen worden, so hübsch spielten die Farben unter dem Milchweiß und so seltsam tanzte der Schatten in der Mitte. Nachdem er also eine Weile mit ihm gefeilscht hatte, wie diese Leute zu tun pflegen, gab der Trödler dem Keawe sechzig Silberdollar für das Ding und setzte es auf ein Bord mitten in seinem Schaufenster.

»Nun«, sagte Keawe, »ich habe also für sechzig verkauft, was ich für fünfzig kaufte – oder eigentlich noch etwas billiger, weil einer von meinen Dollars ein chilenischer war. Nun werde ich also die Wahrheit auch über einen anderen Punkt erfahren.«

So ging er denn an Bord seines Schiffes zurück, und als er seine Kiste aufmachte, da lag die Flasche – sie war also schneller gekommen als er selber.

Nun hatte Keawe an Bord einen Maat, der hieß Lopaka.

»Was fehlt dir denn«, sagte Lopaka, »dass du so in deine Kiste starrst?« Sie waren allein vorne im Schiffsraum, und Keawe ließ ihn Verschwiegenheit schwören und erzählte ihm alles.

»Das ist eine sehr sonderbare Geschichte«, sagte Lopaka, »und ich fürchte, du wirst wegen dieser Flasche in Sorgen kommen. Aber eines ist dabei sehr klar: Die Sorgen sind dir sicher, und darum solltest du auch den Profit von diesem Geschäft mitnehmen. Überlege dir, was du dir wünschen willst; gib den Befehl, und wenn der ausgeführt wird, wie du es willst, dann will ich selber die Flasche kaufen; denn ich habe den Wunsch, einen Schoner zu besitzen und zwischen den Inseln Handel zu treiben.«

»Danach steht mein Sinn nicht«, sagte Keawe, »sondern ich möchte ein schönes Haus mit Garten an der Küste von Kona haben, wo ich geboren wurde: wo die Sonne zur Tür hereinscheint, mit Blumen im Garten, Glasscheiben in den Fenstern, Bildern an der Wand, Nippsachen und schönen Decken auf den Tischen – ganz und gar so ein Haus wie das, worin ich heute war – bloß ein Stockwerk höher und mit Balkonen rund herum wie des Königs Palast; und darin möchte ich wohnen ohne Sorge und mit meinen Freunden und Verwandten lustig sein.«

»Schön«, sagte Lopaka, »lass uns die Flasche mit nach Hawaii nehmen; und wenn alles richtig ausfällt, wie du denkst, will ich die Flasche, wie ich dir sagte, kaufen und will für mich einen Schoner verlangen.«

So machten sie es denn miteinander ab, und es dauerte nicht lange, da fuhr das Schiff nach Honolulu zurück, mit Keawe und Lopaka und der Flasche an Bord. Kaum waren sie an Land gekommen, so begegneten sie am Strand einem Freund, der sofort Keawe sein Beileid auszusprechen begann.

»Ich weiß nicht, wozu man mir Beileid aussprechen muss«, sagte Keawe.

»Ist es möglich, dass du es noch nicht gehört hast?«, rief der Freund. »Dein Oheim, der gute alte Mann, ist tot, und dein Vetter, der schöne Junge, ertrank in der See.«

Keawe war sehr bekümmert, begann zu weinen und zu klagen und vergaß so ganz und gar seine Flasche. Aber Lopaka war nachdenklich, und als Keawes Schmerz sich ein bisschen gelegt hatte, sagte er auf einmal:

»Ich habe eben darüber nachgedacht – hatte nicht dein Oheim Landbesitz in Hawaii im Bezirk Kau?«

»Nein«, sagte Keawe, »nicht in Kau; die Ländereien liegen an der Bergseite – ein bisschen südlich von Hookena.«

»Diese Ländereien werden ja jetzt dein sein?«, fragte Lopaka.

»Ganz gewiss werden sie das!«, sagte Keawe und begann wieder, um seine Verwandten zu jammern.

»Nein!«, rief Lopaka. »Lass jetzt das Jammern sein! Ich habe einen Gedanken in meinem Sinn. Was meinst du, wenn dies die Flasche verursacht hätte? Denn hier ist ja der Platz fertig für dein Haus.«

»Wenn das so ist«, rief Keawe, »dann ist das eine sehr schlimme Art, mir zu dienen, indem man meine Verwandten tötet. Aber, allerdings, es mag wohl sein; denn gerade in so einer Lage sah ich das Haus mit meines Geistes Augen.«

»Das Haus ist aber noch nicht gebaut«, sagte Lopaka.

»Nein – und wird wohl auch niemals gebaut werden!«, sagte Keawe. »Denn mein Onkel hatte zwar ein bisschen Kaffee und Ava und Bananen, aber das wird nicht mehr sein, als dass ich bequem leben kann; und der Rest der Ländereien ist schwarze Lava.«

»Lass uns zum Rechtsanwalt gehen«, sagte Lopaka, »ich habe meinen Gedanken immer noch im Kopf.«

Als sie nun zu dem Rechtsanwalt kamen, da stellte es sich heraus, dass Keawes Oheim in den letzten Tagen ungeheuerlich reich geworden war, und es war ein Vermögen an barem Geld vorhanden. Da rief Lopaka:

»Und hier ist das Geld für das Haus!«

»Wenn Sie an ein neues Haus denken, das Sie bauen wollen«, sagte da der Rechtsanwalt, »hier ist die Karte eines neuen Baumeisters, von dem man große Dinge erzählt.«

»Besser und besser!«, rief Lopaka. »Hier ist ja alles klipp und klar. Lass uns fortfahren, den Befehlen zu gehorchen!«

So gingen sie denn zu dem Baumeister, und der hatte Baupläne von Häusern auf seinem Tisch liegen.

»Sie wünschen etwas, das nicht so alltäglich ist«, sagte der Baumeister. »Wie gefällt Ihnen dies hier?« Und er reichte Keawe eine Zeichnung.

Als nun Keawe einen Blick auf diese Zeichnung warf, da schrie er laut auf; denn es war ganz genau das Bild von dem Haus, das er sich gedacht hatte.

»Dies Haus muss ich kriegen«, dachte er bei sich. »Sowenig mir die Art und Weise gefällt, wie ich dazu komme, so muss ich es doch jetzt kriegen; es ist wohl auch ebenso gut, wenn ich mit dem Bösen auch das Gute nehme.«

So sagte er denn dem Baumeister alle seine Wünsche und wie er das Haus eingerichtet haben wolle, und von den Bildern an der Wand und den Nippsachen auf den Tischen; und er fragte den Mann, für wie viel Geld er es übernehmen wollte, den ganzen Auftrag auszuführen.

Der Baumeister stellte viele Fragen, und dann nahm er eine Feder und machte eine Berechnung; und als er fertig war, nannte er genau die Summe, die Keawe geerbt hatte.

Lopaka und Keawe sahen einander an und nickten.

»Es ist ganz klar«, sagte Keawe, »dass ich dieses Haus kriegen muss, ob ich will oder nicht. Es kommt vom Teufel, und ich fürchte, ich werde wenig Gutes davon haben; und eines ist ganz gewiss: Ich werde keine Wünsche mehr äußern, solange ich noch diese Flasche habe. Aber das Haus habe ich nun einmal auf dem Buckel, und darum kann ich ebenso gut mit dem Bösen auch das Gute nehmen.«

So machte er seinen Vertrag mit dem Baumeister, und sie unterzeichneten ein Papier; und Keawe und Lopaka gingen wieder zu Schiff und segelten nach Australien; denn sie hatten untereinander abgemacht, dass sie sich um den Bau gar nicht bekümmern, sondern es dem Baumeister und dem Flaschenteufel überlassen wollten, nach ihrem eigenen Gefallen dieses Haus zu bauen und auszuschmücken.

Sie hatten eine gute Reise; nur wagte die ganze Zeit über Keawe kaum ein Wort zu sagen, denn er hatte geschworen, dass er keine Wünsche mehr aussprechen und keine Dienste mehr von dem Teufelchen annehmen wollte. Als sie zurückkamen, war die Zeit herum. Der Baumeister sagte ihnen, das Haus sei fertig, und Keawe und Lopaka fuhren als Passagiere auf der ›Hall‹ nach Kona hinunter, um das Haus zu besichtigen und nachzusehen, ob alles richtig gemacht sei, wie Keawe es sich in seinem Sinn gedacht hatte.

Nun, das Haus stand am Bergabhang, sodass es vom Schiff aus gesehen werden konnte. Über ihm lief der Wald hinauf bis in die Regenwolken; unter ihm fiel die schwarze Lava in Klippen ab, in denen die Könige der alten Zeiten begraben liegen. Ein Garten blühte rund um das Haus herum mit Blumen von allen Farben; und auf der einen Seite war ein Garten mit Papayabäumen und auf der anderen ein Garten mit Brotbäumen, und auf der Vorderseite, nach der See zu, da war ein Schiffsmast aufgetakelt und trug eine Flagge. Das Haus war aber drei Stockwerke hoch mit großen Zimmern und breiten Balkonen vor jedem. Die Fenster waren aus Glas, und das war so ausgezeichnet, dass es so klar wie Wasser und so hell wie der Tag war. Alles mögliche Hausgerät schmückte die Zimmer. Gemälde hingen an den Wänden in goldenen Rahmen: Bilder von Schiffen und von Schlachten, von den allerschönsten Weibern und von merkwürdigen Orten; nirgendwo auf der Welt gibt es Gemälde von so hell leuchtenden Farben wie die, die Keawe in seinem Haus an der Wand hängen fand. Die Nippsachen aber waren außerordentlich schön: Uhren, die die Stunden schlugen, und Spieldosen; kleine Männchen mit nickenden Köpfen; Bücher voll von Bildern; kostbare Waffen aus allen Teilen der Welt; die elegantesten Rätselspiele, mit denen ein Mann, wenn er allein ist, sich die Zeit vertreiben kann. Und da kein Mensch in solchen Zimmern leben möchte, bloß um durch sie hindurchzugehen und sie anzugucken, so waren die Balkone so breit gemacht, dass eine ganze Stadt voller Wonne hätte darauf hausen können; und Keawe wusste nicht, welcher Balkon ihm lieber war: der auf der Rückseite, wo man die Landbrise bekam und auf die Baumgärten und die Blumenbeete sah, oder der Vorderbalkon, auf dem man den Seewind trinken und über den steilen Bergwall hinabblicken und die ›Hall‹ sehen konnte, wie sie alle Wochen einmal zwischen Hookena und den Bergen von Pili hin- und herfuhr, oder die Schoner, die die Küste hinaufkreuzten, um Holz und Kava und Bananen zu holen.

Als sie nun alles besichtigt hatten, da setzten Keawe und Lopaka sich auf die Türschwelle, und Lopaka fragte:

»Nun, ist alles so, wie du es dir ausgedacht hattest?«

»Worte können es nicht aussprechen«, sagte Keawe. »Es ist besser, als ich geträumt hatte, und ich bin ganz krank vor Zufriedenheit.«

»Es ist bloß ein Ding dabei zu bedenken«, sagte Lopaka, »dies alles kann auf ganz natürliche Weise hergegangen sein, und das Flaschenteufelchen hat vielleicht gar nichts damit zu tun. Wenn ich nun die Flasche kaufte und schließlich keinen Schoner bekäme, dann hätte ich für nichts und wieder nichts meine Hand ins Feuer gesteckt. Ich gab dir allerdings mein Wort; trotzdem denke ich, du möchtest mir eine weitere Probe nicht abschlagen.«

»Ich habe geschworen, ich würde keine Gunst mehr annehmen«, sagte Keawe. »Ich sitze schon tief genug drin.«

»Es ist keine Gunst, woran ich denke«, versetzte Lopaka. »Ich möchte bloß das Teufelchen selber sehen. Dabei ist nichts zu gewinnen, und so braucht man sich auch eines solchen Wunsches nicht zu schämen; aber wenn ich ihn einmal sähe, so würde ich der ganzen Sache gewiss sein. Also tu mir doch den Gefallen und lass mich das Teufelchen sehen; sobald du es getan hast, will ich die Flasche kaufen.«

»Dabei ist bloß eins, wovor ich Furcht habe«, sagte Keawe. »Das Teufelchen mag vielleicht sehr hässlich anzusehen sein; und wenn du es einmal gesehen hättest, so könnte es dir dann sehr unerwünscht sein, die Flasche zu haben.«

»Ich bin ein Mann von Wort«, sagte Lopaka. »Und hier zwischen uns liegt das Geld.«

»Nun schön«, antwortete Keawe. »Ich bin selber neugierig. Also los: Lasst Euch mal anschauen, Herr Teufel!«

Sobald nun das gesagt war, schaute das Teufelchen aus der Flasche heraus und war gleich wieder drinnen, flink wie eine Eidechse; Keawe und Lopaka aber saßen da zu Stein erstarrt.

Es war schon finstere Nacht, bevor einer von den beiden einen Gedanken fassen oder die Stimme finden konnte, ein Wort zu sprechen; und dann schob Lopaka seinem Freund das Geld zu, nahm die Flasche und sagte:

»Ich bin ein Mann von Wort, und wenn ich das nicht wäre, dann würde ich diese Flasche nicht mit meinem Fuß anrühren. Na, ich werde meinen Schoner kriegen und dazu einen Dollar oder zwei für meine Flasche; und dann will ich diesen Teufel wieder loswerden, so schnell ich kann. Denn um dir die reine Wahrheit zu sagen: Sein Anblick hat mich ganz umgeschmissen.«

»Lopaka«, sagte Keawe, »denke nicht schlechter von mir, als du nötig hast! Ich weiß, es ist Nacht, die Wege sind schlecht und die Stelle bei den Gräbern ist ein schlimmer Ort, um in so später Stunde dran vorbeizugehen – aber ich erkläre dir: Seitdem ich das Gesichtchen gesehen habe, kann ich nicht essen oder schlafen oder beten, bis es aus meiner Nähe ist. Ich will dir eine Laterne geben und einen Korb, in den du die Flasche legen kannst – und jedes Bild oder jedes schöne Ding in meinem Haus, wonach dir der Sinn stehen mag, kannst du haben –, aber geh sofort und schlafe in Hookena bei Nahinu.«

»Keawe«, sagte Lopaka, »mancher Mann würde dies übel nehmen – zumal ich dir einen so großen Gefallen tue, mein Wort zu halten und die Flasche zu kaufen, und besonders da die Nacht und die Dunkelheit und der Weg an den Gräbern vorbei zehnmal so gefährlich sein müssen für einen Menschen, der solch eine Sünde auf seinem Gewissen und solch eine Flasche unter seinem Arm hat. Aber ich bin selber so fürchterlich erschrocken, ich habe nicht das Herz, dich zu tadeln. So gehe ich denn also; und ich bitte Gott, du mögest in deinem Haus glücklich sein und ich möge mit meinem Schoner Glück haben und wir mögen beide schließlich in den Himmel kommen, trotz des Teufels in seiner Flasche.«

So ging Lopaka den Berg hinunter; und Keawe stand auf seinem Vorderbalkon und horchte auf das Klappern der Hufe und spähte nach dem Laternenschein, wie er den Bergpfad beleuchtete und das Höhlenriff, wo die Toten der alten Zeit begraben liegen; und die ganze Zeit über zitterte er und faltete die Hände und betete für seinen Freund und gab Gott Ruhm und Preis dafür, dass er selber aus dieser Not entronnen war.

Aber der nächste Tag kam herrlich leuchtend, und sein neues Haus war so köstlich anzuschauen, dass er seine Schrecken vergaß. Ein Tag folgte dem anderen, und Keawe hauste dort in beständiger Freude. Er hatte seinen Platz auf dem hinteren Balkon; dort aß und wohnte er und las die Geschichten in den Zeitungen von Honolulu; jeder aber, der vorüberging, kam herein und besah die Zimmer und die Bilder. Und der Ruhm des Hauses erscholl weit und breit: In ganz Kona nannte man es Ka-Hale Nui, das Große Haus; zuweilen auch das Blanke Haus, denn Keawe hielt sich einen Chinesen, der den ganzen Tag Staub wischte und putzte; und das Glas und die Vergoldungen und die schönen Stoffe und die Gemälde leuchteten so hell wie der Morgen. Keawe selber aber konnte nicht in seine Zimmer gehen, ohne zu singen – so weit war ihm das Herz! Und wenn auf der See Schiffe vorbeisegelten, ließ er seine Flagge vom Mast wehen.

So ging die Zeit dahin, bis eines Tages Keawe auf einen Besuch nach Kailua kam, um nach seinen Freunden zu sehen. Dort wurde er wohl bewirtet; am nächsten Morgen aber verabschiedete er sich, sobald er konnte, und ritt schnell wieder heim, denn er war ungeduldig, sein schönes Haus zu sehen, und außerdem war die nächste Nacht gerade die Nacht, in der bei Kona die Toten der alten Tage umgehen; und da er bereits mit dem Teufel zu tun gehabt hatte, lag ihm umso weniger etwas daran, es mit den Toten zu tun zu kriegen. Ein bisschen über Honaunau hinaus sah er in die Ferne und bemerkte ein Weib, das am Strand badete; und sie schien ein wohlgewachsenes Mädchen zu sein, aber er dachte nicht weiter daran. Dann sah er ihr weißes Hemd flattern, als sie es anzog, und dann ihr rotes Holoku; und als er bei ihr angekommen war, da war sie mit dem Anziehen fertig geworden und war von der See heraufgekommen und stand neben der Straße in ihrem roten Holoku; sie war ganz frisch von dem Bad, und ihre Augen glänzten und waren freundlich. Kaum sah nun Keawe sie, so zog er die Zügel an und sagte zu ihr:

»Ich dachte, ich kenne jedermann in dieser Gegend; wie kommt es denn, dass ich dich nicht kenne?«

»Ich bin Kokua, Kianos Tochter«, sagte das Mädchen, »und bin gerade von Oahu zurückgekehrt. Wer bist du?«

»Wer ich bin, das werde ich dir in einer kleinen Weile sagen«, sagte Keawe und stieg von seinem Pferd herunter, »aber nicht jetzt. Denn ich habe einen Gedanken in meinem Sinn, und wenn du wüsstest, wer ich bin, so könntest du schon von mir gehört haben und würdest mir keine wahre Antwort geben. Aber sage mir vor allen Dingen eins: Bist du verheiratet?«

Da lachte Kokua laut und sagte:

»Du fragst aber auch! Bist du selber verheiratet?«

»Wahrhaftig, Kokua, ich bin nicht verheiratet«, antwortete Keawe, »und dachte bis zu dieser Stunde niemals daran, mich zu verheiraten. Aber hier ist die reine Wahrheit: Ich habe dich hier am Wegrand getroffen, und ich sah deine Augen, die wie die Sterne sind, und mein Herz flog dir zu, so schnell wie ein Vogel. Nun also, wenn du nichts von mir wissen willst, dann sag es, und ich will weiterreiten nach meinem Haus; aber wenn du mich nicht für schlechter hältst als irgendeinen anderen jungen Mann, dann sag auch das! Und ich will für die Nacht bei deinem Vater einkehren und will morgen mit dem guten Mann reden.«

Kokua sprach kein einziges Wort, aber sie sah über das Meer hin und lachte.

»Kokua«, sagte Keawe, »wenn du nichts sagst, will ich das als gute Antwort nehmen; so lass uns zu deines Vaters Tür gehen!«

Sie ging vor ihm her, immer noch ohne zu sprechen; nur zuweilen sah sie sich um und blickte dann wieder weg, und sie hielt die Bänder ihres Hutes zwischen ihren Zähnen.

Als sie nun vor die Tür gekommen waren, da trat Kiano auf seine Veranda hinaus, rief laut und hieß Keawe mit seinem Namen willkommen. Da sah das Mädchen ihn an, denn der Ruf von dem Großen Haus war auch ihr zu Ohren gekommen; und sicherlich war es eine große Versuchung. Diesen ganzen Abend waren sie sehr lustig beisammen, und das Mädchen war unter den Augen der Eltern dreist wie ein Spatz und neckte Keawe, denn sie hatte einen flinken Witz. Den nächsten Tag sprach er mit Kiano, und dann suchte er das Mädchen auf, das allein war, und sagte:

»Kokua, den ganzen Abend hast du mich geneckt, und es ist noch Zeit, mir zu sagen, ich könne gehen. Ich wollte dir nicht sagen, wer ich bin, weil ich ein so schönes Haus habe und fürchtete, du würdest zu viel an das Haus denken und zu wenig an den Mann, der dich liebt. Jetzt weißt du alles, und wenn du mich nie wiederzusehen wünschst, dann sag es nur gleich.«

»Nein«, sagte Kokua; aber diesmal lachte sie nicht, Keawe fragte aber auch nicht weiter.

So freite Keawe. Es war schnell gegangen; aber auch ein Pfeil fliegt schnell und eine Büchsenkugel noch schneller, und doch können beide das Ziel treffen. Es war schnell gegangen, aber es war auch tief gegangen, der Gedanke an Keawe erfüllte des Mädchens ganzen Sinn; sie hörte seine Stimme in der Brandung am Lavastrand; um dieses Jünglings willen, den sie nur zweimal gesehen hatte, würde sie Vater und Mutter und ihre heimatlichen Inseln verlassen. Keawe aber flog auf seinem Ross den Bergweg entlang unter der Gräberklippe, und der Klang der Hufe und Keawes Stimme, der vor Freude sang, hallten aus den Höhlen der Toten wider. Er kam zu dem Blanken Haus und sang immer noch. Er saß und aß auf dem breiten Balkon, und der Chinese wunderte sich über seinen Herrn, wie er zwischen zwei Bissen sang. Die Sonne sank in die See und die Nacht kam; und Keawe ging auf seinen Balkon bei Lampenlicht, das hoch auf den Berg hinaufschien, und der Klang seines Singens verwunderte die Menschen auf den Schiffen.

»Hier bin ich nun in meinem Haus auf der Höhe«, sagte er zu sich selber. »Besser wird wohl mein Leben nicht werden; dies ist die Höhe des Berges, und rund um mich herum neigt es sich abwärts zum Schlimmeren. Zum ersten Mal will ich die Zimmer benutzen und will in meiner schönen Wanne baden mit dem heißen Wasser und dem kalten und will allein in dem Bett meines Brautgemachs schlafen.«

So bekam denn der Chinese einen Befehl und musste aus seinem Schlaf aufstehen und den Herd heizen; und als er unten an seinem Kessel arbeitete, hörte er über sich in den erleuchteten Zimmern seinen Herrn singen und frohlocken. Als das Wasser zu kochen begann, rief der Chinese seinen Herrn; und Keawe ging in das Badezimmer; und der Chinese hörte ihn singen, als er die Marmorwanne füllte; und hörte ihn singen und wieder singen, als er sich auszog – bis plötzlich der Gesang aufhörte. Der Chinese lauschte und lauschte; er ging ins Haus hinauf, um Keawe zu fragen, ob alles recht sei, und Keawe antwortete ihm: »Ja« und hieß ihn zu Bett gehen; aber es war kein Gesang mehr in dem Blanken Haus, und die ganze Nacht hindurch hörte der Chinese seines Herrn Schritte, wie er ruhelos auf den Balkon um das Haus herumging.

Nun, die Sache war die: Als Keawe sich auszog, um sein Bad zu nehmen, da bemerkte er auf seiner Haut einen Flecken, wie einen Moosfleck an einem Felsen, und da hörte er auf zu singen. Denn er kannte solche Flecken und wusste, dass er von der Chinesischen Krankheit befallen war.

Nun ist es sehr traurig für jeden Menschen, diese Krankheit zu haben. Und sehr traurig wäre es für jeden Menschen, ein so schönes und behagliches Haus zu verlassen, von allen seinen Freunden zu scheiden und nach der Nordküste von Molokai gehen zu müssen, zwischen den gewaltigen Felsen und der Brandung des Meeres. Aber was wollte das heißen im Vergleich zu Keawe, der seine Liebste erst gestern gesehen und sie erst an diesem Morgen gewonnen hatte und jetzt alle seine Hoffnungen in einem Augenblick zerbrechen sah wie ein Stück Glas?

Eine Weile saß er auf dem Rand der Badewanne; dann sprang er mit einem Schrei auf und rannte hinaus, und lief auf und ab, auf und ab, immer den Balkon entlang, wie ein Verzweifelter.

»Herzlich gern könnte ich Hawaii verlassen, die Heimat meiner Vorväter«, dachte Keawe bei sich selber; »leichten Herzens könnte ich mein Haus verlassen, das hoch gelegene, das vielfenstrige, hier oben auf den Bergen, mit tapferem Herzen könnte ich nach Molokai gehen, nach Kalaupapa an den Klippen, um mit den Aussätzigen zu leben und dort zu schlafen, fern von meinen Vorvätern. Aber welches Unrecht habe ich getan, welches Unglück liegt auf meiner Seele, dass ich Kokua begegnen musste, wie sie kühl vom Seewasser in den Abend ging? Kokua, die die Seelen bezaubert! Kokua, das Licht meines Lebens! Sie darf ich niemals freien; sie darf ich nicht länger ansehen; sie darf ich nicht mehr streicheln mit meiner liebenden Hand. Und darum, um deinetwillen, o Kokua, schreie ich meine Klagen!«

Nun war Keawe ein bemerkenswerter Mann; er hätte dort oben in dem Blanken Haus jahrelang wohnen können, und kein Mensch hätte etwas davon gemerkt, dass er von der Lepra befallen war. Aber darauf gab er nichts, wenn er Kokua verlieren musste. Und ferner – er hätte Kokua heiraten können, krank, wie er war, und so manche würden das getan haben, weil sie Schweineseelen haben; aber Keawe liebte das Mädchen mannhaft, und er wollte ihr keinen Schaden tun und sie nicht in Gefahr bringen.

Ein Weilchen später, als Mitternacht vorbei war, kam ihm wieder die Flasche in den Sinn. Er ging nach der Schwelle seiner Hintertür, wo er mit Lopaka gesessen hatte und rief in sein Gedächtnis den Tag zurück, an dem der Teufel herausgeschaut hatte; und bei dem Gedanken erstarrte das Blut in seinen Adern zu Eis.

»Ein furchtbares Ding ist die Flasche«, dachte Keawe, »schrecklich ist das Teufelchen, und schrecklich ist es, Höllenflammen zu riskieren. Aber welche andere Hoffnung hab ich, meine Krankheit zu heilen oder Kokua zu heiraten? Was? Habe ich dem Teufel einmal getrotzt, nur um ein Haus zu bekommen, und ich sollte ihm nicht abermals trotzen, um Kokua zu gewinnen?«

Und da erinnerte er sich, dass am nächsten Tag die ›Hall‹ auf ihrer Rückfahrt nach Honolulu vorbeikäme.

»Dahin muss ich zuerst gehen«, dachte er, »und Lopaka aufsuchen. Denn meine beste Hoffnung ist jetzt, dieselbe Flasche wiederzubekommen, die ich mit solcher Freude loswurde.«

Keinen Augenblick konnte er schlafen; der Bissen blieb ihm in der Kehle stecken beim Essen; aber er schickte einen Brief an Kiano, und um die Zeit, als der Dampfer kommen musste, ritt er über die Gräberklippen an den Strand. Es regnete; sein Pferd ging mühsam; er blickte nach den schwarzen Öffnungen der Höhlen hinauf und beneidete die Toten, die dort schliefen und keine Sorgen mehr hatten, und er dachte daran, wie er am Tag vorher vorübergaloppiert war, und war erstaunt. So kam er denn nach Hookena hinunter, und da waren wie gewöhnlich die Bewohner der ganzen Gegend versammelt wegen des Dampfers. Unter dem Wellblechdach vor dem Kaufladen saßen sie, scherzten und erzählten die Neuigkeiten; in Keawes Brust aber war keine Lust zum Sprechen, und er saß in ihrer Mitte und sah hinaus auf den Regen, der auf die Häuser niederfiel und auf die Brandung, die gegen die Felsen schlug, und Seufzer stiegen in seiner Kehle hoch.

»Keawe vom Blanken Haus ist trübselig«, sagte einer zum andern. Jawohl, das war er, und das ist kein Wunder.

Dann kam die ›Hall‹, und das Strandboot brachte ihn an Bord. Das Achterdeck des Schiffes war voll von Weißen, die den Vulkan besucht hatten, wie es ihre Gewohnheit ist; und das Mittelschiff war voll bepackt mit Kanakas und das Vorderschiff mit wilden Ochsen von Hilo und Pferden von Kau; aber Keawe saß abgesondert von allen andern in seinem Kummer und spähte nach Kianos Haus aus. Da lag es, tief am Strand in den schwarzen Felsen und überschattet von den Kokospalmen, und dort neben der Tür war ein rotes Holoku, nicht größer als eine Fliege, und bewegte sich, geschäftig wie eine Fliege, hin und her.

»Oh! Königin meines Herzens«, rief er, »ich will meine liebe Seele wagen, dich zu gewinnen!«

Bald nachher sank die Dunkelheit hernieder, die Kajüten wurden beleuchtet, und die Weißen saßen und spielten Karten und tranken Whisky, wie es ihre Gewohnheit ist; Keawe aber ging die ganze Nacht hindurch auf dem Deck auf und ab; und den ganzen nächsten Tag, als sie im Lee von Maui oder von Molokai vorüberdampften, lief er immer noch auf und ab wie ein wildes Tier in einem Käfig.

Gegen Abend fuhren sie an Diamond Head vorüber und kamen an die Kais von Honolulu. Keawe ging vom Schiff unter die Menge und begann, nach Lopaka zu fragen. Er war anscheinend Besitzer eines Schoners geworden – keinen besseren gab es auf den Inseln! – und war auf eine Kreuzfahrt ausgesegelt, weit weg – bis Pola-Pola oder Kahiki; so konnte er also von Lopaka keine Hilfe erwarten. Da fiel Keawe ein, dass ein Freund von ihm Rechtsanwalt in der Stadt war – seinen Namen darf ich nicht nennen –, und er erkundigte sich nach ihm. Sie sagten, er sei plötzlich reich geworden und habe ein schönes neues Haus am Strand bei Waikiki; und da kam Keawe ein Gedanke, er rief einen Wagen an und fuhr nach des Anwalts Haus.

Das Haus war funkelnagelneu, die Bäume im Garten waren nicht größer als Spazierstöcke, und der Rechtsanwalt, als er kam, sah aus wie ein Mensch, der zufrieden ist.

»Womit kann ich dir dienen?«, sagte der Rechtsanwalt.

»Du bist ein Freund von Lopaka«, antwortete Keawe. »Lopaka kaufte von mir ein Stück Ware, und ich dachte, du wärest vielleicht imstande, mir auf seine Spur zu helfen.«

Des Anwalts Gesicht wurde sehr finster, und er sagte:

»Ich will nicht behaupten, dass ich dich nicht verstehe, Keawe; aber dies ist eine üble Geschichte, die man lieber nicht aufrühren sollte. Ich versichere dir: Ich weiß nichts Bestimmtes, indessen habe ich eine Ahnung, und wenn du in einer gewissen Gegend anfragen würdest, so denke ich, du könntest was Neues hören.«

Und er nannte den Namen eines Mannes, den ich auch wieder besser verschweige. So ging es tagelang, und Keawe lief von einem zum anderen, fand überall neue Kleider, Pferde und Wagen, schöne neue Häuser und überall sehr zufriedene Leute, obgleich allerdings, sobald er sein Anliegen andeutete, ihre Gesichter sich verfinsterten.

»Ohne Zweifel bin ich auf der Spur«, dachte Keawe. »Diese neuen Kleider und Fuhrwerke sind lauter Gaben des Teufelchens, und diese frohen Gesichter sind die Gesichter von Menschen, die ihren Profit gehabt und sich selber vor dem verfluchten Ding in Sicherheit gebracht haben. Wenn ich bleiche Wangen sehe und Seufzen höre, dann werde ich wissen, dass ich dicht bei der Flasche bin.«

So geschah es zuletzt, dass er mit einer Empfehlung an einen Weißen in die Beritania Street gewiesen wurde. Als er vor die Tür kam, ungefähr um die Zeit des Abendessens, waren da die üblichen Anzeichen von einem neuen Haus und neuen Garten und elektrischem Licht, das durch die Fenster strahlte; als aber der Besitzer kam, da fuhr Keawe ein Stoß von Hoffnung und Furcht durch den Leib; denn hier war ein junger Mann, weiß wie ein Leichnam und schwarz um die Augen, das Haar wüst um den Kopf, und in seinem Gesicht ein Ausdruck, wie ein Mensch ihn haben mag, der den Galgen erwartet.

»Hier ist es ganz gewiss!«, dachte Keawe; und so gab er denn diesem Mann ganz unverhüllt sein Anliegen kund und sagte:

»Ich bin gekommen, um die Flasche zu kaufen.«

Bei diesem Wort taumelte der junge Weiße gegen die Wand.

»Die Flasche!«, ächzte er. »Die Flasche zu kaufen!«

Dann war es, wie wenn er erstickte, er ergriff Keawe an einem Arm, zog ihn in ein Zimmer und schenkte zwei Gläser Wein ein.

»Auf Ihr wertes Wohlsein!«, sagte Keawe, der zu seiner Zeit viel mit Weißen verkehrt hatte. »Ja«, fuhr er dann fort, »ich will die Flasche kaufen. Wie hoch ist jetzt der Preis?«

Auf dieses Wort hin ließ der junge Mann sein Glas aus der Hand fallen, sah Keawe an wie ein Gespenst und rief:

»Der Preis! Der Preis! Sie wissen den Preis nicht?«

»Deshalb frage ich Sie ja«, antwortete Keawe. »Aber weshalb sind Sie so bestürzt? Ist etwas nicht in Ordnung mit dem Preis?«

»Die Flasche ist seit Ihrer Zeit ein Gutteil im Wert gesunken, Mr Keawe«, sagte der junge Mann stammelnd.

»Nun schön, da werde ich umso weniger dafür zu bezahlen haben«, sagte Keawe. »Wie viel zahlten Sie dafür?«

Der junge Mann war so weiß wie ein Betttuch, als er sagte:

»Zwei Cent.«

»Was?«, rief Keawe. »Zwei Cent? Dann können Sie sie ja nur für einen Cent verkaufen. Und wer sie kauft –«

Die Worte erstarben auf Keawes Zunge: Wer sie kaufte, der konnte sie niemals wieder verkaufen; die Flasche und der Flaschenteufel mussten bei ihm verbleiben, bis er starb; und wenn er starb, musste er in die rote Höllentiefe fahren.

Der junge Mann in der Britanniastraße fiel auf seine Knie und schrie:

»Um Gottes willen, kaufen Sie sie! Sie können mein ganzes Vermögen obendrein bekommen. Ich war wahnsinnig, als ich sie zu dem Preis kaufte. Ich hatte all mein Geld in meinem Geschäft aufs Spiel gesetzt und hatte fremdes Geld unterschlagen; ich wäre sonst verloren gewesen und hätte ins Gefängnis gehen müssen.«

»Armes Geschöpf!«, sagte Keawe. »Sie wagten Ihre Seele an ein so verzweifeltes Abenteuer, um der gerechten Strafe für Ihre Missetat zu entgehen; und Sie denken, ich könnte zögern, da ich es aus Liebe tue? Geben Sie mir die Flasche und Kleingeld heraus, das Sie, davon bin ich überzeugt, schon zur Hand haben. Hier ist ein Fünfcentstück.«

Es war so, wie Keawe vermutet hatte: Der junge Mann hatte das Kleingeld in einer Schublade bereitliegen; die Flasche wechselte den Besitzer, und kaum hatten Keawes Finger den Flaschenhals umspannt, so hatte er den Wunsch ausgesprochen, wieder eine reine Haut zu haben. Und richtig – als er in sein Zimmer kam und sich vor einem Spiegel nackt auszog, da war sein Leib blank und rein wie der eines neugeborenen Kindes. Und nun kam das Sonderbare. Kaum hatte er dieses Wunder gesehen, da änderte sich sein Sinn, und er machte sich gar nichts mehr aus der üblen Krankheit und wenig genug aus Kokua und hatte nur den einzigen Gedanken, dass er jetzt für Zeit und Ewigkeit dem Flaschenteufel verfallen sei und keine bessere Hoffnung habe, als ewiglich in den Flammen der Hölle zu brennen.

In weiter Ferne sah er vor seines Geistes Augen die Flammen lodern, und seine Seele schauderte zurück, und Finsternis fiel auf das Licht.

Als Keawe ein wenig zu sich kam, bemerkte er, dass es ein Abend war, an dem die Musikbande im Gasthaus spielte. Dorthin ging er, weil er Angst hatte, allein zu sein; und dort lief er unter glücklichen Gesichtern hin und her und hörte die Melodien auf und ab schweben und sah Berger den Takt schlagen, und die ganze Zeit hörte er die Flammen prasseln und sah das rote Feuer in der bodenlosen Höllentiefe brennen. Plötzlich spielte die Musik ›Hiki-ao-ao‹; das war ein Lied, das er mit Kokua gesungen hatte, und bei diesen Klängen kam ihm der Mut wieder, und er dachte:

»Es ist nun mal geschehen, und so will ich noch einmal mit dem Bösen auch das Gute hinnehmen.«

Und so geschah es, dass er mit dem ersten Dampfer nach Hawaii zurückfuhr, und sobald es geschehen konnte, wurde er mit Kokua vermählt und brachte sie nach dem Blanken Haus am Berghang.

Nun war es so mit diesen beiden: Wenn sie beisammen waren, dann war Keawes Herz beruhigt; aber sobald er allein war, befiel ihn ein brütendes Grauen, und er hörte die Flammen prasseln und sah das rote Feuer in dem bodenlosen Höllenabgrund brennen. Das Mädchen hatte sich ihm ganz und gar zu eigen gegeben; das Herz hüpfte ihr in der Brust bei seinem Anblick, ihre Hand schlug sich in die seinige; und sie war so schön gestaltet von den Haaren auf ihrem Kopf bis herab zu den Nägeln ihrer Zehen, dass kein Mensch sie ohne Freude ansehen konnte. Sie war liebreich in ihrem Wesen. Stets wusste sie ein gutes Wort zu sagen. Voll von Gesang war sie und ging hin und her in dem Blanken Haus, das Schönste in seinen drei Stockwerken, und schmetterte ihre Lieder wie die Vögel. Keawe sah und hörte sie mit Entzücken, und dann musste er sich beiseiteschleichen und weinen und stöhnen, wenn er an den Preis dachte, den er für sie bezahlt hatte; und dann musste er seine Augen trocknen und sein Gesicht waschen und zu ihr gehen und mit ihr auf den breiten Balkonen sitzen, in ihre Lieder einstimmen und, mit einem kranken Gemüt, auf ihre lächelnden Blicke antworten.

Es kam ein Tag, da begannen ihre Füße schwer und ihre Lieder seltener zu werden; und nun war es nicht Keawe allein, der abseits weinte, sondern jedes von ihnen beiden sonderte sich von dem anderen ab, und sie saßen auf gegenüberliegenden Balkonen, die die ganze Breite des Blanken Hauses trennte. Keawe war so in seine Verzweiflung versunken, dass er die Veränderung kaum bemerkte und nur froh darüber war, dass er mehr Stunden für sich hatte, um allein zu sitzen und über seinem Schicksal zu brüten, und dass er nicht so oft dazu verdammt war, mit einem kranken Herzen ein lächelndes Gesicht zu zeigen. Aber eines Tages, als er leise durch das Haus ging, da hörte er einen Ton wie von einem schluchzenden Kind, und da lag Kokua mit dem Gesicht auf den Brettern des Balkons und weinte wie eine verlorene Seele.

»Du hast recht, dass du in diesem Haus weinst, Kokua«, sagte er. »Und doch wollte ich den Kopf von meinem Leib hergeben, damit du wenigstens hättest glücklich sein können.«

»Glücklich!«, rief sie. »Keawe, als du allein in deinem Blanken Haus wohntest, da war dein Name sprichwörtlich auf der Insel für einen glücklichen Mann; Lachen und Singen waren in deinem Mund, und dein Antlitz war glänzend wie der Sonnenaufgang. Dann heiratetest du die arme Kokua; und der liebe Gott weiß, was an ihr nicht recht ist – aber von dem Tag an hast du nicht mehr gelächelt. Oh, was fehlt mir? Ich dachte, ich sei hübsch, und ich wusste, dass ich ihn liebte. Was fehlt mir, dass ich diese Wolke über meinen Gatten bringe?«

»Arme Kokua«, sagte Keawe. Er setzte sich auf den Boden neben sie und suchte ihre Hand zu fassen; aber sie riss sie weg.

»Arme Kokua!«, sagte er wieder. »Mein armes Kind – mein hübsches! Und ich hatte alle diese Zeit gedacht, ich wollte dich schonen! Nun, so sollst du alles wissen; dann wirst du wenigstens Mitleid haben mit dem armen Keawe; dann wirst du begreifen, wie sehr er dich liebte in den vergangenen Tagen – dass er der Hölle trotzte, um dich zu besitzen – und wie sehr er dich immer noch liebt, der arme Verdammte, dass er noch ein Lächeln auf sein Gesicht zwingen kann, wenn er dich erblickt.« Und so erzählte er alles, vom allerersten Anfang an.

»Dies hast du um meinetwillen getan?«, rief sie. »Oh – dann habe ich auch keinen Kummer mehr!«

Und sie umschlang ihn und weinte an seiner Brust.

»Ach, Kind!«, sagte Keawe. »Ich aber, wenn ich an das Höllenfeuer denke, ich habe recht viel Kummer!«

»Sprechen wir nicht davon!«, sagte sie. »Kein Mensch kann verloren sein, weil er Kokua liebte und sonst keinen anderen Fehler begangen hat. Ich sage dir, Keawe, ich werde dich retten, mit diesen meinen Händen, oder mit dir vereint untergehen. Was! Du liebtest mich und gabst deine Seele hin, und du denkst, ich will nicht sterben, um dafür dich zu retten?«

»Ach, Geliebte! Du möchtest hundertmal sterben – welchen Unterschied würde das machen?«, rief er. »Weiter nichts, als dass ich dann einsam wäre, bis die Zeit meiner Verdammnis käme!«

»Du weißt nichts!«, sagte sie. »Ich wurde in einer Schule in Honolulu erzogen; ich bin kein gewöhnliches Mädchen. Und ich sage dir: Ich werde meinen Geliebten retten. Was sagtest du da von einem Cent? Die ganze Welt ist doch nicht amerikanisch? In England haben sie ja ein Geldstück, das sie einen Farthing nennen – das ist ungefähr ein halber Cent. Aber o weh!«, rief sie. »Damit wird es ja kaum besser – denn der Käufer muss verloren und verdammt sein, und wir werden keinen Menschen finden, der so tapfer ist wie mein Keawe! Aber höre – da ist Frankreich! Da haben sie eine kleine Münze, die sie einen Centime nennen, und von denen gehen fünf auf einen Cent, oder so ungefähr. Besser könnte es uns nicht passen. Komm, Keawe – lass uns nach den französischen Inseln gehen; lass uns nach Tahiti gehen, so schnell uns Schiffe befördern können. Dort haben wir vier Centimes, drei Centimes, einen Centime; viermal also ist ein Verkauf und Kauf möglich; und wir sind zwei, um den Handel zu betreiben. Komm, mein Keawe! Küsse mich und jage die Sorgen weg! Kokua wird dich beschützen.«

»Gottesgabe!«, rief er. »Ich kann nicht glauben, dass Gott mich dafür bestrafen will, dass ich etwas so Gutes begehrt habe! Sei es also, wie du willst; bringe mich, wohin es dir beliebt: Ich lege mein Leben und Seelenheil in deine Hände.«

In aller Frühe am nächsten Morgen war Kokua schon beim Packen. Sie nahm Keawes Kiste, die er als Matrose benutzt hatte; und zuerst legte sie die Flasche in eine Ecke; und dann packte sie ihre reichsten Kleider ein und die besten Schmucksachen, die sie im Haus hatten. »Denn«, sagte sie, »wir müssen wie reiche Leute aussehen – wer würde sonst an die Flasche glauben?«

Und während der ganzen Zeit, da sie packte, war sie so lustig wie ein Vogel; nur wenn sie Keawe ansah, dann stürzten ihr die Tränen in die Augen und sie musste hinlaufen und ihn küssen.

Keawe aber war eine Last von seiner Seele los; jetzt, da er sein Geheimnis mit einem anderen Menschen teilte und Hoffnung vor sich sah, da schien er ein neuer Mensch geworden zu sein; seine Füße traten leicht auf die Erde, und das Atmen war ihm wieder eine Wonne. Aber immer noch lauerte Grauen an seinen Ellbogen; immer und immer wieder, wie der Wind eine Kerze ausbläst, starb in ihm die Hoffnung, und er sah die Flammen züngeln und die rote Glut in der Hölle brennen.

Sie verbreiteten in der Gegend das Gerücht, dass sie eine Vergnügungsreise nach den Staaten machten; das kam den Leuten sonderbar vor und war doch nicht so sonderbar wie die Wahrheit, wenn einer hätte die erraten können! So fuhren sie denn nach Honolulu mit der ›Hall‹ und von da auf der ›Umatilla‹ nach San Francisco mit einem Haufen weißer Leute, und in San Francisco machten sie die Überfahrt auf der Postbrigantine ›Tropic Bird‹ nach Papeete, dem Hauptort der Franzosen auf den Südseeinseln. Dort kamen sie nach einer angenehmen Reise an einem schönen Tag an und sahen das Riff mit der schäumenden Brandung und Motuiti mit seinen Palmen und den Schoner, der auf der Reede lag, und die weißen Häuser der Stadt unten am Strand entlang unter grünen Bäumen und in der Höhe die Berge und die Wolken von Tahiti, der Insel der Weißen.

Und die Leute sagten ihnen, das weiseste sei, ein Haus zu mieten. Das taten sie auch und nahmen eins gegenüber dem britischen Konsulat, gaben auf protzige Weise viel Geld aus und taten sich hervor mit schönen Wagen und Pferden. Dies konnten sie sich leisten, solange sie die Flasche in ihrem Besitz hatten. Denn Kokua war kühner als Keawe und verlangte, sooft sie Lust hatte, von dem Teufelchen zwanzig oder auch hundert Dollar. So wurden sie denn bald in der Stadt viel bemerkt; und die Fremden von Hawaii, ihr Reiten und ihr Fahren, Kokuas schöne Holokus und kostbare Spitzen wurden das Stadtgespräch.

Mit der Sprache von Tahiti wurden sie nach dem allerersten Anfang ganz gut fertig; sie ähnelt in der Tat dem Hawaiischen, nur dass gewisse Buchstaben anders sind; und sobald sie sich einigermaßen gewandt ausdrücken konnten, begannen sie, sich um den Verkauf der Flasche zu bemühen. Nun muss man bedenken, dass das nicht so leicht zu machen war; es war nicht so einfach, Leute dahin zu bringen, dass sie es für ernst hielten, wenn man sich erbot, für vier Centimes ihnen die Quelle von Wohlergehen und unerschöpflichem Reichtum zu verkaufen. Außerdem war es notwendig, die Gefahren der Flasche deutlich zu nennen. So kam es denn, dass einige überhaupt nicht an die ganze Geschichte glaubten und sie auslachten, andere aber umso mehr an die dunklere Seite dachten, ernste Gesichter machten und sich von Keawe und Kokua zurückzogen als von Menschen, die mit dem Teufel zu tun hätten. Anstatt Boden zu gewinnen, begannen die beiden zu bemerken, dass man in der Stadt ihnen auswich; die Kinder liefen schreiend vor ihnen davon – für Kokua etwas Unerträgliches –, Katholiken bekreuzigten sich, wenn sie vorübergingen; und alle Menschen wichen wie auf Verabredung ihren Freundlichkeiten aus.

Da kam Niedergeschlagenheit über sie. Nach der Mühsal eines Tages saßen sie abends in ihrem neuen Haus und sprachen kein Wort miteinander, aber das Schweigen wurde dadurch gebrochen, dass Kokua plötzlich laut aufschluchzte; manchmal beteten sie miteinander; manchmal holten sie ihre Flasche hervor, stellten sie auf den Boden und saßen den ganzen Abend und sahen zu, wie der Schatten in der Mitte tanzte. Dann hatten sie Angst, zu Bett zu gehen. Es dauerte lange, bis Schlaf zu ihnen kam, und wenn eines von ihnen eingeschlummert war und dann aufwachte, fand es das andere, wie es stumm im Finstern weinte; oder auch, das andere war aus dem Haus geflohen und aus der Nachbarschaft der Flasche, um unter den Bananen im Gärtchen auf und ab zu gehen oder im Mondschein am Strand zu wandern.

So war es eines Nachts, als Kokua erwachte. Keawe war fort. Sie fühlte im Bett nach ihm, und sein Platz war kalt. Da befiel sie Furcht, und sie richtete sich im Bett auf. Ein bisschen Mondschein drang durch die Ritzen der Läden ein, das Zimmer war hell, und sie konnte die Flasche auf dem Fußboden sehen. Draußen wehte ein starker Wind, die großen Bäume in der Allee rauschten und ächzten laut, und die abgefallenen Blätter raschelten auf der Veranda. In all diesen Geräuschen hörte Kokua einen anderen Ton; ob er von einem Tier oder von einem Menschen ausging, konnte sie kaum sagen, aber der Ton war todestraurig und schnitt ihr in die Seele. Leise stand sie auf, öffnete die Tür ein wenig und sah hinaus auf den mondhellen Garten. Da lag Keawe unter den Bananen, den Mund in den Staub gedrückt, und wie er so lag, stöhnte er.

Kokuas erster Gedanke war, hinauszulaufen und ihn zu trösten; aber ihr zweiter Gedanke hielt sie mit Macht zurück. Keawe hatte sich vor seiner Frau wie ein tapferer Mann gehalten; es geziemte ihr nicht, in der Stunde seiner Schwachheit ihn zu beschämen. Mit diesem Gedanken ging sie in das Haus zurück.

»Himmel!«, sagte sie bei sich selber. »Wie gedankenlos bin ich gewesen – wie schwach! Nicht ich, sondern er schwebt in dieser ewigen Gefahr; er, nicht ich, nahm den Fluch auf seine Seele. Um meinetwillen, aus Liebe zu einem Geschöpf, das so wenig wert ist und so wenig helfen kann, sieht er jetzt die Flammen der Hölle vor sich – ja, riecht schon ihren Qualm, wie er da draußen liegt in Sturm und Mondschein. Bin ich so stumpfsinnig, dass ich bis jetzt niemals meine Pflicht geahnt habe, oder sah ich sie schon vorher und schob sie beiseite? Aber nun will ich wenigstens meine Seele in beide Hände meiner Liebe nehmen; jetzt nehme ich Abschied von den weißen Stufen zum Himmel und den wartenden Gesichtern meiner Freunde. Liebe um Liebe – und möge meine Liebe Keawes Liebe gleich sein! Seele um Seele – lass es die meinige sein, die zugrunde geht!«

Sie war ein flinkes, behändes Weib und schnell mit ihrem Anzug fertig. Sie nahm in ihre Hand das Wechselgeld – die kostbaren Centimestücke, die sie immer bereithielten; denn diese Münze ist wenig im Gebrauch, und sie hatten sich bei einer amtlichen Stelle damit versehen. Als sie draußen in der Allee war, trieb der Wind Wolken heran, und der Mond verdunkelte sich; die Stadt lag im Schlaf, und sie wusste nicht, wohin sie gehen sollte, bis sie im Schatten der Bäume einen Menschen husten hörte.

»Alter Mann«, sagte Kokua, »was suchst du hier draußen in der kalten Nacht?«

Der alte Mann konnte vor Husten kaum sprechen, aber sie verstand schließlich so viel, dass er alt und arm war und fremd auf der Insel.

»Willst du mir einen Dienst erweisen?«, sagte Kokua. »Als ein Fremdling dem anderen und als ein alter Mann einem jungen Weib – willst du einer Tochter Hawaiis helfen?«

»Oho!«, sagte der alte Mann. »So bist du die Hexe von den acht Inseln und suchst sogar meine arme Seele zu umstricken? Aber ich habe von dir gehört und spotte deiner sündhaften Lockung!«

»Setz dich hierher«, sagte Kokua, »und lass mich dir eine Geschichte erzählen.«

Und sie erzählte ihm die Geschichte von Keawe, vom Anfang bis zum Ende, und so schloss sie:

»Nun, ich bin seine Frau, die er mit dem Heil seiner Seele erkauft hat. Was könnte ich tun? Wenn ich selber zu ihm ginge und ihm anböte, die Flasche zu kaufen, würde er Nein sagen. Aber wenn du gehst – dann wird er sie bereitwillig verkaufen. Ich will hier auf dich warten; du kaufst sie für vier Centimes, und ich kaufe sie dir für drei wieder ab. Und der Herrgott gebe einem armen Mädchen Kraft!«

»Wenn du mit falschem Herzen redest«, sagte der alte Mann, »so glaube ich, Gott würde dich auf der Stelle sterben lassen.«

»Das würde er! Verlass dich drauf, das würde er! Ich könnte nicht verräterisch sein – Gott würde es nicht dulden.«

»Gib mir die vier Centimes und warte hier auf mich«, sagte der alte Mann.

Als nun Kokua allein auf der Straße stand, erstarrte ihre Seele. Der Wind heulte in den Bäumen, und ihr kam es vor, wie wenn es das Rauschen der Höllenflammen wäre; die Schatten schwankten im Licht der Straßenlaterne, und sie kamen ihr vor wie Hände böser Geister, die nach ihr griffen. Hätte sie die Kraft gehabt, so hätte sie weglaufen müssen, und hätte sie den Atem gehabt, so hätte sie laut schreien müssen; aber wirklich, sie konnte weder das eine noch das andere und stand und zitterte da in der Allee wie ein geängstigtes Kind.

Dann sah sie den alten Mann zurückkommen, und er hielt die Flasche in seiner Hand.

»Ich habe nach deinem Wunsch getan«, sagte er. »Als ich deinen Mann verließ, weinte er wie ein Kind; heute Nacht wird er ruhig schlafen.«

Er hielt ihr die Flasche hin.

»Bevor du sie mir gibst«, sagte Kokua keuchend, »nimm das Gute mit dem Bösen – verlange, von deinem Husten befreit zu werden.«

»Ich bin ein alter Mann«, erwiderte er, »und zu nahe am Tor des Grabes, um vom Teufel eine Gunst anzunehmen. Aber was ist dies? Warum nimmst du nicht die Flasche? Zögerst du?«

»Nichts von Zögern!«, rief Kokua. »Ich bin nur schwach. Gönne mir einen Augenblick noch. Es ist nur meine Hand, die widerstrebt; mein Fleisch schreckt zurück vor dem verfluchten Ding. Einen Augenblick nur!«

Der alte Mann sah Kokua freundlich an; dann sagte er: »Armes Kind! Du hast Angst; deine Seele täuscht dich. Wohlan, lass mich die Flasche behalten. Ich bin alt und kann in dieser Welt nicht mehr glücklich sein, und was in der nächsten –«

»Gib sie mir!«, keuchte Kokua. »Hier ist dein Geld. Denkst du, ich bin so gemein? Gib mir die Flasche.«

»Gott segne dich, Kind!«, sagte der Alte.

Kokua verbarg die Flasche unter dem Holoku, sagte dem alten Mann Lebewohl und ging die Allee entlang, es war ihr gleichgültig, wohin. Denn alle Wege waren für sie jetzt gleich – sie führten alle in die Hölle. Manchmal ging sie, manchmal lief sie, manchmal schrie sie laut in die Nacht hinaus, manchmal lag sie im Straßenstaub und weinte. Alles, was sie von der Hölle gehört hatte, fiel ihr ein; sie sah die Flammen lodern und roch den Qualm, und ihr Fleisch verfiel auf den glühenden Kohlen.

Als es fast Morgen war, kam sie wieder zur Besinnung und ging zu ihrem Haus zurück. Es war genau so, wie der alte Mann gesagt hatte: Keawe schlummerte wie ein Kind. Kokua stand da, starrte auf sein Antlitz und sagte:

»Jetzt, mein Gatte, kannst du schlafen. Wenn du erwachst, kannst du singen und lachen. Aber die arme Kokua, die nichts Böses dachte – ach! Für die arme Kokua gibt es keinen Schlaf mehr, kein Singen mehr, keine Freude mehr – weder auf Erden noch im Himmel.«

Und sie legte sich in das Bett an seine Seite, und ihr Elend war so groß, dass sie augenblicklich in einen tiefen Schlaf verfiel.

Spät am Morgen weckte ihr Gatte sie auf und erzählte ihr die gute Nachricht. Er war anscheinend ganz wahnsinnig vor Entzücken, denn er achtete gar nicht auf ihren Kummer, obgleich sie diesen nur schlecht verhehlen konnte. Die Worte blieben ihr in der Kehle stecken; Keawe sprach genug für beide. Sie aß keinen Bissen, aber wer hätte das bemerken sollen? Keawe leerte die ganze Schüssel. Kokua sah und hörte ihn wie etwas Sonderbares in einem Traum; zeitweise vergaß sie ihr Unglück oder zweifelte daran und legte ihre Hände auf die Stirn; dass sie selber sich verdammt wusste und dabei ihren Gatten schwatzen hörte, erschien so ungeheuerlich.

Die ganze Weile aß Keawe, plauderte, machte Pläne für ihre Rückfahrt und dankte ihr dafür, dass sie ihn gerettet habe, schmeichelte ihr und nannte sie die treue Helferin, die schließlich doch Rat gewusst habe. Er lachte über den alten Mann, der so dumm gewesen wäre, die Flasche zu kaufen.

»Er sah aus wie ein würdiger alter Mann«, sagte Keawe, »aber kein Mensch kann nach dem äußeren Schein urteilen; denn wozu wollte der alte Schuft die Flasche haben?«

»Lieber Mann«, sagte Kokua bescheiden, »seine Absicht ist vielleicht gut gewesen.«

Keawe lachte ärgerlich und rief:

»Papperlapapp! Ein alter Schuft war er, sage ich dir; und ein alter Esel dazu! Denn es war schwer genug, die Flasche für vier Centimes zu verkaufen; und für drei, das wird ganz unmöglich sein. Es ist nicht mehr Spielraum genug, das Ding beginnt schon sengerig zu riechen – brrr!«, sagte er und schauderte. »Allerdings kaufte ich selber sie für einen Cent, als ich nicht wusste, dass es kleinere Münzen gebe. Ich lief wie ein Narr herum und fand keinen Käufer – du hattest mehr Glück; aber niemals wird noch einer gefunden werden – und wer die Flasche jetzt hat, der wird mit ihr zur Hölle fahren!«

»O mein Gatte!«, sagte Kokua. »Ist es nicht schrecklich, sich selber durch das ewige Verderben eines anderen zu retten? Mir scheint, ich könnte darüber nicht lachen. Ich würde mich demütig fühlen. Ich würde voll Trauer sein. Ich würde für den armen Menschen beten, der die Flasche hat.«

Da wurde Keawe noch ärgerlicher, weil er die Wahrheit ihrer Worte fühlte, und er rief:

»Firlefanz! Du magst voll Trauer sein, wenn du Lust hast. Aber ein gutes Weib denkt nicht so! Wenn du überhaupt an mich dächtest, würdest du dich jetzt schämen!«

Hierauf ging er aus, und Kokua war allein.

Welche Aussicht hatte sie, die Flasche für drei Centimes zu verkaufen? Keine – das sah sie klar und deutlich. Und wenn sie auch eine Aussicht hätte – ihr Mann nahm sie ja in aller Eile mit nach einem Land, wo es keine kleinere Münze gab als einen Cent. Und hier – an dem Morgen ihrer Selbstopferung – lief ihr Gatte von ihr weg und schalt sie aus!

Sie wollte nicht einmal versuchen, die Zeit auszunutzen, die sie noch hatte, sondern saß zu Hause. Bald holte sie die Flasche hervor und sah sie in unaussprechlicher Angst an. Bald verbarg sie sie voll Ekel an irgendeinem Ort, wo sie sie nicht sah.

Nach einer Zeit kam Keawe heim und sagte ihr, sie solle mit ihm spazieren fahren.

»Mein Gatte«, antwortete sie, »ich bin krank, mir ist nicht gut zumute. Entschuldige mich – ich kann an keine Vergnügungen denken.«

Da wurde Keawe noch zorniger. Auf sie, weil er glaubte, sie denke nur noch über das Geschick des alten Mannes nach. Auf sich selber, weil er ihr eigentlich recht gab und weil er sich schämte, so glücklich zu sein.

»Das ist deine Treue!«, rief er. »Das ist deine Liebe! Dein Gatte ist gerade eben von ewigem Verderben errettet, das er nur deinetwillen auf sich nahm – und du kannst nicht an Vergnügen denken! Kokua, du hast kein aufrichtiges Herz!«

Wütend lief er wieder weg und zog den ganzen Tag in der Stadt herum. Er traf Freunde und zechte mit ihnen; sie nahmen einen Wagen und fuhren aufs Land und zechten dort auch wieder. Die ganze Zeit über war's Keawe unbehaglich zumute, weil er sich vergnügte, während seine Frau traurig war und er in seinem Herzen wusste, dass sie mehr im Recht war als er; und weil er das wusste, trank er umso mehr.

Nun war unter den Zechern, die mit ihm tranken, auch ein roher Mensch, ein Weißer, der früher Bootsmann auf einem Walfischfänger gewesen war, ein Landstreicher, Goldgräber, Galgenvogel, ein gemein denkender, dreckschnauziger Kerl. Er soff und freute sich, wenn er andere betrunken sah, und er drängte Keawe zum Trinken. Bald hatte die ganze Gesellschaft kein Geld mehr.

Da rief der Bootsmann: »Hör mal, du! Du bist ja reich – hast es wenigstens fortwährend gesagt. Du hast 'ne Flasche oder so 'nen Affenkram.«

»Ja«, sagte Keawe, »ich bin reich; ich will in die Stadt gehen und etwas Geld von meiner Frau holen; sie hat es in Verwahrung.«

»Das ist Unsinn, Maat«, sagte der Bootsmann, »traue niemals einem Unterrock mit den Dollars! Sie sind alle so falsch wie Wasser; halte lieber ein Auge auf sie!«

Nun, dieses Wort machte Eindruck auf Keawe; denn er war von all dem Trinken nicht mehr ganz klar im Kopf; und er dachte:

»Ich sollte mich allerdings nicht wundern, wenn sie falsch wäre! Warum wäre sie sonst so niedergeschlagen, da ich doch erlöst bin? Aber ich will ihr zeigen, dass ich nicht der Mann bin, mit mir spaßen zu lassen! Ich will sie auf frischer Tat ertappen!«

Sie gingen demgemäß nach der Stadt zurück. Keawe sagte dem Bootsmann, er solle an der Ecke, beim alten Gefängnis, auf ihn warten, und ging allein die Allee hinauf bis an die Tür seines Hauses. Es war wieder Abend geworden; drinnen war Licht, aber kein Laut war zu hören, und Keawe schlich um die Ecke, öffnete sachte die Hintertür und sah hinein.

Da saß Kokua auf dem Fußboden, die Lampe neben ihr, vor ihr stand eine milchweiße Flasche mit einem runden Bauch und einem langen Hals; und Kokua sah die Flasche an und rang die Hände.

Lange Zeit stand Keawe da in der Tür und schaute. Erst war er so verblüfft, dass er nicht denken konnte; dann kam Angst über ihn, der Handel sei nicht richtig gewesen und die Flasche wieder zu ihm zurückgekommen wie damals in San Francisco. Und da zitterten ihm die Knie, und die Dünste des Weins verflogen aus seinem Kopf wie Nebel von einem Fluss am Morgen. Und dann hatte er einen anderen Gedanken, und das war ein seltsamer, der die Wangen erglühen machte. Und er sagte zu sich selber:

»Hierüber muss ich Gewissheit haben!«

So schloss er die Tür, ging leise wieder um die Hausecke und trat dann geräuschvoll in den Garten, wie wenn er gerade eben nach Hause gekommen wäre! Und siehe da! Als er die Haustür öffnete, war keine Flasche zu sehen, Kokua saß auf einem Stuhl und fuhr empor wie ein Mensch, der aus dem Schlaf geweckt wird.

»Ich habe den ganzen Tag gezecht und bin lustig gewesen«, sagte Keawe. »Ich war mit guten Gesellen zusammen und bin bloß gekommen, mir Geld zu holen; dann geh ich wieder mit ihnen zechen und jubeln.«

Dabei waren sein Gesicht und seine Stimme so erregt wie das Jüngste Gericht; aber Kokua war zu verstört, um das zu bemerken.

»Du hast recht, lieber Mann; es ist ja dein eigenes Geld«, sagte sie, und dabei zitterte ihre Stimme.

»Oh, ich tue immer recht, in allen Dingen!«, sagte Keawe, und er ging stracks auf die Kiste los und nahm Geld heraus. Aber außerdem sah er in die Ecke, wo sie die Flasche aufbewahrt hatten, und da stand die Flasche.

Da schwankte vor ihm die Kiste auf dem Fußboden wie eine Meereswoge, und das Haus drehte sich um ihn wie ein Kranz von Rauch, denn er sah, dass er jetzt verloren war und dass es kein Entrinnen gab. Es ist, wie ich befürchtete, dachte er, sie hat die Flasche gekauft.

Und dann kam er wieder zu sich und stand auf, aber der Schweiß strömte über sein Gesicht, so dick wie Regen und so kalt wie Brunnenwasser. Und er sagte:

»Kokua, was ich dir heute sagte, passt sich nicht für mich. Jetzt gehe ich wieder zu meinen lustigen Gesellen, um mit ihnen lustig zu sein«, und dabei lachte er gemütlich. »Das Weinglas wird mir mehr Vergnügen machen, wenn du mir verzeihst.«

Im Nu umschlang sie seine Knie, sie küsste seine Knie mit strömenden Tränen und rief:

»Oh! Ich verlangte bloß ein freundliches Wort!«

»Lass uns niemals wieder hart voneinander denken!«, sagte Keawe, und schon war er zum Haus hinaus.

Nun war das Geld, das Keawe genommen hatte, nur etwas von dem Vorrat an Centimestücken, die sie gleich nach ihrer Ankunft sich besorgt hatten. Ganz gewiss hatte er keine Lust, noch zu trinken! Sein Weib hatte ihre Seele für ihn hingegeben – jetzt musste er seine Seele für sie hingeben. Kein anderer Gedanke war auf der ganzen Welt für ihn da.

An der Ecke, beim alten Stockhaus, stand der Bootsmann und wartete auf ihn.

»Meine Frau hat die Flasche«, sagte Keawe, »und wenn du mir nicht hilfst, sie von ihr herauszukriegen, gibt's heute Abend kein Geld mehr und kein Getränk mehr.«

»Du willst doch nicht sagen, dass das mit der Flasche ernst ist?«, rief der Bootsmann.

»Da ist die Laterne!«, sagte Keawe. »Sehe ich aus, wie wenn ich Spaß machte?«

»Das stimmt. Du siehst so ernsthaft aus wie ein Gespenst.«

»Na also!«, sagte Keawe. »Hier sind zwei Centimes; du musst zu meiner Frau ins Haus gehen und ihr diese für die Flasche anbieten, die sie dir – wenn ich mich nicht sehr irre – augenblicklich geben wird. Bringe sie mir hierher, und ich werde sie für einen Centime wieder von dir zurückkaufen; denn das ist bei der Flasche Gesetz: dass sie stets für eine geringere Summe verkauft werden muss, als sie gekostet hat. Aber was du auch tust – sag ihr auf keinen Fall ein Wort davon, dass du von mir kommst!«

»Maat! Hast du mich auch nicht zum Besten?«, sagte der Bootsmann.

»Wenn ich's täte, könnte es dir ja nichts schaden«, antwortete Keawe.

»Da hast du recht, Maat«, sagte der Bootsmann.

»Und wenn du an meinen Worten zweifelst«, fuhr Keawe fort, »so kannst du einen Versuch machen. Sobald du aus dem Haus heraus bist, wünsche dir deine Tasche voll Geld oder eine Flasche vom besten Rum oder was du magst, und du wirst sehen, was das Ding leistet.«

»Schön, Kanaka!«, sagte der Bootsmann. »Ich will's versuchen; aber wenn du deinen Spaß mit mir treibst, dann treib ich meinen auf deinem Buckel mit 'nem Tauende!«

So ging denn der Bootsmann die Allee hinauf, und Keawe stand und wartete. Es war beinahe dieselbe Stelle, wo Kokua die Nacht zuvor gewartet hatte; aber Keawe war fester entschlossen und schwankte nicht einen Augenblick in seinem Vorhaben; nur war seine Seele bitter vor Verzweiflung.

Es kam ihm vor, wie wenn er lange Zeit gewartet hätte, als er endlich eine Stimme in der dunklen Allee singen hörte. Er erkannte die Stimme als die des Bootsmanns, aber es war sonderbar, wie betrunken sie plötzlich klang.

Dann kam der Mann selbst in den Lichtkreis der Laterne getaumelt. Er hatte des Teufels Flasche in seinen Rock gesteckt und diesen zugeknöpft. Eine andere Flasche hielt er in der Hand, und in dem Augenblick, als er in Sicht kam, hob er sie an seinen Mund und trank.

»Du hast sie, wie ich sehe«, sagte Keawe.

»Hände weg!«, rief der Bootsmann und sprang zurück. »Komm mir bloß einen Schritt zu nahe und ich hau dir in die Fresse! Du dachtest wohl, du könntest mich als deinen Dummen schicken, was?«

»Was meinst du!«, rief Keawe.

»Was ich meine?«, brüllte der Bootsmann. »Das ist 'ne verdammt gute Flasche, jawoll! Das mein ich! Wie ich sie für zwei Centimes bekam, kann ich nicht begreifen. Aber ganz gewiss sollst du sie nicht für einen kriegen!«

»Du meinst, du willst sie nicht verkaufen?«

»Nee, Sir!«, rief der Bootsmann. »Aber ich will dir einen Schluck von dem Rum geben, wenn du Lust hast.«

»Ich sage dir, der Mann, der die Flasche hat, fährt zur Hölle!«

»Ich denke, dahin fahre ich sowieso!«, antwortete der Matrose. »Und diese Flasche ist das Beste, was ich bis jetzt auf der Welt traf, um damit zur Hölle zu fahren. Nee, Sir!«, rief er noch einmal. »Das ist jetzt meine Flasche, und du kannst sehen, wo du 'ne andere herkriegst!«

»Kann dies wahr sein?«, rief Keawe. »Um deinetwillen bitte ich dich dringend: Verkaufe sie mir.«

»Ach, Quatsch!«, antwortete der Bootsmann. »Du dachtest, ich wäre ein Schafskopf, jetzt siehst du, dass ich keiner bin, und damit basta! Wenn du keinen Schluck von dem Rum haben willst, will ich selber einen nehmen. Hier, prost! Und gute Nacht!«

So ging er denn die Allee hinunter nach der Stadt zu, und damit verschwindet die Flasche aus dieser Geschichte.

Keawe aber rannte zu Kokua, so leicht wie der Wind; und groß war ihre Freude in dieser Nacht; und groß war seitdem der Friede aller ihrer Tage im Blanken Haus.

Die Stimmeninsel

Keola war verheiratet mit Lehua, der Tochter Kalamakes, des weisen Mannes von Molokai, und er wohnte bei dem Vater seiner Frau. Kein Mensch war schlauer als dieser Prophet: Er las in den Sternen; er wahrsagte aus Leichen und mithilfe böser Kreaturen; er konnte in die höchste Gegend des Gebirges gehen, in die Zone der Kobolde, und da pflegte er Schlingen zu legen, um Geister der Vorfahren einzufangen.

Darum wurde kein Mensch so oft um Rat gefragt im ganzen Königreich Hawaii. Vorsichtige Leute richteten ihr Leben nach seinen Ratschlägen ein, kauften und verkauften und heirateten. Und der König ließ ihn zweimal nach Kona kommen, die Schätze Kamehamehas zu suchen. Kein Mensch wurde aber auch mehr gefürchtet: Von seinen Freunden waren einige infolge seiner Zaubersprüche dahingesiecht, andere waren mit Haut und Haaren in Geister verwandelt worden und waren verschwunden, sodass ihre Leute vergeblich auch nur nach einem Knöchelchen von ihren Leibern suchten. Es ging das Gerücht, er besitze die Kunst oder Gabe der alten Helden. Leute hatten ihn nachts auf den Bergen gesehen, wie er von einem Felsen zum anderen hinübertrat; sie hatten ihn im Hochwald gehen sehen, und sein Kopf und seine Schultern ragten über die Baumwipfel empor.

Dieser Kalamake war seltsam anzusehen. Er stammte aus bestem Blut in Molokai und Maui, war von reiner Abkunft; und doch war er weißer anzusehen als jeder Fremde. Sein Haar hatte die Farbe trockenen Grases, seine Augen waren rot und sehr blind, sodass ein Sprichwort auf den Inseln lautete: ›Blind wie Kalamake, der über morgen hinaussehen kann.‹

Von all diesem Tun und Treiben seines Schwiegervaters wusste Keola ein wenig aus dem allgemeinen Gerede, ein bisschen mehr argwöhnte er, und um den Rest kümmerte er sich nicht. Aber da war etwas, das beunruhigte ihn. Kalamake war ein Mann, der sich nichts abgehen ließ, weder an Essen noch an Trinken, noch an Kleidung; und für alles bezahlte er in blanken neuen Dollars. ›Blank wie Kalamakes Dollars‹ war eine andere Redensart auf den acht Inseln. Dabei verkaufte er nichts, pflanzte nichts, nahm keine Pacht ein – nur für seine Zauberkünste bekam er von Zeit zu Zeit was; und so war keine sichtbare Quelle da für so viel Silbergeld.

Eines Tages traf es sich, dass Keolas Weib auf einen Besuch nach Kaunakakai, auf der Leeseite der Insel, gegangen war, und die Männer waren fort, zum Fischen auf der See. Aber Keola war ein fauler Hund, er lag auf der Veranda und sah die Brandung an den Strand schlagen und die Vögel um die Klippen fliegen. Einen Hauptgedanken hatte er immer in seinem Sinn – den Gedanken an die blanken Dollars. Wenn er sich zu Bett legte, wunderte er sich in seinen Gedanken, warum es so viele waren, und wenn er morgens aufwachte, wunderte er sich, warum es lauter neue waren; und das kam ihm nie aus dem Sinn. Aber gerade an diesem Tag von allen Tagen beschloss er in seinem Herzen, er wolle es herausbringen; denn er hatte, scheint's, den Ort bemerkt, wo Kalamake seinen Schatz verwahrte, und das war ein verschlossenes Schreibpult an der Wohnzimmerwand unter der Lithografie Kamehamehas des Fünften und einer Fotografie der Königin Viktoria mit ihrer Krone auf dem Kopf. Ferner hatte er, scheint's, und gerade erst in der vorigen Nacht, Gelegenheit gefunden hineinzugucken, und siehe da! Der Geldsack war leer! Dies war der Tag, an dem der Dampfer kam, er konnte den Rauch schon auf der Höhe von Kalaupapa sehen, und er müsste bald ankommen mit Ware für einen Monat, Büchsenlachs und Gin und allen möglichen seltenen Leckerbissen für Kalamake.

»Nun, wenn er seine Waren heute bezahlen kann«, dachte Keola, »dann werde ich bestimmt wissen, dass der Mann ein Hexerich ist und dass die Dollars aus des Teufels Tasche kommen.«

Wie er so dachte, da stand sein Schwiegervater hinter ihm, sah ärgerlich aus und sagte:

»Ist das der Dampfer?«

»Ja. Er hat bloß noch in Pelekunu anzulegen, und dann wird er hier sein.«

»Dann hilft es nichts«, versetzte Kalamake; »dann muss ich dich ins Vertrauen ziehen, Keola, in Ermangelung eines Besseren. Komm mit mir ins Haus!«

So traten sie denn zusammen ins Wohnzimmer; das war ein sehr schönes Zimmer, mit Papiertapeten und Bildern an den Wänden und auf europäische Weise mit einem Schaukelstuhl, einem Tisch und einem Sofa ausgestattet. Außerdem war darin ein Büchergestell, eine Familienbibel lag mitten auf dem Tisch, und das verschließbare Schreibpult stand an der Wand, sodass ein jeder sehen konnte, es war das Haus eines wohlhabenden Mannes.

Kalamake ließ Keola die Fensterläden schließen, während er selbst alle Türen verschloss und dann den Deckel des Pults aufklappte. Aus diesem nahm er ein paar Halsbänder mit Amuletten und Muscheln, ein Bündel getrockneter Kräuter und einen grünen Palmenzweig.

»Was ich vorhabe«, sagte er, »ist etwas überaus Wunderbares. Die Menschen in alter Zeit waren weise; sie wirkten Wunder, und dieses ist eins davon; aber das geschah nachts, im Dunkeln, unter den richtigen Sternen und in der Wüste. Dasselbe will ich hier in meinem eigenen Haus und im hellen Tageslicht vollbringen.«

Mit diesen Worten legte er die Bibel unter das Sofakissen, sodass sie ganz verdeckt war; dann nahm er aus dem Pult eine Mappe von wunderbar feinem Gewebe und machte aus den Kräutern und Blättern ein Häufchen, das er auf Sand in eine Blechpfanne legte. Dann hängten er und Keola die Halsbänder um und stellten sich auf entgegengesetzte Zipfel der Matte einander gegenüber.

»Die Zeit ist da«, sagte der Zauberer, »habe keine Furcht!«

Damit zündete er die Kräuter an und begann, Worte zu murmeln und mit dem Palmzweig zu wedeln. Zuerst war das Licht dämmrig wegen der geschlossenen Fensterläden; aber die Kräuter gerieten stark in Brand, die Flammen schlugen auf Keola, und das Zimmer glühte von dem Feuer. Dann erhob sich der Rauch und machte ihm den Kopf schwindlig, es wurde ihm dunkel vor den Augen, und der Klang von Kalamakes Murmeln strömte in seine Ohren. Und plötzlich war es, wie wenn es der Matte, auf der sie standen, einen Ruck gäbe, der schneller als ein Blitz zu sein schien. In demselben Nu waren Zimmer und Haus verschwunden, und in Keolas Leib war keine Spur von Atem mehr. Unzählige Lichter funkelten ihm um Augen und Kopf, und er fand sich auf einem Strand an der See, unter einer heißen Sonne, vor einer starken, donnernden Brandung: Er und der Zauberer standen dort auf derselben Matte, sprachlos, keuchend und sich aneinander festhaltend.

»Was war dies?«, schrie Keola, der zuerst wieder zu sich kam, weil er der Jüngere war. »Der Stoß, den es mir gab, war wie der Tod.«

»Es tut nichts«, keuchte Kalamake. »Es ist jetzt vorüber.«

»Und im Namen Gottes, wo sind wir?«, rief Keola.

»Danach musst du nicht fragen«, antwortete der Hexenmeister. »Da wir nun hier sind, so haben wir etwas zu tun, und daran müssen wir uns jetzt machen. Ich muss erst wieder zu Atem kommen; aber geh du derweil nach dem Waldsaum hinauf und bringe mir die Blätter von dem und dem Kraut und dem und dem Baum; du wirst sie dort reichlich wachsen finden – bringe drei Handvoll von jedem. Und sei flink! Wir müssen wieder zu Hause sein, bevor der Dampfer kommt; es würde auffallen, wenn wir verschwunden wären.«

Und er setzte sich auf den Sand und keuchte.

Keola ging den Strand hinauf, der aus schimmerndem Sand und Korallen bestand und mit seltsamen Muscheln bestreut war; und er dachte in seinem Herzen:

»Wie kommt es, dass ich diesen Strand nicht kenne? Ich will wieder hierhergehen und Muscheln sammeln.«

Vor ihm hob sich eine Reihe von Palmen gegen den Himmel ab – nicht wie die Palmen auf den acht Inseln, deren verdorrte Fächer wie Gold in dem Grün hingen, sondern alle groß und frisch und schön; und er dachte in seinem Herzen:

»Es ist sonderbar, dass ich dieses Wäldchen noch nie gefunden habe. Hierher will ich wieder gehen, wenn es warm ist, und will hier schlafen.« Und ferner dachte er: »Wie heiß es plötzlich geworden ist!« Denn auf Hawaii war es Winter, und der Tag war kühl gewesen. Und er dachte weiter: »Wo sind die grauen Berge? Und wo ist das hohe Kliff mit dem überhängenden Wald und den trillernden Vögeln?«

Und je mehr er darüber nachdachte, desto weniger konnte er ausmachen, in welchen Bezirk der Insel er geraten wäre.

Am Saum des Waldes, wo dieser an den Strand stieß, wuchsen die Kräuter; der Baum aber wuchs weiter rückwärts. Als nun Keola auf den Baum zuging, bemerkte er ein junges Weib; die hatte nichts auf ihrem Leib als einen Blätterschurz.

»Na«, dachte Keola, »sie halten in diesem Teil des Landes nicht viel auf ihre Kleidung.«

Und er stand still, weil er dachte, sie würde ihn sonst bemerken und davonlaufen; und als er sah, dass sie immer noch vor sich hin blickte, summte er laut. Beim Klang sprang sie auf, ihr Gesicht war aschfahl, sie sah nach rechts und nach links, und ihre Lippen öffneten sich in dem Entsetzen ihrer Seele. Aber seltsam war es, dass ihre Augen nicht auf Keola ruhten.

»Guten Tag«, sagte dieser. »Du brauchst nicht so erschrocken zu sein; ich werde dich nicht aufessen.«

Aber kaum hatte er den Mund aufgetan, so floh das junge Weib in den Busch.

»Das sind sonderbare Manieren«, dachte Keola. Und ohne weiter zu überlegen, was er tat, rannte er ihr nach.

Im Laufen schrie das Mädchen fortwährend in einer Sprache, die auf Hawaii nicht gesprochen wurde; indessen waren einige von den Worten die gleichen, und er verstand so viel, dass sie andere Menschen rief und warnte. Und plötzlich sah er noch mehr Menschen laufen – Männer, Weiber und Kinder, alle in einem Haufen, rennend und schreiend wie Leute, wenn ein Feuer ausgebrochen ist. Da begann er selber Angst zu bekommen und kehrte zu Kalamake zurück und brachte ihm die Blätter. Ihm erzählte er, was er gesehen hätte.

»Du musst darauf nicht achten«, sagte Kalamake. »All dies ist wie Traum und Schatten. Alles wird verschwinden und vergessen sein.«

»Es schien, als ob mich niemand sähe«, sagte Keola.

»Es sah dich auch keiner«, antwortete der Zauberer. »Wir gehen hier in der hellen Sonne unsichtbar, dank diesen Zaubermitteln. Aber sie hören uns; und deshalb ist es geraten, leise zu sprechen, wie ich es tue.«

Unterdessen machte er aus Steinen einen Kreis, und in die Mitte legte er die Blätter. Dann sagte er:

»Es wird deine Aufgabe sein, die Blätter in Brand zu halten und das Feuer langsam zu nähren. Während die Flamme brennt – was nur einen kleinen Augenblick dauert –, muss ich meine Sache tun; und bevor die Asche schwarz wird, bringt dieselbe Macht, die uns hierherführte, uns wieder heim. Halte dich bereit mit dem Streichholz; und rufe mich zur rechten Zeit, damit nicht das Feuer ausbrennt und ich hier zurückbleibe.«

Sobald die Blätter Feuer fingen, sprang der Hexerich wie ein Hirsch aus dem Kreis heraus und begann, den Strand entlangzurennen wie ein Hund, der sich gebadet hat. Beim Laufen bückte er sich fortwährend, um Muscheln aufzuheben; und es kam Keola so vor, wie wenn sie glänzten, als er sie anfasste. Die Blätter brannten mit einer lichten Flamme, die sie schnell verzehrte; plötzlich hatte Keola nur noch eine Handvoll übrig, und der Zauberer war weit weg, rannte und bückte sich.

»Zurück!«, schrie Keola. »Zurück! Die Blätter sind beinahe alle!«

Daraufhin kehrte Kalamake um, und war er vorher gerannt, so flog er jetzt. Aber so schnell er auch lief, die Blätter verbrannten schneller. Die Flamme wollte gerade erlöschen, als er mit einem letzten großen Satz auf die Matte sprang. Der Luftzug bei seinem Sprung blies das Feuer aus, und in demselben Augenblick waren Strand, Sonne und See verschwunden, und sie standen wieder in der Dämmerung des Wohnzimmers mit den geschlossenen Läden, wieder rüttelte es ihren Leib, und ihre Augen waren wie geblendet; auf der Matte zwischen ihnen lag ein Haufen blanker Dollars. Keola rannte an ein Fenster und riss die Läden auf: Da fuhr der Dampfer mit der Dünung in die Bucht herein.

An demselben Abend nahm Kalamake seinen Schwiegersohn beiseite, drückte ihm fünf Dollar in die Hand und sagte:

»Keola, wenn du klug bist – woran ich allerdings zweifle –, wirst du denken, du habest heute Nachmittag auf der Veranda geschlafen und im Schlaf einen Traum gehabt. Ich bin ein Mann von wenig Worten und habe zu Helfern Leute, die ein kurzes Gedächtnis haben.«

Kein Wort mehr sagte Kalamake; niemals sprach er wieder von der Geschichte. Aber Keola ging sie fortwährend durch den Kopf. War er früher faul gewesen, so tat er jetzt überhaupt nichts mehr.

»Warum sollte ich arbeiten«, dachte er, »wenn ich einen Schwiegervater habe, der Dollars aus Seemuscheln macht?«

Im Nu war sein Anteil ausgegeben. Er gab alles für schöne Kleider aus. Und dann reute es ihn, und er dachte:

»Ich hätte besser getan, mir ein Hackbrett zu kaufen, darauf hätte ich den ganzen Tag Musik machen und mich so unterhalten können.«

Und dann begann er, ärgerlich auf Kalamake zu werden.

»Der Mann hat eine Hundeseele«, dachte er, »der kann, sooft er Lust hat, Dollars am Strand sammeln, und mich lässt er nach einem Hackbrett schmachten! Er soll sich in Acht nehmen! Ich bin kein kleines Kind, ich bin so schlau wie er und ich weiß sein Geheimnis!«

Und er sprach mit seinem Weib Lehua und beklagte sich über ihres Vaters Betragen.

»Ich würde meinen Vater zufriedenlassen«, sagte Lehua, »es ist gefährlich, ihm in den Weg zu kommen.«

»So viel mache ich mir aus ihm!«, rief Keola und schnippte mit den Fingern. »Ich halte ihn an der Nase. Er muss tun, was mir gefällt.«

Und er erzählte Lehua die Geschichte. Aber sie schüttelte den Kopf und sagte:

»Du kannst tun, was du magst; aber verlass dich drauf, wenn du dich meinem Vater in den Weg stellst, wird man kein Wort mehr von dir hören. Denke an diesen, an jenen, denke an Hua; der war ein Edelmann und Mitglied des Hauses der Abgeordneten und ging jedes Jahr nach Honolulu; und kein Knöchelchen, kein Härchen von ihm wurde je gefunden. Erinnere dich an Kamau, wie er allmählich so dünn wurde wie ein Zwirnsfaden, sodass seine Frau ihn mit einer Hand hochheben konnte. Keola, du bist ein Säugling in meines Vaters Händen; er wird dich zwischen Daumen und Zeigefinger nehmen und dich aufessen wie eine Garnele.«

Nun war Keola allerdings wirklich vor Kalamake bange, aber er war auch eitel; und diese Worte seiner Frau machten ihn ärgerlich, und er sagte:

»Nun schön! Wenn du so über mich denkst, dann will ich dir zeigen, wie sehr du dich irrst!«

Und er ging stracks zu seinem Schwiegervater, der in dem Wohnzimmer saß, und sagte zu ihm:

»Kalamake, ich möchte ein Hackbrett.«

»So? Möchtest du?«, sagte Kalamake.

»Ja; und es ist wohl am besten, ich sage es dir klipp und klar: Ich will es unbedingt haben! Ein Mann, der Dollars am Strand aufpickt, kann gewiss ein Hackbrett kaufen.«

»Ich hatte keine Ahnung, dass du so klug bist«, antwortete der Hexerich. »Ich dachte, du wärst ein blöder, zu nichts zu gebrauchender Junge, und ich kann dir gar nicht beschreiben, wie es mich freut, jetzt zu sehen, dass ich mich irrte. Jetzt möchte ich ja beinahe glauben, ich hätte bei meinem schwierigen Geschäft einen Helfer und einen Nachfolger dafür gefunden. Ein Hackbrett? Du sollst das beste haben, das es in Honolulu zu kaufen gibt. Und heute Abend, sobald es dunkel ist, wollen wir beide, du und ich, losgehen und das Geld holen.«

»Sollen wir wieder nach dem Strand gehen?«, fragte Keola.

»Nein, nein!«, versetzte Kalamake. »Du musst gleich anfangen, mehr von meinen Geheimnissen zu lernen. Das letzte Mal lehrte ich dich, Muscheln aufzusammeln; diesmal werde ich dich lehren, Fische zu fangen. Bist du stark genug, Pilis Boot ins Wasser zu bringen?«

»Ich denke wohl«, antwortete Keola. »Aber warum nehmen wir denn nicht unser eigenes, das schon flott ist?«

»Dafür habe ich einen Grund, den du vollkommen begreifen wirst, bevor es Morgen wird«, sagte Kalamake. »Pilis Boot eignet sich besser zu meinem Vorhaben. Also, wenn es dir recht ist, wollen wir uns dort treffen, sobald es dunkel ist; unterdessen behalten wir die Sache für uns, denn es ist kein Grund vorhanden, die Familie in unser Geschäft hineingucken zu lassen.«

Honig ist nicht süßer, als Kalamakes Stimme war, und Keola konnte kaum seine Befriedigung verhehlen.

»Ich hätte mein Hackbrett schon vor Wochen haben können«, dachte er, »in dieser Welt ist doch weiter nichts nötig als ein bisschen Mut.«

Gleich darauf sah er Lehua, die weinte, und er dachte halb und halb daran, ihr zu sagen, dass alles in Ordnung sei.

»Aber nein«, sagte er, »ich will lieber warten, bis ich ihr das Hackbrett zeigen kann; dann wollen wir einmal sehen, was das Mädchen dann sagt! Vielleicht wird sie in Zukunft begreifen, dass ihr Mann ein kluger Kopf ist!«

Sobald es dunkel war, schoben Vater und Schwiegersohn Pilis Boot ins Wasser und setzten das Segel. Die See ging hoch, und es blies ein starker Wind aus Lee; aber das Boot war schnell und leicht und trocken und flog über die Wogen. Der Hexerich hatte eine Laterne bei sich; die zündete er an und hielt sie an einem Finger, den er durch den Ring gesteckt hatte; die beiden saßen im Heck und rauchten Zigarren, von denen Kalamake immer einen Vorrat hatte, und sprachen wie gute Freunde von Zauberei und von den großen Geldsummen, die sie durch deren Ausübung bekommen könnten, und was sie zuerst kaufen sollten und was dann zunächst; und Kalamake redete wie ein Vater.

Auf einmal sah er rundum, nach oben auf die Sterne und zurück auf die Insel, die bereits zu drei Vierteln in der See versunken war; und es schien, wie wenn er reiflich überlegte, wo sie in dem Augenblick wären.

»Sieh!«, sagte er. »Da liegt Molokai schon weit hinter uns, und Maui ist wie eine Wolke; und an der Stellung dieser drei Sterne da oben erkenne ich, dass ich an dem gewünschten Ort angelangt bin. Dieser Teil der See wird die Totensee genannt. Das Meer ist an dieser Stelle außerordentlich tief, der ganze Grund ist mit menschlichen Gebeinen bedeckt, und in den Höhlen am Grund haben Götter und Spukgeister ihre Wohnungen. Die Meeresströmung geht nördlich – stärker, als ein Haifisch schwimmen kann, und jeden Menschen, der hier über Bord fällt, reißt sie weg wie ein wildes Pferd und treibt ihn weit, weit in den Ozean hinaus. Auf einmal ist er erschöpft und geht unter, und seine Gebeine werden zu den übrigen verstreut, und seine Seele fressen die Götter.«

Furcht kam über Keola bei diesen Worten, und er sah um sich, und im Licht der Sterne und der Laterne schien der Hexerich sich zu verändern.

»Was fehlt dir?«, schrie Keola, schnell und scharf.

»Mir fehlt nichts«, sagte der Zauberer, »aber hier ist einer, der ist sehr krank.«

Mit diesen Worten ließ er seine Laterne los, und siehe da! Als er seinen Finger aus dem Ring ziehen wollte, da blieb der Finger stecken, aber der Ring barst auseinander, und seine Hand war so groß geworden wie drei Hände.

Bei diesem Anblick kreischte Keola auf und bedeckte sein Gesicht.

Kalamake aber hielt die Laterne hoch und sagte:

»Sieh lieber mein Gesicht an!«

Und sein Kopf war so groß wie ein Fass; und immer noch wuchs er und wuchs, wie eine Wolke wächst an einem Berg, und Keola saß vor ihm und kreischte, und das Boot flog durch die hohen Wogen.

»Und nun«, sagte der Zauberer, »wie denkst du über das Hackbrett? Bist du auch sicher, dass du nicht lieber eine Flöte haben möchtest? Nein? Na, das ist gut; denn ich mag es nicht, wenn meine Verwandten wankelmütig in ihren Vorsätzen sind. Aber ich beginne zu denken, dass es wohl besser ist, ich verlasse diesen zerbrechlichen Kahn, denn mein Körper schwillt ganz ungewöhnlich groß an, und wenn wir nicht besser aufpassen, wird das Boot gleich sinken.«

Damit schwang er seine Beine über Bord. Und in dem Augenblick, wie er das tat, wurde seine Größe dreißigfach oder vierzigfach, und zwar so schnell, wie ein Mensch sehen oder denken kann. So stand er bis zu den Achselhöhlen in der tiefen See, und sein Haupt und seine Schultern ragten wie eine hohe Insel empor; die Wogen schlugen gegen seine Brust und brachen sich daran wie Brandung an einem Kliff. Das Boot lief immer noch gen Norden; er aber streckte seine Hand aus, nahm das Dollbord zwischen Daumen und Zeigefinger und brach die Planke entzwei wie einen Zwieback, und Keola wurde in die See gekippt. Und die Stücke des Bootes zerdrückte der Zauberer in der hohlen Hand und schleuderte sie meilenweit in die Nacht hinein. Und dann sagte er:

»Entschuldige mich, dass ich die Laterne mitnehme; denn ich habe noch weit zu waten, das Land ist fern und der Boden der See uneben, und ich fühle die Knochen unter meinen Zehen.«

Und er wandte sich und ging davon, mit großen Schritten stapfend; und sooft Keola in eine Wellentiefe sank, konnte er ihn nicht mehr sehen; aber sooft er auf einen Wogenkamm gehoben wurde, war Kalamake da, weit ausschreitend und allmählich verschwindend; er hielt die Laterne hoch über seinen Kopf, und die Wellen brachen sich mit weißem Schaum an ihm, wie er so dahinschritt.

Seitdem die Inseln zuerst aus dem Meer aufgetaucht waren, hatte niemals ein Mensch solche Angst gehabt wie Keola. Er schwamm allerdings, aber er schwamm, wie junge Hunde paddeln, wenn man sie ins Wasser wirft, um sie zu ertränken, und er wusste nicht, wohin er schwimmen sollte. Er konnte nur immer daran denken, wie gewaltig groß der Hexerich angeschwollen war: an dies Gesicht, das so groß war wie ein Berg, an diese Schultern, die breit waren wie eine Insel, an die Wogen, die vergeblich gegen sie anprallten. Er dachte auch an das Hackbrett und schämte sich; und er dachte an die Totengerippe, und Angst packte ihn.

Plötzlich bemerkte er im Sternenlicht etwas Dunkles, das sich hin und her bewegte, und darunter ein Licht und einen hellen Schein auf den Wellen des Meeres, und er hörte Menschen sprechen. Da rief er laut, und eine Stimme antwortete; und in einem Nu schwebte der Bug eines Schiffes über ihm auf einer Welle und fuhr dann in die Tiefe. Er griff mit beiden Händen in die Ketten des Schiffes, und im nächsten Augenblick wurde er in die rauschende See gerissen und im übernächsten von Matrosen an Bord gehievt.

Sie gaben ihm Gin und Zwieback und trockene Kleider und fragten ihn, wie er so weit in die See hinausgekommen wäre und ob das Licht, das sie gesehen hätten, der Leuchtturm

Lae o Ka Laau wäre. Aber Keola wusste, dass die Weißen wie Kinder sind und nur an ihre eigenen Geschichten glauben; so erzählte er ihnen denn über sich selber, was ihm gerade einfiel, und in Bezug auf das Licht – das natürlich Kalamakes Laterne gewesen war – erklärte er mit einem Schwur, er hätte keines gesehen.

Dieses Schiff war ein Schoner, der nach Honolulu segeln und dann eine Handelsfahrt nach den Niedrigen Inseln machen sollte; und ein großes Glück für Keola hatte es so gefügt, dass der Schoner einen Mann verloren hatte, der in einer Bö vom Bugspriet gefallen war. Es hatte keinen Zweck, etwas dagegen zu sagen: Auf den acht Inseln durfte Keola sich nicht aufhalten. Worte laufen so schnell, und alle Leute haben so große Lust daran, zu schwatzen und Neuigkeiten zu erzählen, dass es ganz einerlei war, ob er sich am Nordende von Kauai oder am Südende von Kau aufgehalten hätte: Der Hexerich würde Wind davon bekommen, bevor ein Monat um wäre, und dann müsste er sterben. So tat er denn, was ihm das Klügste zu sein schien, und wurde Matrose anstelle des Ertrunkenen.

In manchen Beziehungen war das Schiff eine gute Stelle; das Essen war außerordentlich gut und reichlich: Zwieback und Pökelfleisch gab es jeden Tag, und Erbsensuppe und Pudding von Mehl und Nierenfett zweimal in der Woche, sodass Keola fett wurde. Auch war der Kapitän ein guter Mann, und die Mannschaft war nicht schlimmer, als andere Weiße sind. Das Unangenehme war der Steuermann – einen Menschen, der so schwer zufriedenzustellen war, hatte Keola in seinem Leben noch nicht getroffen: Tagtäglich schlug er ihn und schalt ihn, sowohl für das, was er tat, wie für das, was er nicht tat. Die Püffe, die er austeilte, taten sehr weh; denn er war stark. Und die Worte, die er gebrauchte, waren sehr unschmackhaft für Keola; denn der stammte aus einer guten Familie und war an Respekt gewöhnt. Das Schlimmste von allem aber war dies: Sooft Keola einmal ein bisschen Gelegenheit zum Schlafen fand, war der Steuermann wach und munterte ihn mit einem Tauende auf. Keola sah, das würde nie und nimmer gut gehen, und so beschloss er davonzulaufen.

Sie waren ungefähr einen Monat von Honolulu weg, als sie Land sahen. Es war eine schöne Sternennacht; die See war glatt und der Himmel hell; es blies ein beständiger Passatwind, und die Insel lag ihnen im Luv wie ein Band von Palmbäumen, platt auf der See. Der Kapitän und der Steuermann sahen mit dem Nachtglas nach der Insel hinüber und nannten ihren Namen und redeten von ihr, und das geschah neben dem Steuerrad, an welchem Keola steuerte. Wie es schien, war es eine Insel, wohin keine Händler kamen. Nach des Kapitäns Meinung war es sogar eine Insel, worauf keine Menschen wohnten; aber der Steuermann war anderer Meinung und sagte:

»Was im ›Directory‹ steht, da geb ich keinen Cent drauf! Ich bin einmal nachts auf dem Schoner ›Eugenie‹ vorbeigefahren; es war gerade so eine Nacht wie heute; sie fischten mit Fackeln, und der Strand war dick besetzt mit Lichtern wie eine Stadt.«

»Na schön«, sagte der Kapitän, »der Strand fällt steil ab, das ist für uns die Hauptsache, und nach der Karte sind keine gefährlichen Klippen unter Wasser; so wollen wir dicht heran unter Lee gehen. Lege voll herum, hörst du nicht!«, rief er Keola zu, der so aufmerksam zuhörte, dass er das Steuern vergaß.

Und der Steuermann fluchte und schwor, dieser Kanaka sei auf der ganzen Welt zu nichts nutze, und wenn er einmal mit einem Belegnagel über ihn käme, das würde für Keola ein kalter Tag sein.

Und dann legten Kapitän und Steuermann sich auf dem Kajütendach zum Schlafen nieder, und Keola war sich allein überlassen.

»Diese Insel wird mir sehr gut gefallen«, dachte er bei sich, »wenn keine Händler hierherkommen, wird auch der Steuermann niemals kommen. Und Kalamake kann unmöglich mich hier auf dieser Insel finden; dazu ist sie zu weit entfernt.«

Somit brachte er den Schoner immer näher an den Strand heran. Er musste dies ganz sachte tun, denn mit diesen Weißen und vor allem mit dem Steuermann war das Unangenehme dies, dass man niemals wusste, wie man mit ihnen dran war; sie schliefen alle ganz fest oder taten wenigstens so, und wenn ein Segel flappte, sprangen sie plötzlich auf die Füße und fielen mit einem Tauende über einen her. So brachte denn Keola den Schoner ganz allmählich, ganz sachte ans Land heran. Und auf einmal war das Land dicht neben dem Schiff, und die Wellen schlugen laut an die Schiffswände.

Da richtete plötzlich der Steuermann sich auf und brüllte:

»Was machst du da! Du bringst ja das Schiff auf den Strand!«

Und er machte einen Satz auf Keola zu, und Keola machte auch einen Satz, glatt über die Brustwehr weg und plumps in die funkelnde See hinein. Als er wieder auftauchte, war der Schoner wieder im rechten Kurs und war schon weit; der Steuermann stand selber am Rad, und Keola hörte ihn fluchen. Die See war glatt unter dem Lee der Insel; außerdem war es warm, und Keola hatte sein Matrosenmesser, hatte also keine Furcht vor Haifischen. Ein Stückchen vor ihm hörten die Bäume auf; da war eine Lücke in dem Landstrich wie eine Hafenmündung; und die Flut, die gerade einsetzte, nahm ihn mit und brachte ihn durch diese Lücke. Noch war er draußen, und in der nächsten Minute war er drinnen: war vom Strom in ein weites, seichtes Wasser gerissen worden, worin zehntausend Sterne sich spiegelten, und rund um ihn herum war der Ring des Landes mit seiner Schnur von Kokospalmen. Und er war verblüfft, denn von einer solchen Sorte von Inseln hatte er niemals etwas gehört.

Die Zeit, die Keola an diesem Ort verbrachte, zerfiel in zwei Perioden – die Periode, als er allein war, und die Periode, als er mit dem Stamm zusammenhauste. Zuerst suchte er überall und fand keinen Menschen, sondern nur einige Häuser, die wie ein Dörfchen zusammenstanden, und in ihnen Feuerspuren. Aber die Asche auf den Feuerstätten war kalt, oder

der Regen hatte sie hinweggespült; und die Stürme hatten geblasen, und einige von den Hütten waren über den Haufen geworfen. Hier schlug er seinen Wohnsitz auf; er machte sich einen Feuerbohrer und einen Angelhaken aus einer Muschel und fischte und kochte seinen Fisch, er kletterte in die Palmen und pflückte grüne Kokosnüsse, deren Milch er trank – denn auf der ganzen Insel war kein Wasser. Die Tage wurden ihm lang, und die Nächte waren voller Schrecknisse. Er machte sich eine Lampe aus einer Kokosnussschale, presste Öl aus den reifen Nüssen und machte einen Docht aus Bast; und wenn der Abend kam, schloss er seine Hütte und zündete seine Lampe an, und dann lag er da und zitterte, bis der Morgen kam. Manches Mal dachte er in seinem Herzen, ihm wäre besser gewesen, wenn er auf dem Grund der See läge und seine Knochen unter den anderen rollten.

Die ganze Zeit über hielt er sich auf der Binnenseite der Insel auf; denn die Hütten standen am Strand der Lagune, und die Palmen wuchsen dort am besten, und die Lagune selbst wimmelte von guten Fischen. Und nach der Außenseite ging er nur ein einziges Mal, und nur dieses eine Mal sah er zitternd den Strand des Ozeans und kam zitternd nach Hause. Denn der Anblick dieses Strandes mit seinem hellen Sand und den herumliegenden Muscheln, mit der heißen Sonne und der starken Brandung machte ihm sterbensübel.

»Es kann nicht sein«, dachte er bei sich selber, »und doch sieht es ganz ähnlich aus. Und wie soll ich wissen, ob es nicht wirklich so ist? Diese Weißen behaupten zwar immer, sie wüssten, wo sie segeln, aber trotzdem müssen sie auf gut Glück fahren wie andere Leute. Und so kann es schließlich doch wohl sein, dass wir in einem Kreis gesegelt sind, und ich bin vielleicht ganz nahe bei Molokai; vielleicht ist dies derselbe Strand, wo mein Schwiegervater seine Dollars sammelt.«

So war er denn von jetzt an vorsichtig und hielt sich an der Landseite.

Es war vielleicht einen Monat später, da kamen die Leute an, denen der Platz gehörte – sechs große Boote voll. Sie waren schöne Menschen und sprachen in einer Sprache, die ganz anders klang als die von Hawaii, aber so viele der Worte waren die gleichen, dass sie nicht schwer zu verstehen war. Außerdem waren die Männer sehr höflich und die Weiber sehr zutunlich; sie hießen Keola willkommen, bauten ihm ein Haus und gaben ihm ein Weib; und am meisten überraschte ihn, dass er niemals mit den jungen Leuten zur Arbeit geschickt wurde.

Und nun hatte Keola drei Perioden: zuerst eine, da er sehr traurig war; dann eine, da er recht lustig war; zuletzt aber kam die dritte, da war er der erschrockenste Mensch der vier Ozeane.

Die Ursache der ersten Periode war das Mädchen, das er zur Frau hatte. Er war in Zweifeln wegen der Insel, und er hätte auch in Zweifeln sein können wegen der Sprache, von der er nur so wenig gehört hatte, als er mit dem Hexerich auf der Matte an den Strand gekommen war. Aber bezüglich seines Weibes war kein Irrtum möglich; denn sie war dasselbe Mädchen, das schreiend vor ihm in den Wald geflüchtet war. So war er denn so weit gesegelt und hätte ebenso gut in Molokai bleiben können! Und hatte Heimat und Weib und alle seine Freunde verlassen, einzig und allein um seinem Feind zu entrinnen, und nun war der Ort, wohin er gekommen war, dieses Zauberers Jagdgrund, war der Strand, auf dem er unsichtbar ging! Während dieser Periode hielt er sich möglichst nahe an der Lagune und blieb nach Möglichkeit in seiner Hütte in Deckung.

Der Grund seiner Freude in der zweiten Periode waren Gespräche, die er mit seiner Frau und den Vornehmsten unter den Insulanern hatte. Keola selber sagte wenig. Er traute seinen neuen Freunden niemals so recht; nach seiner Meinung waren sie zu höflich, um aufrichtig zu sein; denn seitdem Keola seinen Schwiegervater besser kennengelernt hatte, war er vorsichtiger geworden. Darum sagte er ihnen über sich selber weiter nichts als seinen Namen und seine Abstammung und erzählte, dass er von den acht Inseln komme und was für schöne Inseln das seien, und von des Königs Palast in Honolulu und wie er selber ein Hauptfreund des Königs und der Missionare sei. Aber er stellte viele Fragen und erfuhr viel. Die Insel, auf der er sich befand, wurde die Stimmeninsel genannt; sie gehörte dem Stamm, aber ihre Heimat hatten sie auf einer anderen Insel, zu der man drei Stunden nach Süden zu segeln hatte. Dort wohnten sie und hatten ihre ständigen Häuser; es war eine reiche Insel, wo es Eier und Hühner und Schweine gab, und Schiffe kamen zum Handeln und brachten Rum und Tabak. Nach dieser Insel war der Schoner gefahren, nachdem Keola weggelaufen war. Dort war auch der Steuermann gestorben, ein rechter Narr von einem Weißen! Wie es schien, war der Schoner gerade zu Beginn der Jahreszeit gekommen, in der die Fische der Lagune giftig sind und jeder, der von ihnen isst, aufschwillt und stirbt. Der Steuermann hörte davon; er sah die Boote zur Abfahrt rüsten, weil in jener Jahreszeit die Leute die Insel verlassen und nach der Stimmeninsel hinübersegeln; aber er war ein weißer Narr, der keine Geschichten glauben wollte als seine eigenen, und er fing einen von diesen Fischen, kochte ihn, aß ihn, schwoll auf und starb – was für Keola angenehm zu hören war.

Die Stimmeninsel aber lag den größten Teil des Jahres einsam und verlassen; nur ab und zu kam eine Bootsmannschaft herüber, um Kopra zu holen, und in der schlechten Jahreszeit, wenn die Fische der Hauptinsel giftig waren, wohnte der ganze Stamm dort. Ihren Namen hatte sie von einem Wunder; denn wie es schien, war die Ozeanseite ganz und gar von unsichtbaren Teufeln eingenommen. Tag und Nacht hörte man sie miteinander in fremden Zungen reden; Tag und Nacht flammten auf dem Strand Feuerchen auf und erloschen; und die Ursache dieser Vorgänge konnte kein Mensch begreifen.

Keola fragte sie, ob es ebenso auf ihrer eigenen Insel sei oder wo sie sonst wohnten; und sie sagten ihm: nein, dort nicht; ebenso wenig auf irgendeiner anderen von mehreren Hundert

Inseln, die rund herum in diesem Teil der See lägen; sondern es sei eine besondere Eigentümlichkeit der Stimmeninsel. Sie sagten ihm ferner, diese Feuer und Stimmen seien immer nur an der Ozeanseite und in den Waldsäumen am Ozean zu bemerken, und ein Mensch könnte zweitausend Jahre lang an der Lagune leben – wenn er überhaupt so lange leben könnte – und würde niemals auch nur das Geringste merken; doch auch an der Ozeanseite täten die Teufel einem nichts zuleide, wenn man sie in Ruhe ließe. Bloß einmal, da hätte ein Häuptling seinen Speer nach einer der Stimmen geworfen, und am selben Abend sei er von einer Kokospalme herabgestürzt und sei tot gewesen.

Keola dachte viel nach. Er sah, dass er nichts zu befürchten hätte, wenn der Stamm nach der Hauptinsel zurückkehrte und er einfach bliebe, wo er jetzt wäre; er brauchte bloß bei der Lagune wohnen zu bleiben. Indessen dachte er, es wäre doch gut, wenn er seine Lage noch sicherer machen könnte. So erzählte er denn dem Oberhäuptling, er sei einmal auf einer Insel gewesen, die auf die gleiche Weise heimgesucht worden wäre, und die Leute dort hätten ein Mittel gefunden, sich die Störung vom Hals zu schaffen.

»In dem Busch da wuchs nämlich ein gewisser Baum, und es scheint, dass diese Teufel kamen, um sich die Blätter davon zu holen. So schlugen denn die Leute auf der Insel diesen Baum nieder, wo sie ihn fanden, und die Teufel kamen nicht mehr.«

Sie fragten, was für eine Art von Baum das gewesen sei, und er zeigte ihnen den Baum, von dem Kalamake die Blätter verbrannt hatte. Sie fanden es kaum glaublich; trotzdem beschäftigte der Gedanke sie. Nacht für Nacht disputierten die alten Männer darüber bei ihren Ratsversammlungen; aber der Oberhäuptling – obgleich er ein tapferer Mann war – hatte Angst vor der Sache und erinnerte sie täglich an den Häuptling, der einen Speer in Richtung der Stimmen geschleudert hätte und getötet worden wäre; und der Gedanke an dieses Ereignis brachte alles wieder zum Stillstand.

Obgleich es ihm nun nicht gelang, das Niederhauen der Bäume zu veranlassen, fühlte Keola sich doch recht wohl und begann, sich umzuschauen und sich seiner Tage zu freuen; er war auch umso freundlicher zu seiner Frau, sodass diese ihn sehr zu lieben begann. Eines Tages kam er in die Hütte, da lag sie jammernd auf dem Fußboden.

»Nun?«, fragte Keola. »Was fehlt dir denn jetzt?«

Sie erklärte, es sei nichts.

In derselben Nacht weckte sie ihn auf. Die Lampe brannte sehr trübe, aber er sah an ihrem Gesicht, dass sie bekümmert war.

»Keola«, sagte sie, »lege dein Ohr an meinen Mund, damit ich flüstern kann; denn kein Mensch darf uns hören! Zwei Tage bevor die Boote wieder segelfertig gemacht werden, musst du nach der Ozeanseite der Insel gehen und dich in einem Dickicht verbergen. Wir beide, du und ich, wollen den Platz vorher aussuchen und Nahrung dort verbergen; und jede Nacht werde ich singend in der Nähe vorübergehen. Wenn also eine Nacht kommt und du mich nicht hörst, so wirst du wissen, dass wir von der Insel abgefahren sind und dass du ohne Gefahr wieder herauskommen kannst.«

Keolas Seele starb in ihm, und er rief:

»Was heißt dies? Ich kann nicht unter Teufeln leben. Ich will nicht auf dieser Insel zurückgelassen werden. Ich sehne mich, sie zu verlassen.«

»Du wirst sie niemals lebend verlassen, mein armer Keola«, sagte das Mädchen, »denn um dir die Wahrheit zu sagen, meine Leute sind Menschenfresser; aber sie halten dies geheim. Und aus folgendem Grund werden sie dich töten, bevor sie abreisen: Zu unserer Insel kommen Schiffe, und Donat-Kimaran kommt und predigt für die Franzosen, und es ist ein weißer Händler dort in einem Haus mit einer Veranda und auch ein Katechist. Oh, das ist wirklich ein schöner Ort! Der Händler hat Fässer voll Mehl, und ein französisches Kriegsschiff kam einmal in die Lagune und gab einem jeden Wein und Zwieback. Ach, mein armer Keola, ich wollte, ich könnte dich dorthin mitnehmen, denn groß ist meine Liebe zu dir, und es ist der schönste Ort in der ganzen Südsee mit Ausnahme von Papeete.«

So war nun Keola der erschrockenste Mann der vier Ozeane. Er hatte von Menschenfressern erzählen hören, die auf den südlichen Inseln lebten, und hatte immer Angst davor gehabt; und hier klopfte nun die Gefahr an seine Tür. Außerdem hatte er durch Reisende von den Gebräuchen dieser Menschenfresser gehört: wie sie einen, den sie zu essen gedenken, verzärteln und verwöhnen wie eine Mutter ihr Lieblingskind. Und er sah, dass es auch in seinem Fall so gewesen wäre: dass sie ihm darum Haus und Nahrung und Weib gegeben und ihn von aller Arbeit befreit hatten und dass darum die alten Männer und die Häuptlinge mit ihm diskutiert hatten wie mit einer bedeutenden Person. Und so lag er auf seinem Bett und verfluchte sein Geschick; und sein Fleisch zog sich ihm über den Knochen zusammen.

Am nächsten Tag waren die Leute des Stammes sehr höflich, wie es ihre Art war. Sie waren elegante Sprecher, machten schöne Gedichte und bei den Mahlzeiten Witze, sodass ein Missionar sich hätte totlachen mögen. Wenig genug machte sich Keola aus ihrem feinen Benehmen; er sah weiter nichts als die glänzenden weißen Zähne in ihrem Mund, und das Herz drehte sich ihm dabei um; und als sie gegessen hatten, ging er in den Busch und lag dort wie ein Toter.

Am nächsten Tag war es ebenso; aber da ging seine Frau ihm nach und sagte zu ihm:

»Keola! Wenn du mehr isst, so sage ich dir allen Ernstes: Dann wirst du morgen geschlachtet und gebraten werden. Einige von den alten Häuptlingen murren bereits. Sie denken, du seist krank geworden und müssest Fleisch verlieren.«

Da sprang Keola auf seine Füße, Ärger brannte in ihm, und er sagte:

»Ich mache mir wenig daraus, ob ich auf die eine Weise umkomme oder auf die andere! Ich bin zwischen dem Teufel und der tiefen See. Da ich doch einmal sterben muss, so lass mich so schnell wie möglich sterben, und da ich im besten Fall gefressen werden muss, so lass ich mich lieber von Gespenstern fressen als von Menschen. Leb wohl!«, sagte er, ließ sie stehen und ging nach der Ozeanseite der Insel hinüber.

Der Strand lag ganz nackt in der heißen Sonne; kein Mensch war zu sehen, aber auf dem Strand bewegte es sich; und rund um ihn herum, wie er so ging, redeten die Stimmen und flüsterten, und die Feuerchen flackerten auf und brannten nieder. Alle Sprachen der Erde wurden dort gesprochen: Französisch, Holländisch, Russisch, Tamilisch, Chinesisch. Aus jedem Land, wo Zauberei bekannt ist, waren einige Menschen da und flüsterten in Keolas Ohr. Der Strand wimmelte von Menschen wie ein Jahrmarkt, aber kein einziger war zu sehen; und wie er so dahinschritt, sah er die Muscheln vor ihm verschwinden, aber keinen Menschen, der sie auflas. Ich glaube, der Teufel selber hätte Angst gehabt, in solch einer Gesellschaft allein zu sein; aber Keola war über alle Furcht hinaus und freite um den Tod. Wenn die Feuer aufflackerten, rannte er auf sie los wie ein Stier. Körperlose Stimmen riefen einander zu; unsichtbare Hände warfen Sand auf die Flammen; und sie waren vom Strand verschwunden, bevor er sie erreichte.

»Es ist klar, Kalamake ist nicht hier«, dachte er, »sonst wäre ich schon längst getötet worden.«

Damit setzte er sich am Waldsaum nieder – denn er war müde – und stützte das Kinn auf seine Hände. Das Treiben vor seinen Augen dauerte an: Der Strand schwirrte von schwatzenden Stimmen, die Feuer flammten auf und sanken zusammen, und die Muscheln verschwanden und wurden wieder erneuert, während er noch hinsah.

»Als ich das vorige Mal hier war, war es ein stiller Tag«, dachte er; »denn es war gar nichts im Vergleich zu heute.«

Und sein Kopf schwindelte ihm bei dem Gedanken an die Millionen und Abermillionen von Dollars und an alle diese Hunderte und Aberhunderte von Menschen, die sie am Strand auflasen und die durch die Lüfte flogen, höher und schneller als Adler.

»Wenn ich dran denke, wie sie mich mit ihrem Gerede von Münzen genarrt haben«, sagte er vor sich hin, »dass in diesen Münzen Geld geschlagen würde, während es doch klar ist, dass alle neuen Geldstücke in der ganzen Welt auf diesem Sand gesammelt werden. Aber das nächste Mal werde ich besser Bescheid wissen! Dann lasse ich mir nicht wieder etwas vorlügen!«

Und zuletzt – er wusste nicht recht, wie es kam oder wann es war – fiel Schlaf auf Keola, und er vergaß die Insel und alle seine Sorgen.

In der Frühe des nächsten Tages, bevor noch die Sonne aufgegangen war, weckte ihn ein Geräusch. Ängstlich fuhr er auf, denn er dachte, der Stamm hätte ihn im Schlaf überrascht; aber es war nicht so. Nur auf dem Strand gerade vor ihm riefen die körperlosen Stimmen einander zu, und es schien, wie wenn sie alle die Küste hinauf an ihm vorbeiliefen und -schwebten.

»Was ist denn nun los?«, dachte Keola. Und es war ihm klar, dass es sich um etwas Außergewöhnliches handelte, denn es wurden keine Feuer angezündet und keine Muscheln genommen, aber die körperlosen Stimmen riefen fortwährend auf dem Strand, bis sie in der Ferne erstarben; dann folgten andere, und mit diesen war es ebenso; nach dem Klang der Stimmen mussten diese Zauberer zornig sein.

»Jedenfalls sind sie nicht auf mich zornig«, dachte Keola, »denn sie laufen dicht an mir vorbei.«

Wie wenn Hunde auf der Straße laufen oder Pferde bei einem Wettrennen oder in einer Stadt die Menschen, wenn ein Feuer ausgebrochen ist und alle nach der Brandstätte rennen – so war es jetzt mit Keola; und er wusste nicht, was er tat noch warum er es tat – aber siehe da! Auf einmal rannte er mit den Stimmen.

So kam er um eine Spitze der Insel und sah eine zweite Landspitze vor sich; und er erinnerte sich, dass dort die Zauberbäume dutzendweise in einem Wald beisammengestanden hatten. Von dieser Stelle aus erscholl ein Getöse von Menschen, die auf eine ganz unbeschreibliche Art schrien; und von diesen Tönen geleitet, rannten die Stimmen, mit denen Keola zusammenlief, nach derselben Stelle. Als er ein bisschen näher kam, begann sich in das Geschrei das Krachen vieler Äxte zu mischen. Und da kam ihm plötzlich der Gedanke, der Oberhäuptling hätte seine Einwilligung gegeben, und die Männer des Stammes hätten begonnen, diese Bäume zu fällen. Das hätte auf der ganzen Insel ein Zauberer dem anderen zugerufen, und nun versammelten diese Zauberer sich alle, um ihre Bäume zu verteidigen. Eine Begier, Seltsames zu erleben, kam über ihn. Er lief mit den Stimmen weiter, überquerte den Strand, kam an den Waldrand – und dort stand er erstaunt still. Ein Baum war bereits gefällt, andere waren zum Teil umgehackt. Dort drängte sich der ganze Stamm der Wilden zusammen. Sie standen Rücken gegen Rücken, und Leichen lagen am Boden, und Blut floss zwischen ihren Füßen.

Die Farbe der Angst war auf all ihren Gesichtern; ihre Stimmen erhoben sich gegen den Himmel, schrien wie Wieselgeschrei.

Hast du ein Kind gesehen, wenn es ganz allein ist, ein hölzernes Schwert hat und damit ficht, herumspringt und in die leere Luft schlägt? Ebenso standen dort die Menschenfresser, Rücken an Rücken gedrängt, schwangen ihre Äxte und schlugen zu und schrien, während sie schlugen – und ach, da war kein Mensch, der mit ihnen kämpfte! Nur ab und zu sah Keola, wie eine Axt ohne Hände über ihnen geschwungen wurde; und von Zeit zu Zeit fiel ein Mann des Stammes unter einer Axt, mit gespaltenem Schädel oder zerhauenem Leib, und seine Seele entfloh mit Geheul.

Eine Weile blickte Keola auf dieses Wunder wie ein Mensch, der träumt, und dann packte ihn Angst am Herzen so scharf wie Tod – Angst darüber, dass er solches geschehen sah. Gerade in demselben Augenblick sah der Oberhäuptling des Stammes ihn dastehen, zeigte mit dem Finger auf ihn und rief laut seinen Namen. Da sah der ganze Stamm ihn ebenfalls, und die Augen der Wilden funkelten und ihre Zähne knirschten.

»Ich bin zu lange hier«, dachte Keola; und er rannte aus dem Wald heraus und den Strand hinunter, ohne sich darum zu kümmern, wohin er lief.

»Keola!«, sagte da eine Stimme dicht bei ihm auf dem leeren Sand.

»Lehua! Bist du das?«, rief er keuchend und sah sich vergeblich nach ihr um. Allem Anschein nach war er ganz allein.

»Ich sah dich vorbeilaufen«, antwortete die Stimme; »ich rief dich, aber du hörtest nicht auf mich. Schnell! Hole die Blätter und die Kräuter, damit wir frei werden!«

»Bist du hier mit der Matte?«, fragte er.

»Hier neben dir«, sagte sie. Und er fühlte ihre Arme, die ihn umschlangen. »Schnell! Die Blätter und die Kräuter, bevor mein Vater zurückkommen kann!«

So rannte denn Keola, wie wenn es sein Leben gelte, und holte die Zauberfeuerung; und Lehua führte ihn zurück und stellte seine Füße auf die Matte und zündete das Feuer an. Während der ganzen Zeit, da es brannte, tobte der Lärm der Schlacht vom Wald her; die Hexenmeister und die Menschenfresser fochten gewaltig; die Hexenmeister, die unsichtbaren, brüllten dabei wie Stiere auf einem Berg, und die Männer des Stammes antworteten schrill und wild in dem Entsetzen ihrer Seelen. Und die ganze Zeit, da das Feuer brannte, stand Keola da, horchte und zitterte und sah zu, wie Lehuas unsichtbare Hände die Blätter ins Feuer streuten. Sie streute schnell, und die Flamme loderte hoch und verbrannte Keolas Hände; und sie beschleunigte das Brennen und blies mit ihrem Atem in die Flamme. Das letzte Blatt war verzehrt, die Flamme sank zusammen, es folgte der Ruck, und da standen Keola und Lehua im Wohnzimmer zu Hause.

Als nun Keola seine Frau sehen konnte, da freute er sich mächtig, und mächtig freute er sich darüber, dass er wieder in Molokai war und sich zu einer Schüssel Poi niedersetzen konnte – denn auf Schiffen machen sie keinen Poi, und auf der Stimmeninsel gab es keinen –, und er war ganz außer sich vor Freude darüber, dass er den Händen der Menschenfresser glatt entronnen war. Aber etwas anderes war nicht so klar, und Lehua und Keola sprachen die ganze Nacht darüber und waren in Sorgen darum; Kalamake war auf der Insel geblieben. Wenn er mit Gottes Hilfe nur dort bleiben könnte, dann wäre alles gut; aber sollte er entrinnen und nach Molokai zurückkommen, dann würden seine Tochter und ihr Gatte einen schlimmen Tag haben. Sie sprachen von seiner Gabe, aufschwellen zu können, und ob er wohl eine solche Strecke durch das Meer waten könnte. Aber Keola wusste jetzt, wo jene Insel lag – nämlich in dem Niedrigen oder Gefährlichen Archipel. So holten sie denn den Atlas herbei und stellten auf der Karte die Entfernung fest, und soweit sie dies beurteilen konnten, schien es für den alten Herrn ein weiter Weg zu sein. Immerhin konnte man einem Hexerich wie Kalamake doch nicht so recht trauen, und sie beschlossen zuletzt, sich bei einem weißen Missionar Rat zu holen.

So ging denn Keola zu dem ersten, der auf die Insel kam, und erzählte ihm alles bis ins Einzelne. Und der Missionar nahm ihn sehr scharf ins Gebet, weil er auf den Niedrigen Inseln die zweite Frau genommen hätte; aber in Bezug auf alles Übrige erklärte er, er könne sich das nicht zusammenreimen; das sei lauter Unsinn.

»Solltest du indessen denken«, sagte der Missionar, »das Geld deines Vaters sei unrecht erworben, so will ich dir raten: Gib etwas davon an die Aussätzigen und etwas an die Missionskasse. Und diesen sonderbaren Märchenkram, den behalte nur für dich selber – Besseres kannst du gar nicht tun.«

Aber außerdem erstattete er eine Anzeige bei der Polizei in Honolulu, dass nach allem, was er von der Geschichte verstanden hätte, Kalamake und Keola falsches Geld gemacht hätten und dass es wohl nicht unangebracht sein möchte, sie zu überwachen.

Keola und Lehua befolgten seinen Rat und gaben viele Dollars an die Aussätzigen und die Missionskasse. Und ohne Zweifel muss der Rat gut gewesen sein, denn bis zum heutigen Tag hat man von Kalamake niemals wieder etwas gehört. Aber ob er in der Schlacht bei den Bäumen erschlagen wurde oder ob er noch auf der Stimmeninsel herumläuft – wer könnte das sagen?

Quellenverzeichnis

»Eines Dichters Nachtquartier« (engl. »A Lodging for the Night – a Story of Francis Villon«, zuerst im Literaturmagazin *Temple Bar* 1877, dann in R. L. Stevenson: *New Arabian Nights*, Bd 2. London: Chatto & Windus 1882). Dt. von Heinrich Conrad, aus: *Der Diamant des Radschah.* München: Georg Müller 1926.

»Der Selbstmordclub« (engl. »The Suicide Club«, zuerst in der Zeitschrift *London Magazine* 1878, dann in R. L. Stevenson: *New Arabian Nights*, Bd 1. London: Chatto & Windus 1882). Dt. von Max Pannwitz, aus: *Des Rajahs Diamant. Der Selbstmordklub. Erzählungen.* Leipzig: Hesse & Becker [1927].

»Die krumme Janet« (engl. »Thrawn Janet«, zuerst 1881, dann in R. L. Stevenson: *The Merry Men and Other Tales and Fables.* London: Chatto & Windus 1887). Dt. von Marguerite Thesing, aus: *Die tollen Männer und andere Erzählungen.* München: Buchenau & Reichert 1924.

»Der Leichenräuber« (engl. »The Body Snatcher«, zuerst im ›Christmas Extra‹ der *Pall Mall Gazette* Dez. 1884, dann in R. L. Stevenson: *Tales and Fantasies.* London: Chatto & Windus 1905). Dt. von Curt Thesing, aus: *Der weite Horizont. Meistererzählungen.* Leipzig: Dieterich 1949.

»Markheim« (engl. »Markheim«, zuerst in der Zeitschrift *Broken Shaft. Unwin's Annual* 1885, dann in R. L. Stevenson: *The Merry Men and Other Tales and Fables.* London: Chatto & Windus 1887). Dt. von Marguerite Thesing, aus: *Die tollen Männer und andere Erzählungen.* München: Buchenau & Reichert 1924.

»John Nicholson, der Pechvogel« (engl. »The Misadventures of John Nicholson. A Christmas Story«, zuerst in der Zeitschrift *Yule Tide. Cassell's Christmas Annual* Dez. 1887, dann in R. L. Stevenson: *Tales and Fantasies.* London: Chatto & Windus

1905). Dt. von Heinrich Conrad, aus: *John Nicholson, der Pechvogel.* München: Georg Müller 1926.

»Das Flaschenteufelchen« (engl. »The Bottle Imp«, zuerst in den Zeitschriften *New York Herald* und *Black and White* 1891, dann in R. L. Stevenson: *Island Night's Entertainments.* Leipzig: Bernhard Tauchnitz 1893). Dt. von Heinrich Conrad, aus: *Südsee-Nachtgeschichten.* München: Goldmann 1961.

»Die Stimmeninsel« (engl. »The Isle of Voices«, zuerst in R. L. Stevenson: *Island Night's Entertainments.* London: Cassell & Company 1893). Dt. von Heinrich Conrad, aus: *Südsee-Nachtgeschichten.* München: Goldmann 1961.

Alle Texte wurden sorgfältig überarbeitet und auf neue Rechtschreibung umgestellt.